LOCUS

LOCUS

LOCUS

LOCUS

mark

這個系列標記的是一些人、一些事件與活動。

mark 156
尋找異鄉人
卡繆與一部文學經典的誕生
Looking for THE STRANGER
Albert Camus and the Life of a Literary Classic

作者：艾莉絲．卡普蘭 Alice Kaplan
譯者：江先聲
責任編輯：林盈志
封面設計：林育鋒
內頁排版：江宜蔚
校對：呂佳真
出版者：大塊文化出版股份有限公司
台北市 105022 南京東路四段 25 號 11 樓
www.locuspublishing.com
讀者服務專線：0800-006689
TEL：(02)87123898 FAX：(02)87123897
郵撥帳號：18955675 戶名：大塊文化出版股份有限公司
法律顧問：董安丹律師、顧慕堯律師

總經銷：大和書報圖書股份有限公司
地址：新北市新莊區五工五路 2 號
TEL：(02) 89902588 FAX：(02) 22901658

初版一刷：2020 年 5 月
初版三刷：2024 年 4 月
定價：新台幣 450 元
ISBN：978-986-5406-73-8

尋找異鄉人

LOOKING FOR THE STRANGER

艾莉絲・卡普蘭
Alice Kaplan

江先聲 譯

目次

推薦序

作品的一生

讀《尋找異鄉人：卡繆與一部文學經典的誕生》

朱宥勳

如果要用很粗略的一句話講，我會說，《尋找異鄉人》是一本令人震驚的奇書。在閱讀這本書的過程裡，我腦中不斷有問號泡泡在翻滾：「真的假的，這資料妳也找得到？」或者：「連這妳也知道，妳確定妳不是卡繆本人嗎？」

根據作者艾莉絲·卡普蘭的說法，這是一本「書的傳記」，以卡繆的《異鄉人》為傳主。「傳記」很好理解，就是描寫某人的一生，從出生、成長、到諸種社會活動——當然，通常是「功成名就」那種。那「書的傳記」是什麼意思？書會出生、成長、有諸種社會活動嗎？會。至少經典文學作品，比如《異鄉人》這種作品會。

大部分的作品，若影響力不夠持久，出生幾乎就等於死亡，因為很快會乏人問津；而這些不重要的作品，其誕生的過程，也很難引起讀者的興趣。但《異鄉人》這個等級的作品，影響了問世至今每一個世代的讀者，它的「成長」還沒結束，它引發的「社會活動」——書評、論戰、讀者受其思想影響而有的作為，也不斷增長中。而如此綿延不斷的文學生命，也就讓「它是怎麼寫出來的」這個問題，變得越來越重要。

《尋找異鄉人》就是試著重建這整個過程的作品。由此來看，本書的副書名「一部文學經典的誕生」，其實還稍嫌「謙虛」了點。它何止談了「誕生」呢？它還談了成長與活動呢。只要翻到最後那長達十數頁的「書目」，就可以看到作者無微不至的努力。那可不是丟上一份書單就了事了，作者不但附上了問世以來的重要書評、改編、不同版本與不同譯本，還非常精簡地提點了這些文字之間的重點與差異。而在本書的中後段，我們更可以看到卡繆因《異鄉人》一夕成名之後，這本書如何逸脫了作者的控制，引發了沒人想像過的文化大流行。當「存在主義」成為一個時髦的哲學詞彙之後，即便卡繆本人對這個標籤不是一〇〇%接受，他還是被迫成為此一「主義」的明星：

> 不管卡繆怎樣否認他是存在主義者，這都毫不相干。數以千計在聖日耳曼德佩修道院地區地下室夜總會聽爵士樂和跳搖擺舞的年輕人可以證明他是錯的，因為他們如今全都是存在主義者。在他們看來，卡繆的軍裝式大衣是存在主義者的；他的香菸也是存在主義者的：現在戰爭結束了，他還在吸沒有濾嘴的高盧藍圈香菸。……存在主義作為一種潮流，追求的是自由與責

任共存的生活方式；就像它意圖代表的哲學一樣，它最終是由群眾塑造。它從《薛西弗斯的神話》和沙特常被引用的〈存在主義是一種人文主義〉等一類的作品往下滲透到大眾文化。但它是從爵士樂和小說取得它的說服力。

我喜歡艾莉絲．卡普蘭說這些年輕人「可以證明他是錯的」的筆法。這是真正通透了整個文學機制的人，會覺得啼笑皆非的瞬間——而透過這本「書的傳記」，我們正可以看清楚這種機制如何運作，乃至於產生了巨大的非預期性後果。在《尋找異鄉人》裡，艾莉絲．卡普蘭甚至談到一樁謀殺案，因為這樁謀殺案的凶手用《異鄉人》的情節來為自己辯護，而被害人的父親則希望卡繆出庭作證，譴責凶手的說詞。這時，文學的力量已經嚴重的蔓延到現實事件來了，這不可能是任何作家策劃的，但這也不是任何作家能輕易撇清的。

當然，《尋找異鄉人》最精彩的部分，確實是關於「誕生」。此處的「誕生」，包含作家腦袋裡面發生的，也包含出版產業的細節。艾莉絲．卡普蘭比對了大量的手稿、筆記、檔案還有天知道什麼東西，全程重建《異鄉人》發想的過程。他何時起心動念的？從哪裡開始下筆？他創作瓶頸如何？如何突破？甚至連哪一個人物、哪一個橋段可能是基於卡繆的哪一段經歷，統統都一清二楚，包含概念發展的日程都排出來了。她的考證有多細呢？只要看一個例子就知道了：《異鄉人》最終出版的版本裡，主角的名字叫做莫梭（Meursault），但是根據《尋找異鄉人》的考證，在最初幾個版本的筆記裡面，這名主角本來叫做默梭（Mersault）。這麼細微的改變是何時發生的？有什麼意義？你可以自己到書中體會一下。

我想就算是卡繆在世，大概也不可能搞得比艾莉絲·卡普蘭更清楚了。

而在腦袋之外的產業細節，艾莉絲·卡普蘭也追索了參與《異鄉人》出書的編輯、作家、評論家等人際網路，描述了《異鄉人》出版的政治背景，如何影響若干出版決策，甚至細到——沒錯，細到開始談論「紙張」的來源。那可是二次世界大戰，德國占領法國期間，「紙張」的供應確實是個大問題。這本「書的傳記」不負使命，不但帶我們深入作家的腦袋，觀察靈感如何化為實際作品，也讓我們意識到書本作為出版產品的「工業性」。

更難得的是，這本書一點都不難讀。艾莉絲·卡普蘭的研究既細密又淵博，並且將大量資料編織成敘事動力強烈的散文。在我閱讀的過程裡，除了不斷湧現的問號泡泡之外，時不時也會產生頭皮發麻的感覺。我自己曾經數度撰寫台灣作家的「評傳」，試著從傳記資料的蛛絲馬跡中，比對出作家想隱藏、或者作家自己也沒搞清楚的事情。正是因為我稍微寫過這樣的文章，所以我更明白她看似隨意拋出的段落，背後需要多少心力去蒐羅、分析、求證。這本書不難讀，但極難寫。

還好，這一次我身在讀者的位置，只要負責讀就好。

而身為作者的卡繆，即便他已是享譽全世界的大師級人物，若他地下有知，有一名專業讀者曾經為了他的《異鄉人》追索到這等地步，而成就了這麼一本「傳記」，他想必也會深受震動吧。如果小說家有冠冕，《尋找異鄉人》無疑是王冠上最亮的鑽石；它之被寫出來，本身就是勝過無數獎項的文學之愛。

最後讓我用一個掩卷之後，在我腦中恍惚縈繞的問號來結尾吧。如果你讀過《異鄉人》，你一定知道，裡面有一位神祕的阿拉伯人。他之被槍殺，啟動了整部小說最「荒謬」的核心。我的最後一個、也是最大顆問號泡泡是：「靠北啦，妳竟然真的找到了?!」

推薦序

經典誕生全紀錄

重建卡繆《異鄉人》的「文學白皮書」

張亦絢

還是文學少女的某日，友人在咖啡廳裡，對我說起卡繆的《異鄉人》。我嚴厲地說：「妳必須全部重讀。」——這不是要說，卡繆從很早以前就是談資。而是，當我憶起那一刻，我萬分訝異於一事：《異鄉人》留下的文學印象如此尖銳，以至於它一沒被適切閱讀，我就「壯士斷腕」。友人當場重讀——而她也立刻推翻原本的意見，驚慚於自己「沒接好線」。

在這過程中，我一句都沒讚美卡繆。小說本身，就足以為它說話。

文學史上，「容易被肯定但也容易被低估」的例子不少——打開《尋找異鄉人》的讀者，將會發現，文學評價並不「落地天成」。所謂專業或先發讀者——編輯也好，同行也好——事實上，都必須穿越重重考驗，既要有文學知識，也要有開放的心胸——再加上能形成一己之見的用心付出。

四十六歲死於車禍的卡繆，可說短命，然而，英年早逝，並沒有使他的生平，比較容易穿透。

尤其是，很可能是他最敞開也最深入的自傳性小說，包含他的阿爾及利亞童年歲月與家族史的《第一人》，在他辭世前，仍未完成，只能以殘稿方式出版，更是令人扼腕。

我對卡繆的觀感，也非經久不移——有陣子，其他作品變得比《異鄉人》更值興奮；再有陣子，他的《墜落》抓緊了我的注意力——有時，只是若干卡繆粉絲，展現了太溫情與簡化的傾向，也使得我想與「卡繆俱樂部」保持距離。不過，更細膩地認識卡繆一事，是始終懸在我心中的功課。因此，我幾乎是迫不及待地，閱讀《尋找異鄉人：卡繆與一部文學經典的誕生》。

青年卡繆與美國研究

《尋找異鄉人》的開頭很吸引人，中間部份令人數次屏息——到了最後幾章，還會令人感到倒吃甘蔗，為埋藏的數個彩蛋，握拳叫好——在作為尾聲的第二十六章裡，不只評述了重量級學者薩伊德與諾哈的獨特觀點，也會將已經翻成二十三國語言，阿爾及利亞作家答悟得（Daoud）的小說《異鄉人——翻案調查》[1]納入讀者的視野——《異鄉人》在問世七十年後，還能喚出另一部有意與它對視

1台灣譯本由無境出版，作者日前曾經訪台。

的小說，這種規模的文學現象，確實驚人，而這背後牽涉的，是不只法國一地的全球歷史與政治。

這部家喻戶曉的名著，之前沒有專書詳述它誕生的過程嗎？歷來書寫多聚焦在其技巧與內容，如果稍微打趣，我們可以說，這還真是「百密一疏」。而發現與改變此事的，並不是法國人，而是美國人，這點也有趣。法國《世界報》刊出的書評，也認證了本書拔得頭籌，是第一本為《異鄉人》寫下「小說生平」（而非小說家生平）之書。

作者艾莉斯．卡普蘭是美國耶魯大學的教授，除了有對文學的高度敏感，這也並不是她首次爬梳歷史細節的功力受到肯定。本書結構是它莫大的優點，基本上，它專注尋求兩個問題的答案：「小說是怎麼寫出來的？」與「小說是怎麼出版的？」

——如果不是《異鄉人》，答案也許根本乏善可陳，可是選定《異鄉人》探討，可說慧眼獨具——首先，寫作此書時，卡繆正在摸索技巧，對成為小說家也有怯意——就連關鍵場景的描述，他還聽從了曾任法國文化部長的前輩馬爾侯的意見重寫，這事與寫作時會歷經的嘗試與失敗一樣，並不稀奇——但卡普蘭揭示的方式，讀來令人興趣盎然。

其次，此書的出版時機，恰逢二戰德軍占領巴黎，法國分裂為被迫與納粹共容或共犯的維琪政府與「自由地區」，非僅出版社受納粹干涉，還有紙張管制。老牌的伽利瑪出版社為求生存，也改用親納粹的文人（掩護？）領導。卡繆在這時進入圈子，但同時也以匿名的方式，支援抵抗納粹。

那是一個許多史實都有灰色地帶的時期，文學界的生態怪異。儘管出版小說是卡繆心之所向，他倒也不算明哲保身，甚至說得上良知與勇氣俱足。

卡普蘭掌穩了以單一作品為研究主題的敘事之舵，相較於若干以卡繆一生為中心的紀錄片，後者資訊固然有，但「量大於質」導致的浮面，卻是難掩的遺憾。反觀卡普蘭之筆，重覆性甚高的若干軼事，顯然沒有對她構成誘惑，使得她能專注發掘更具深度的新面向。書中還有兩大亮點，發人深省：一是通俗文化如電影與美國的推理小說，如何提供了卡繆技巧的養份，二是卡繆在阿爾及利亞的工作經驗，特別是法庭觀察，如何轉化為小說性的思考。

阿爾及利亞未完待續

卡繆成長在還是法國殖民地的阿爾及利亞，這也是《異鄉人》中的場景。儘管貧困，他是沒被剝奪許多權利的殖民階級，而非被殖民的阿拉伯人。後來他對阿爾及利亞獨立與法國殖民政策的主張，成為一個極端複雜的公案。最常描述此事的語句是「他非常容易受到誤解」——然而，無論維護或譴責他的人，未必就將誤解充份釐清。這個主題，在《異鄉人》出版的一九四二年前後，不像後來二三十年白熱與公開化。《尋找異鄉人》作為環繞《異鄉人》這部經典少作的研究，在時間斷點上，剛好容許卡普蘭處理中年以前，「還未備受爭議」的青年卡繆。那麼，這是否意味《尋找異鄉人》是一本迴避探討殖民政治較尖銳面的書呢？

我的看法分兩點，第一，若把卡繆的生涯分前後，兩部份各有其複雜，而關注「後半複雜」往往壓縮了「前半複雜」的空間，這使我們或許失落了從「前半複雜」中，獲得知識的可能。一個充份處理的局部，不是整體，但整體仍會受惠於此局部。第二，卡普蘭守住一個難能可貴的原則，就是「將小說放在小說家的言論之前」。她分解出的小說元素，比如沙灘、宗教或死刑——在後來的歷史中，都體現了它們在殖民衝突中的「非同尋常性」——尤其是死刑，更是鎮壓反殖民抵抗者的手段。卡普蘭的「小說中心」方法，不只補充了有意義的細節，也堂堂開啟了新的問題意識。

在台灣的尋找與三種文學讀者

在台灣，經濟與文化的解殖，仍充滿論辯張力。在此同時，文學與理論並不能互相取代，而是應盡可能地，發揮不同角色。我們不能套用其他地方的經驗，而應辨識什麼是我們的狀態，尋找新的出路。《尋找異鄉人》在這個情況裡，提供了不同層次的閱讀：年輕讀者可以把它當作《異鄉人》的超級導讀，來與卡繆的新譯本同時閱讀，進行「自己的文學課」；卡繆老讀者，在這趟「文學社會學之旅」後，有望進行更深沉的探索；有志文學或著述者，不妨更參考卡普蘭解析與重建脈絡的手法。——比起帶有速成意味的創作教學書，《尋找異鄉人》所提供的「經典的排練錄影與廚房現場」，是更內行與實在的「田野報告」，提供認識「文學這一行」，遠近距離交錯的綜合視野。

最後，說點悄悄話。在整本書中，卡普蘭的態度一貫持平，但在我看來，敘述三個卡繆的初稿閱讀人時，卻在「護主心切」下，對柯尼葉下了重手。這裡變得稱讚卡繆就加分，批評都是人格缺陷。然而，比柯尼葉的書信更有決定性的，是柯尼葉認為作品可以交給出版社——後者才是「關鍵評論與讚賞」。而對照柯尼葉與馬爾侯，兩人察覺的「待改進空間」是很相近的，卡普蘭對馬爾侯的描述正面得多，只因馬爾侯有具體說怎麼改。卡普蘭或許被卡繆的自我掙扎滲透，特別感受他作為「幼苗」的脆弱（卡繆早已成人），否則，柯尼葉有褒有貶的態度並不奇怪——托爾斯泰還罵莎士比亞呢。批評與讚賞都是幫助——改不改或怎麼改，是任何作者認清「自己是作者」的「獨立功課」。書中只許「正向鼓勵」的想法，有點「太美式」了。這可能誤導涉世未深的讀者，將批評等同負評，因而產生不必要的自我打擊。至少我讀這段，是笑著搖頭的——根據訪談，卡普蘭初讀卡繆時是十五歲——這使我願意接受這種小小的出格：我知道，打動我們的童年讀物，確實有時會令我們「愛到失態」。

推薦序

敞開自身，面對世界柔靜的冷漠

賴香吟

《異鄉人》是本總有人提的書，就算沒細讀，人們也能大致說出故事：一個阿爾及利亞出身的法國人在灼熱的夏日海灘，槍殺了素昧平生的阿拉伯人。為什麼？他被判死刑，難道只是因為沒有為母親的死哭泣？一個寫得平常卻令人迷惑的故事，字詞直白，冷漠，戛然而止。

與其說這是一本卡繆傳記，不如說是《異鄉人》的傳記。卡繆如何創造《異鄉人》？更精確地說，《異鄉人》如何來到卡繆內心，使他最終發現了它？

——我不知道它有多大價值。在某些時刻，在這些日子，它的一些語句、語調、真理，像閃電般從我穿透過去。

——我不曉得作品裡持續感到的張力會不會令很多人喪氣。但這不是問題。這種張力是我想要的，我試著把它傳遞出來。我知道它在那裡。我不知道它美不美。

這是卡繆在《異鄉人》完稿後寫給未婚妻的字句。《異鄉人》確實是那一種作家早期風格所能夠寫出最好的作品：我知道它在那裡。我不知道它美不美。閱讀這類作品，常感歧義而幸福，評論它卻不見得那麼重要，帶著過多保護與鍾愛更往往使其失去了個性。

接到這份書稿最初，我確實有小小的擔心。還好，我很快被說服了。前兩章提示卡繆如何忠於貧困白人而不流於浪漫想像，我便感到這位作者經驗老道且充滿自信。她對卡繆作品的通讀，也使她有能力駕馭那些豐富的田野調查、關係者書信、回憶，不至於變成乾燥羅列的資料。

從阿爾及利亞講起，不光只依編年體例，而是對理解《異鄉人》來說，阿爾及利亞至關重要。卡繆的空間記憶從這兒發芽，形塑了以客觀物事表達情感的第一章；報社經驗則為第二章的法庭情景作了準備。更重要的是母親：把情感放在靜默裡，不會擁抱，沒有親吻，會難過，但說不出是不是愛，說出來也未必聽得到，因為母親是聾的。《異鄉人》裡缺乏描述卻貫穿全場的母親形象，句句隔絕如島的文字，的確應該溯源到這些經驗。

然後巴黎，而後美國。前者充分掌握一九四〇年卡繆在蒙馬特完成《異鄉人》的過程，蛛網描述德軍占領下的法國文壇，追蹤《異鄉人》於戰火中奇異的生命力。後者關於《異鄉人》出版後的市場、翻譯、誤差，英國版稱它為 *The Outsider*，美國版是 *The Stranger*，無論哪一個，影響力持續上漲，卡繆車禍早逝，《異鄉人》成了那種比作者生命更長更久的作品。

如果不希望自身對《異鄉人》的閱讀經驗被不認識的評論所打擾，那麼，或可試讀第十、十一章，看作者怎樣將卡繆的現實經驗與小說文句穿針引線，展示一種既廣博又細膩的小說讀法，關於那些被卡繆精簡文字所大量省略的沉思、分析和與美學，也有力道合宜的提示。

我閱讀這份書稿的時間，二〇二〇年三月，新型冠狀病毒蔓延全球。恰恰就是八十年前，三月十六日，來自阿爾及利亞的卡繆抵達巴黎。兩個月後，他寫成《異鄉人》，德軍攻下巴黎。之後，在法國出版業備受屈辱而複雜的被占領時期，《異鄉人》意外取得成功。卡繆繼續寫《薛西弗斯的神話》以及《瘟疫》：一個城市因鼠疫散播，封城隔離，導致人心失望失序的寓言，八十年後，成了眼前真實發生的事。

日常一夕驟變，我們體會到何謂戰爭，人人切身恐懼，全球化下疫情散播的速度與幅度，隔離情勢之徹底，遠超過《瘟疫》的想像。義大利病情肆虐養老院、許多來不及下葬的棺木，竟勾起幾分《異鄉人》開端的既視感：

——今天，媽媽死了。也或許是昨天，我不知道。

——棺木闔上了，我得旋開釘子好讓您看看她。

人間生死哀痛，大自然不置一詞。人如何理解世界？尋求意義？

門房問莫梭：您不想看嗎？

莫梭回答門房：不想。

這種故事理該使人不安，我們卻總是記得？至悲的人間場景，卻想起沒有掉眼淚的莫梭？莫梭毫無情感，拒絕相信，拒絕愛這個世界，他是一個毫無移情作用的角色，他的存在與我們有關嗎？他是誠實的，可他說出來的詞語不構成意義，不被接受，甚至對自身不利。他被陪審團判了死刑，他拒絕監獄神父的祈禱，但他對自己的人生以及即將來臨的死亡感到確定。

「剛才爆發的怒氣好似排除了痛苦，抽離了希望，面對這充滿徵象與星子的夜晚，我第一次對這世界柔靜的冷漠敞開自身。我發現這冷漠和我如此相像、如手足般親切，我感覺自己曾經幸福，現在也依然幸福。」

這是《異鄉人》末段，矛盾的字詞，冷熱互斥的態度，八十年後，在這病亡與春天並存的三月，我似乎多懂了幾分，不是知識上的懂，是身在其中的明白。人類竭盡才智、利益算盡所造出來的人工盛世，說停就停，說崩就崩，人我淪為孤島，惟在穹蒼之下，依稀感到自己仍被「世界」環抱。穹蒼之下，敞開自身，卡繆用過幾次這種描述，或許這是他想的存在。自然，物質世界，面對（幸福與）剝奪，你只能敞開自身去承受，甚至擁抱它，如薛西弗斯愛那個使他受苦也使他活著的石頭。

閱讀《異鄉人》是一種人生進階儀禮。本書第一句，作者便這麼說。此情此境，重讀《異鄉人》，我同意她的說法，以及卡繆：我知道它在那裡。《異鄉人》在最後寫出了「柔靜」（tendre）這個詞，並不容易，也很抽象，需要我們許多經驗才能讀得其意。或許，我們根本不在陪審團裡，而只是（一名該說實話的）證人，或是千千萬萬另一個莫梭。

這樣一本作品確實值得一本傳記。《尋找異鄉人》運鏡緩慢，緊隨卡繆工作、閱讀與生活，照亮了《異鄉人》許多細節，也方方面面呈現年輕卡繆及其時代，而那個時代，此刻，彷彿又在我們周遭重現。

尋找異鄉人

前言

閱讀《異鄉人》（*L'Étranger*）是一種人生進階儀禮。世界各地的人都把這本書聯繫到自己的成長歷程，聯繫到有關存在的最艱困問題。故事主人公是一個名叫莫梭（Meursault）的男人——他這個姓氏字面上包含著「跳入」（*saut*）和「死亡」（*meur*）的意思；故事表面看似很簡單：莫梭的母親在老人院過世，他前去參加葬禮。[1]回來之後，他跟一個女朋友去游泳，又帶她去看電影。他為一個性情粗野的朋友寫了一封信。其後他在阿爾及爾（Algiers）一個海灘殺了一個阿拉伯人，受審後被判死刑，在小說結尾他就在等待行刑。故事沒有多少情節。可是《異鄉人》到了今天仍然像一九四二年最初問世時一樣，扣人心弦，令人迷惑不解；書中一個一個的圖像，既平凡又難忘：一個懶洋洋的星期天從陽台所見景色、一隻被打的狗發出的哀鳴、一把鋼刀閃起的光芒、從監獄的窗看到的海景。

1 評論家從莫梭這個姓氏發掘到很多意義：*meur*（死亡）、*mer*（海）、*mère*（母親）和 *sol*（太陽）。

還有鬱結之下急敲門似的向死者連補了四槍，愚蠢的自衛殺人舉動不斷發出回響。

我在教學和演講中談到《異鄉人》，所得經驗就是每個聽講者都讀過這部小說，通常還讀過兩次。論辯總是熱烈的，也熟知書中內容。莫梭是否體現了人類的存在景況？我們應否同情他？為什麼他在母親的葬禮沒有哭泣？到了結尾，他又為什麼想有人聚集觀看他的行刑並向他發出痛恨的呼叫聲？這部法文小說的英語讀者，則往往想談論書名該翻為 *The Stranger*（異鄉人）還是 *The Outsider*（局外人），也想知道為什麼小說的阿爾及利亞背景關乎重要，莫梭作為殖民地背景下的阿爾及利亞法國人又給故事帶來什麼分別，還有為什麼沒提到那個被殺的阿拉伯人的名字。每個讀者都有自己的一套理論，不管是上星期還是五十年前閱讀這部小說。

阿爾貝・卡繆（Albert Camus）這部小說的魅力，表示你可以一讀再讀而每次都看到不一樣的意義。文學評論家就正是這樣：把它看作殖民主義寓言、存在主義（existentialism）祈禱書、對傳統道德的控訴、疏離（alienation）的研究，又或「海明威（Ernest Hemingway）重寫的卡夫卡（Franz Kafka）」。[2]引來如此熱烈的評論，正是傑出作品的標誌，卻不是唯一的標誌。卡繆對這部小說的一種近乎惡作劇的創新文學手法感到自豪：他用第一人稱敘事，這通常會讓讀者進入敘事人的內心世界，但在卡繆筆下卻沒有進入內心的通道，無法跟莫梭接近。

這樣一個保持距離而空洞的敘事者，怎麼能引起讀者那麼大的注意力，這樣一部令人不安的書又怎麼能喚起讀者的忠誠？莫梭全無深度可言，表現出怪異的漠不關心態度，卻矛盾地對讀者大有吸引力，因為當理解並非唾手可得，反而很自然地渴望獲得理解。

任何愛閱讀的人都曉得一本書有它的生命。你一旦讀下去，書就活了起來，在你翻過最後一頁之後，它的生命仍然延續久遠。《異鄉人》能有如此漫長的生命，有些不可捉摸的因素，其中肯定包括了句子清澈透明的音樂感、阿爾及利亞背景的粗獷感官感受、圖像化的筆觸，還有海灘的謀殺案把人生分成兩半成為兩個完美對稱的故事。所有這些形式上或美學上的元素，都有學者努力不懈地研究，並把成果向學生傳授；而自一九五〇年代以來，在學校裡閱讀這部小說的學生一代一代接續下去，它往往是大學先修課程（Advanced Placement，簡稱AP）英文科的第一份精讀文學教材、大學哲學研討班的教材，也是法國高中最後兩年可能採用的教材。事實上，透過對《異鄉人》一波

2 關於殖民地問題，見：Edward Said, "Representing the Colonized: Anthropology's Interlocutors," *Critical Inquiry* 15, no. 2 (Winter 1989):223，及同一作者另一本論點有微妙差異的著作：*Culture and Imperialism* (New York: Knopf, 1993), 185；較晚近的論述見：David Carroll, *Camus the Algerian: Colonialism, Terrorism, Justice* (New York: Columbia University Press, 2007)。把《異鄉人》視作存在主義的入門書，文獻甚豐，例如：Frantz Favre, "*L'Étranger* and Metaphysical Anxiety," *Camus's L'Étranger: Fifty Years On*, ed. Adele King (London: Palgrave Macmillan, 1992)。把卡繆視作道德家而非存在主義者，以及把《異鄉人》視作「海明威重寫的卡夫卡」，見本書第20章關於沙特所寫〈《異鄉人》闡釋〉的討論。

接一波的分析，你可以建構起二十世紀文學評論一段相當精確的歷史：包括了存在主義、新批評（new criticism）、解構主義（deconstruction）、女性主義和後殖民研究等。

可是我們對作者和這本書的理解，卻欠缺了一些必要元素。評論家集中討論的是這本書所表達的主題和理論，包括了美學、道德和政治論述，把《異鄉人》的存在視為理所當然。當然卡繆的傳記會談到他寫作這部小說時的處境，但焦點在他本人而不在這部作品。事實上，卡繆作為一個富有魅力而令人仰慕的人——既是政治活動家又是傑出人道主義者，令他的人生故事完全蓋過了他寫作的故事（如果他是一個小氣的人或普通的人倒不至於如此）。不錯，有關手稿在細節上的差異，在法文版最後審定本有小字體的說明。但沒有人曾講述卡繆怎樣把這部獨特的作品創造出來（我傾向於認為他在自己內心發現了這部小說），還有為什麼在法國被納粹德國占領期間，正當在這一頁法國歷史裡出版業面對最屈辱、最複雜的氣候，這本書卻得以問世。[3]這是令人驚訝的成功故事，對小說的未來發展影響巨大，你甚至可以聲稱，《異鄉人》在文學界的問世，有如生物演化過程的一次意外，為一個全新物種的出現開啟了大門。[4]

*

因此我認為，《異鄉人》本身應該有它的傳記，那是這部著作在世間誕生的故事，跟它的創作者的人生有關聯，但也可跟這段人生分開來看待。我最初起了為一本書寫傳記的念頭，是因為讀了麥可・戈拉（Michael Gorra）的傑出著作《一部小說的肖像：亨利・詹姆斯與美國一部經典之作的誕生》（*Portrait of a Novel: Henry James and the Making of an American Masterpiece*）。對於詹姆斯的《仕女圖》（*Portrait of a Lady*）以至對於這位具不凡自覺力而在成熟人生階段投入寫作的作家，戈登提出了豐富而多層次的反思，自人生以至著作和文學影響一覽無遺。[5]至於卡繆的《異鄉人》，是一個二十六歲滿懷抱負的作家在阿爾及利亞的偏僻地區開始執筆撰寫的，當時這位作者藉藉無名，也沒

---

3 Yosei Matsumoto, "Le Processus d'élaboration de *L'Étranger*," *Études camusiennes: Société japonaise des Études camusiennes* 12 (2015): 72–86；這是本書付梓之際我才喜出望外地發現的論文，包含對卡繆著作極佳的概述，涵蓋書信、筆記和手稿，由此尋溯卡繆的寫作過程。

4 羅蘭・巴特（Roland Barthes）認為《異鄉人》開創了一種新的「透明的說話方式」，見：*Writing Degree Zero*, trans. Annette Lavers & Colin Smith (New York: Hill & Wang, 1968), 82。弗朗哥・莫瑞提（Franco Moretti）有關文學演化的論述巧妙地帶來啟迪，見：*Graphs, Maps, Trees: Abstract Models for Literary History* (London: Verso, 2005)，其中提到：文學形式「總是透過彼此背離而發生轉變」（頁六九），「新種類……產生的時刻，就是當個別作品遷移到新的文學園地，必須迅速轉變才能存活」（頁九〇）。

5 Michael Gorra, *Portrait of a Novel: Henry James and the Making of an American Masterpiece* (New York: Liveright), 2013.

有什麼既有著作，要談到這本書的故事，是更直接卻也是更難賦予它充實內容的。[6]洛伊德．克拉瑪（Lloyd Kramer）談到這問題說：「就像歷史學家探索一場戰爭的起因，一本書的傳記作者要探索這本書的成因。」[7]

*

從卡繆在他的筆記和書信裡最初提到這部小說的片言隻字開始，我一直探索下去，走過他寫作的那些歲月，從執筆的作者以至書頁上的字句。我的記述方法近似小說作家所說的「貼近的第三人稱敘述」：我一個月一個月地緊跟著卡繆，就像從他肩膀由上而下注視著他，從「他本人」，而不是我自己的觀點來講述這部小說的誕生故事。我的目的是盡可能貼近的觀察整個過程和作者內心狀態，包括《異鄉人》的寫作，送交出版社審定，以至在戰時的法國出版。這不是標準文學評論的「全知觀點」，雖然我自己對作品的論斷引導著這本傳記的寫作；我在附註裡提供了有關這部小說的豐富文學評論資料，用以補充傳記所敘述的歷史。我還加插了阿爾及利亞和戰時法國的地圖，讓讀者更能感受到《異鄉人》從撰稿以至出書在北非和法國之間的飄泊歷程。

《異鄉人》在一九四二年出版之後，它的故事沒有就此終結：最初引起的反應是戲劇性、有趣而奇怪的。隨後多年以來，這本書有它的朋友和敵人，以及很多後續之作，包括了六十種語言的譯本，還有電影和漫畫書等——甚至到了最近，還有人從後殖民時期的阿爾及利亞背景把故事重寫一遍。

任何作者，不管如何強有力或具影響力，都不能控制自己作品的命運。到了某個階段，一本書就會脫離作者的權限而面對不可知的前景。在最好的情況下，當一本書的生命延續多個世代，作者認為自己透過這本書所做的一切，就會跟其他數以百計的說法和觀點形成一個共同論述空間。《異

---

6 在很晚近的一刻，當我完成了本書初稿，評論家安．傑佛森（Ann Jefferson）讓我察覺到一部引人入勝的舊著作——法國作家皮耶．歐迪亞（Pierre Audiat）一九二四年出版的 *La Biographie de l'œuvre littéraire*（文學作品的傳記）。九十年前，歐迪亞就對傳統傳記感到厭倦了，那只把作品視作作家人生的「鏡子」。他也希望能超越那種只專注於下判斷的評論。他辯稱，著作傳記的作者，任務在於尋索創作過程中具有特殊意義的時刻和藝術上的衝動，並探索這些時刻產生了什麼結果。怎樣的經驗、怎樣的老師、什麼其他著作、什麼歷史動力塑造了一本書的面貌？而在作品問世後，最初那些讀者怎樣理解它？見：Pierre Audiat, *La Biographie de l'œuvre littéraire: esquisse d'une méthode critique* (Paris: Champion, 1924)。有關歐迪亞的觀點及其對現象學文學評論的影響，見：Ann Jefferson, *Biography and the Question of Literature* (Oxford: Oxford University Press, 2007)。

7 克拉瑪是北卡羅來納大學（University of North Carolina）教堂山（Chapel Hill）校區法國歷史教授；他出席了國家人文科學中心（National Humanities Center）二〇一五年四月二十六日於北卡羅來納州三角研究園（Research Triangle Park）舉行的法國歷史及文化卡羅來納研討會（French History and Culture Carolina Seminar），在會上討論我撰寫中的這本書時表達了這個看法。

鄉人》一書的生命比卡繆本人的生命延續得更久——這位作者的生命在一九六〇年一次車禍中驟然結束，當時他只有四十六歲。這部著作的生命卻沒有半點將要消亡的跡象：在它問世七十四年之後，也是卡繆誕生逾一個世紀之後，它光是在法國的累計銷售量就超過了一千零三十萬冊。[8]只要繼續有人閱讀小說，《異鄉人》的生命還會延續下去：如果說這是來生的保證，這就是超乎任何作家或大部分作品所能期望的了。

8 一千零三十萬冊是該書法文版的銷售量，見二〇一一年三月四日《回聲報》（*Les Échos*）第八頁的報導。近年《異鄉人》的銷售量與安東尼．聖艾修伯里（Antoine de Saint-Exupéry）的《小王子》（*Le Petit Prince*）不相上下。根據 *Gallimard: un siècle d'édition 1911–2011*, ed. Alban Cerisier & Pascal Fouché (Paris: Éditions Gallimard/Bibliothèque nationale de France, 2011) 裡所述，至二〇一〇年為止包括平裝本的累計銷售量，《小王子》為一千三百零九萬六千冊，稍高於《異鄉人》的一千零三萬五千冊。據伽利瑪出版社（Éditions Gallimard）羅傑．柯尼葉（Roger Grenier）提供的二〇一一年統計，以社內平裝本銷售量來說，截至二〇一一年十一月為止，《異鄉人》為六百九十萬冊，超越了《小王子》的五百九十八萬七千六百五十冊。至二〇一〇年為止包括平裝本的累計最高銷售量第三名是卡繆的《瘟疫》（*La Peste*），共六百八十一萬三千冊。六十個譯本的統計數字來自：Alban Cerisier, *Brève histoire illustrée de la publication de L'Étranger d'Albert Camus* (Paris: Gallimard, 2013), 12。

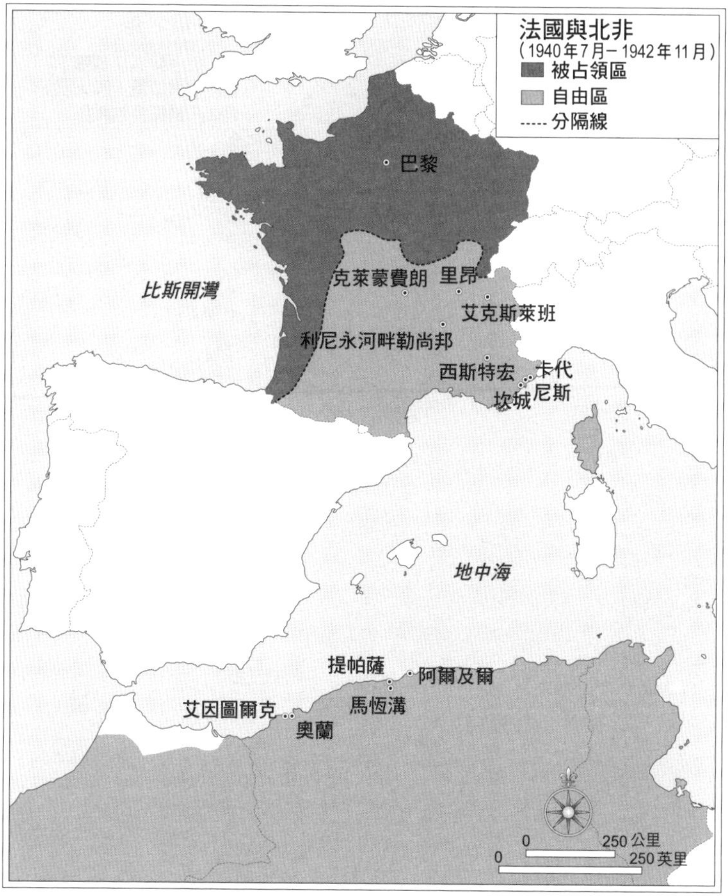

法國與北非（一九四〇年七月至一九四二年十一月）。由肯塔基大學（University of Kentucky）居拉．鮑華地圖製作暨地理資訊系統中心（Gyula Pauer Center for Cartography and GIS）的迪克．吉爾布瑞斯（Dick Gilbreath）提供。

法國與北非（一九四二年十一月之後）。由肯塔基大學居拉．鮑華地圖製作暨地理資訊系統中心的迪克．吉爾布瑞斯提供。占領區更精細的地圖及占領區的演變，可參考：朱利安．傑克森（Julian Jackson）編著，《法國：黑暗時期，一九四〇至一九四四》（*France: the Dark Years, 1940–1944*）。牛津：牛津大學出版社，二〇〇三年。

1 篝火

一頁一頁的，火焰把紙張和墨水化為灰燼。掉進火中的，是來自多位女朋友以至教師和同窗好友的信。眼前這個年輕人的毀滅行動是出乎意料的，他曾在筆記裡信誓旦旦表示，要在兩年裡創作自己的代表作，寫作一系列文學作品。[1]他還在「代表作」這個詞語下用較粗的筆畫畫了三條底線。

他在一九三九年十月把這些信件燒掉，那是法國向德國宣戰之後一個月。軍隊動員了，在馬奇諾防線（Maginot Line）待命。因體格問題不能當兵的阿爾貝・卡繆，當時在一家快要被政府關閉的報社當記者，跟母親同住在一個三房公寓，他人生最初的十七年就在這裡度過。公寓位於阿爾及爾

1 Albert Camus, Carnets 1935–1948, *Œuvres complètes*, ed. Jacqueline Lévi-Valensi, vol. 2, 1944–1948 (Paris: Gallimard, Bibliothèque de la Pléiade, 2006), 850；英譯本：*Notebooks 1935–1942*, trans. Philip Thody (New York: Knopf 1963, rpt. New York: Roman & Littlefield, 2010), 86。筆記本的影印本藏於：普羅旺斯地區艾克斯市（Aix-en-Provence）市立圖書館「書城」（Cité du livre）內的阿爾貝・卡繆文獻中心（Centre de Documentation Albert Camus）。

市貝爾柯區（Belcourt）的里昂路（rue de Lyon），是一個勞工階層社區。公寓的設施很簡陋，平台上有共用的廁所，即使以阿爾及利亞勞工階層的歐洲人標準來說，這也是貧民居所。比他大三歲的哥哥已經結婚，搬到市中心居住；原與他們同住的外祖母已經過世。剩下來只有他的母親和舅舅艾蒂安（Étienne），兩人都失聰，也幾乎是啞巴。這是一個破舊而靜默的房子。

一九三九年十月，卡繆二十五歲。他深邃的眼睛是灰綠色的，棕色的頭髮往後梳得直直的，突出了高高的前額。如果你要猜他是什麼國籍，你可能從他自豪的眼神看出有西班牙血統，他媽媽一家來自梅諾卡島（Minorca），是西班牙巴利亞利群島（Balearic Islands）的一個島嶼。下班後卡繆愛穿當時流行的高腰袋形長褲和彩格襯衫，但執行記者任務時他總是西裝領帶的打扮，外加一件軍裝式雨衣或花呢大衣。他有一副英俊的臉孔，卻不是英俊得乏味。儘管五官標致，他的臉有點像馬面，還有點不對稱，讓他帶有某種表情力量，可以輕易從喜劇轉變為悲劇表情，從流氓變成王子。他骨瘦如柴的胸膛、修長的四肢、寬大的手和優美的體格讓他看起來比實際的五呎八吋為高。他是一個熱情、深思熟慮的年輕人，一身精力注滿他童年居住的這個低矮狹小的房子而往外傾瀉。

他把妥善保存在公寓裡的兩大皮箱信件拖了出來，在空蕩蕩的客廳裡放著的一個小火爐前做好準備，然後把壓縐了的一疊疊信件丟進火裡。「我心裡減輕了五年的負擔，」[2]在篝火把信件燒毀後，他寫信跟未婚妻法蘭桑·佛瑞（Francine Faure）說。他一定花了很長時間。對一個雄心勃勃的年輕作家來說，人生的五年表示用了不少紙張。

這個公寓是他感受最深的地方，他在這裡磨練了觀察事物的意識和對語言的耳感，他更憑著活了二十五年的智慧開始意識到他稱之為「荒謬」（the absurd）的存在景況。他在哲學課裡也曾研習所謂荒謬，但他對這個概念的意識來自自己的身體：他十七歲時患上的一種疾病，威脅到他可能從周遭世界獲得的感官喜悅。所有人最終都會死亡，只是早晚的問題。荒謬的不光在於人生的有限，還有人類在物質世界面前顯得毫無意義。他下定決心，他第一項重要藝術創作要來自這方面的簡單事實。[3]

*

2 卡繆一九三九年十月三十日寫給法蘭桑的信，引錄於：Olivier Todd, *Albert Camus: Une vie* (Paris: Gallimard, 1999), 283；除特別註明外，以下所有頁碼均以法文版為準。這裡的英譯來自該書經大幅刪節譯出的英譯本：Benjamin Ivry, *Albert Camus: A Life* (New York: Knopf, 1997), 88。

3 對卡繆的「荒謬」概念其中一篇最好的入門論述，見以下一書有關"Absurdity"（荒謬性）的一章：Robert Zaretsky, *A Life Worth Living: Albert Camus and the Quest for Meaning* (Cambridge, MA: Harvard University Press, 2013), 11–58。

以殖民地行話來說，卡繆成長的環境是「卑微白人」（petits blancs）或「卑微移居者」（petits colons）的世界：這如果譯作「可憐的白人垃圾」就未免太刺耳了，它指的是勞工階級的歐洲人，既不是殖民大地主，也不是被剝奪公民權的本地人。他屬於移居者階層，在這裡的歐洲人中屬最低等級，但在種族和公民身分上享有的特權，仍然是本地人完全談不上的。他在阿爾及爾長大，這個城市混雜著各族裔的人——西班牙人、法國人、阿拉伯人、柏柏爾人（Berber）和猶太人；它所在國家一八三〇年被法國征服，此後不但成為殖民地，更被併入法國國土，成為法國的三個省。

雖然技術上來說他們活在法國國土，但大部分阿爾及利亞人，不管什麼族裔，都從來沒去過法國本土。卡繆的父親呂西安（Lucien）原來也是這樣，他首次前去法國是以軍人身分參與馬恩河戰役（Battle of the Marne），很快就戰死沙場。那時卡繆還不到一歲。父親過世讓他成為「國家照顧的學生」，獲得國家提供的獎學金。他母親當清潔工，舅舅是木桶匠。學校給他帶來了機會。一位名叫路易・傑曼（Louis Germain）的小學教師看出了他的天賦，說服了實際上充當一家之主的外祖母，讓卡繆上中學念書，而不是像他的哥哥呂西安（Lucien）接受技術學徒訓練。對來自這個家庭或這個社區的一個男孩來說，上高中念書幾乎是聞所未聞的事，卡繆進入了一個完全不熟悉的環境。

卡繆是個很難安靜坐下來的孩子，他在課堂上、足球場上和海灘上表現出非比尋常的充沛活力。他就像大自然的力量，體能上停不下來，直到一九三〇年十七歲時他開始咳血，原來患上了肺結核。

他被送到舅舅居斯塔夫・艾柯（Gustave Accault）的家居住，舅舅是肉店老闆，在朗格多克路（rue Languedoc）一幢建築底層擁有一個房子，有個很大的藏書室和庭院式花園。這個舒適的家成為了卡繆的避難所，在這裡他開始認真閱讀，也經常吃到正常分量的紅肉，那被認為是治療上必需的。他被告知可能性命不保，如果幸運的話，也要終生反覆接受治療：多月臥床、照X光，還要注射藥物，讓受感染的肺部萎陷然後復元。

診療期間，他碰上了對他的心智發揮最大塑造力的人。一九三〇年，卡繆遇上了尚・柯尼葉（Jean Grenier），先後是他的中學和大學老師。柯尼葉引導他初期的閱讀取向，又鼓勵他同時在哲學和文學方面發展。寫作成為了他的必要行動，讓他克服成長過程中的靜默，也對他開始喪失說話的力氣帶來補償。那時他才十七歲，就在學生雜誌《南方》（*Sud*）發表文學作品和音樂評論，表現出超越這個年齡的聰敏，他又開始把沒怎麼掩飾的童年情景寫成草稿，在未來七年裡把它轉化為第一部個人散文集《反與正》（*The Wrong Side and the Right Side*）。

他寫作中的作品出版前會跟少數親密的人分享，尤其是不斷給他提供一些小說讓他獲得啟迪的柯尼葉。當他最初發現馬塞爾・普魯斯特（Marcel Proust）談到自己的富足童年，還有安德烈・紀德（André Gide）的自覺智性遊戲，他就擔心只有富人才能成為作家。然後柯尼葉讓他看一部名叫《哀傷》（*La Douleur*）的小說，一九三〇年出版的這部作品，作者是二十三歲藉藉無名的安德烈・德・

雷修（André de Richaud）。故事講述第一次世界大戰的一個寡婦和深愛她的兒子，還有成為了他們兩人之間的致命第三者的一個德國戰俘。推動故事情節發展的，是寡婦的罪惡感和感性渴求，最後以背叛和悲劇告終。令卡繆著迷的是母子之間在危急絕望中的愛，還有貫串全書的悲慘氣氛，那不是他自己深知的經濟上的悽慘，而是絕望的人在道德上的悽慘。他認為這部小說給他提供了寫作的通行證，決意讓自己的童年景況和感覺引導他投入文學創作。後來他滿腔熱情重讀了紀德和普魯斯特的著作，但他始終是心存焦慮的小說讀者。當他發現了一個喜愛的作家，往往就掀起妒意，尋思還剩下什麼話是他能說的。[4]

當他在夢想自己還需要什麼才能成為真正的作家，他就向哲學這門學問走近。在一九三〇年代，法國的高中和大學講授的歐陸哲學是文學的近親。他接觸的學科，像柯尼葉探索美學創作、弗里德里希・尼采（Friedrich Nietzsche）、亞瑟・叔本華（Arthur Schopenhauer）、亨利・柏格森（Henri Bergson）和索倫・齊克果（Søren Kierkegaard），在他的思想裡孕育了一個無神論的世界，以及一個理念形式的世界。哲學看來也是穩定教學生涯的最佳出路。柯尼葉為巴黎最好的文學雜誌撰寫別具風格而很有情調的文章，顯然有時間同時寫作和教學，卡繆相信自己也一樣。

一九三五年卡繆在阿爾及爾大學（University of Algiers）完成了哲學高級課程，相當於碩士學位，論文研究的是兩個非洲哲學家——屬於古希臘傳統的普羅提諾（Plotinus）和早期基督教神學家聖奧古斯丁（Saint Augustine）。他很同情罹患結核病的普羅提諾，但他更有同感的是感性卻又具節制力的聖奧古斯丁。雖然他在論文裡談到奧古斯丁的《懺悔錄》（*Confessions*），也談到奧古斯丁把個人經驗用在撰述之上，但他在學術研究裡完全沒有提到，公元四世紀的奧古斯丁在語言和行動上跟他自己在二十世紀所寫的莫梭有什麼關聯，但這種關聯一定潛存在他想像的某個角落：奧古斯丁雖然因母親過世而哀傷，在葬禮上卻沒有哭泣，而是前去浴堂尋求治癒哀傷的良藥。[5]

　　卡繆的哲學教育可能欠缺了在巴黎的學府所能獲得的深度和嚴謹態度。但事實上卡繆從來不是很喜歡依循正式哲學模式思考，這是他的性格特徵。不論在風格還是內容上，卡繆這些年間受尼采的影響最深；他仰慕尼采，並曾提到，尼采作為詩人兼哲學家「很愛在矛盾中探索」。[6]他或許也該

---

4 以下一書一步一步追蹤卡繆最初成為作家的過程：Jacqueline Lévi-Valensi, *Albert Camus ou La Naissance d'un romancier, 1930–1942* (Paris: Gallimard, 2006)。作者在書中特別有興趣探討的是卡繆對於應否成為小說家猶豫不決，跟他在評論文章中早熟的、具權威的表現形成對比。

5「即使我們在贖罪獻祭中為她不斷禱告的時候——當她的軀體（根據本地習慣）下葬前安放在墳墓旁，我也沒有隨著禱告而哭泣。」這段自白見：Saint Augustine, *Confessions*, trans. Garry Wills (New York: Penguin, 2012), 204。

6 見一九三二年六月刊於《南方》雜誌題為〈尼采與音樂〉（Nietzsche and Music）的文章，收錄於以下一書：*The First Camus*, ed. Paul Viallaneix, trans. Ellen Conroy Kennedy (New York: Paragon House, 1990), 138–46。

提一下自己對悖論的喜愛，還有圖像和直覺對他的吸引力多於具結構的論辯。即使他仍然希望哲學教授的生涯能讓他有自由從事創作，他在筆記裡提醒自己：「如果你想成為哲學家，那就寫小說吧。」[7]

*

當卡繆在一九三五年完成了哲學論文，一位作家的來訪激發了他在文學上的雄心壯志。《人的命運》（*Man's Fate*）一書作者安德烈・馬爾侯（André Malraux）乘坐水上飛機到阿爾及爾向一群反法西斯知識分子發表講話，他是卡繆在文學和政治上敬仰的英雄。馬爾侯在卡繆居住社區裡的一家戲院現身，熱情的群眾揮著拳頭歡迎，表明他們支持人民陣線（Popular Front）對抗法西斯主義的共同決心。[8]卡繆童年時經常和作風專橫的外祖母到貝爾柯的戲院看電影，由於外祖母是文盲而耳朵又不大靈光，加上現場有鋼琴聲和觀眾的喧鬧反應，她總是要卡繆在她耳邊把字幕大聲唸出來。[9]對卡繆來說這是很丟人的記憶。在一九三五年，他作為作家和政治活躍分子的生涯剛起步；這個帶著童年聯想的地點，跟他的關係也發生了轉變。卡繆當天在貝爾柯可能有機會跟馬爾侯握手，但也許僅此而已。只有在最瘋狂的夢想中，他才會想像能夠再次見到馬爾侯。

*

到了一九三九年十月，當他把信件燒毀時，他滿懷希望地活躍於政治和文化圈的日子已成過去：他曾相信人民陣線能對抗法西斯主義，卻發現它無法制止希特勒席捲歐洲。阿爾及爾現在不能給他提供什麼了。隨著戰爭在九月爆發，加上審查的壓力和紙張存量正在削減，一九三八年以來激發起他的活力的《阿爾及爾共和報》（*Alger-Républicain*），如今縮減成為兩頁的新聞快報並易名為《共和晚報》（*Le Soir Républicain*），只在地方上發行而經常因為反戰立場受到審查。卡繆是孤獨的總編輯，被政府視為國家安全的威脅。他曾申請一個國家資助的教席，這是取得哲學學位之後順理成

---

7 Camus, *Carnets 1935–1948, Œuvres complètes*, 2:800；英譯本：*Notebooks*, trans. Thody, 10（經編輯整理）。當我引錄已出版的英譯本，如基於準確性或風格原因有所修改，我都註明「經編輯整理」。

8 馬爾侯演說的內容在阿爾及利亞共產黨的雜誌《社會鬥爭》（*La lutte sociale*）一九三五年七月三十一日的一期有所敘述，見：Jacqueline Lévi-Valensi, "La Condition Sociale en Algérie," *Journalisme et politique—l'entrée dans l'Histoire, 1938–1940*, ed. André Abbou & Jacqueline Lévi-Valensi, *La Revue des Lettres Modernes: Albert Camus 5* (Paris: Lettres Modernes/Minard, 1973), 11–33。

9 這種情景的描述見卡繆未完成的自傳式小說《第一人》（*Le premier homme*），收錄於他的作品全集：*Œuvres complètes*, ed. Raymond Gay-Crosier, vol. 4, 1957–1959 (Paris: Gallimard, Bibliothèque de la Pléiade, 2008), 798；該小說英譯本：*The First Man*, trans. David Hapgood (New York: Vintage, 1996), 94–95。

章的下一步，卻因為罹患肺結核而被視為不合資格（他兩邊的肺臟分別在十七歲和二十一歲時遭到感染）。政府不想投資在一個恐怕活不久的教師身上，而且根據官方政策有傳染病的人不能當教師。原應給他帶來穩定生涯的學位現在一文不值。[10]他的疾病也令他不合乎參軍資格，而報社的同事和他的哥哥全都前赴戰場了。因為戰爭他取消了夏天前往希臘的行程；他又拒絕接受一個臨時教席，寧可利用時間完成一部有關羅馬帝王卡里古拉（Caligula）的劇作的草稿，劇中敘述的是他在學術研究接觸到的故事。他有很多時間思前想後，想像未來。

在五年的日子裡，卡繆起碼在阿爾及爾六幢不同的房子和公寓住過。他甚至結了婚，但維持不久，一九三九年就分居了，只是還沒離婚。然後他又結交了一個新的女朋友，隨後還有更多女朋友。這時他在多方面都處於新的出發點。他遇上一個出色的數學系學生兼鋼琴家法蘭桑．佛瑞。她住在阿爾及爾西面一個較小的城市奧蘭（Oran）。她在智性上的嚴謹態度，還有她期望在卡繆身上看到的高標準，令卡繆以全新的眼光看待自己。卡繆告訴佛瑞，他把其他曾來往的女性的信全燒掉了，就是向她和他自己保證，那些情史已成過去。[11]

把信件燒掉有個人原因，也有不少政治上的原因。一九三九年八月，在希特勒和史達林簽訂條約之後，法國政府宣布擁有共產黨黨籍為非法，雖然卡繆在一九三七年就被逐出了共產黨，但他怕自己受到監視。他開始為共產黨效力時，在貝爾柯逐家逐戶招攬穆斯林黨員。但蘇聯關切的是迫在眉睫的戰爭，熱衷於招募阿爾及利亞本地人的政治行動不是優先要務。卡繆遭到肅清——向共產國際（Comintern）提交的一份報告聲稱他是「托洛斯基派（Trotskyist）煽動者」。[12]在新聞工作裡他為自己的信念找到更佳出路，他在《阿爾及爾共和報》所維護的立場，對殖民政府冷酷政策的攻擊，以及他的和平主義都廣為人知。因為這些立場，他就有充分理由把與大學教授和朋友談政治的信件付之一炬了。

過去五年的遭遇好壞參半。他跟朋友成立了兩個劇團，在劇場上有令人滿意的作為，但前去中歐的一次旅程就很可悲，導致他第一段婚姻的終結。他寫了一個名為〈靈魂之死〉（Death in the Soul）的故事，談到在布拉格一家破落旅館的孤獨日子，並在結論中表現出跟他的心態很近似的矛盾感：「任何我不感到枯燥的國家，都對我毫無教益。」[13]他和妻子分居後與戲劇界的朋友同住，在阿

---

10 Todd, *Une vie*, 231；英譯本：*A Life*, trans. Ivry, 73。他在一九三八年十月被告知不合資格，同月他開始受雇於《阿爾及爾共和報》。

11 引錄自卡繆一九三九年十月二十九及三十日寫給法蘭桑的信，見：Todd, *Une vie*, 283。

12 以下一書引錄的報告（沒有日期）：Todd, *Une vie*, 204。

13 "La mort dans l'âme," *L'envers et l'endroit, Œuvres complètes*, ed. Jacqueline Lévi-Valensi, vol. 1, 1931–1944 (Paris: Gallimard, Bibliothèque de la Pléiade, 2006), 57；英譯本："Death in the Soul," *Lyrical and Critical Essays*, trans. Ellen Conroy Kennedy (New York: Vintage, 1970), 43。

爾及爾高地一幢有魔幻魅力的房子裡過著悠閒生活。就是在西迪卜拉欣道（chemin du Sidi Brahim）這幢他稱之為「世界之上的房子」裡，他初次嘗試寫作小說。《快樂的死》（*A Happy Death*）講述一個罹患肺結核的青年為了自由而自殺。卡繆寫完又重寫，最後放棄了這份手稿。他報導法庭審訊的新聞寫作，比起這段初次試寫小說的失敗經驗，對他未來寫作《異鄉人》是更佳的準備工夫。

他在二十五歲時就扮演過很多角色了：新聞記者、政治活躍分子、作家、劇藝界人士、戀人、短暫的丈夫、母親的兒子、在貧窮社區貝爾柯長大的孩子。這正是他的問題所在。「我沒有在任何兩個人面前以同一面貌出現，」他帶著後來經常伴隨著他的憂鬱自貶語氣寫信跟法蘭桑說：「我從來沒有讓任何愛我的人感到快樂……」他又補充：「要真的做得對，我也應該把你的信燒掉，因為留下這些證據有什麼好處？我快要這樣做了，卻不知道什麼讓我停了下來。」[14]即使他在她的感情上要弄著，他也試著制止自己，要剝掉自己的一切，只剩下最根本的元素，去除一切姿勢和矯飾。他又寫道，他甚至準備把亨利．德．蒙泰朗（Henry de Montherlant）和馬克斯．雅各布（Max Jacob）等名作家寫給他的寥寥幾封珍貴信件也毀掉，但他考慮要不要這樣做。這些信件關乎文學而不是他的人生，他並不打算放棄文學。

再過兩個月，在《共和晚報》結束之後，他就沒有工作也看不見什麼前景了。但他已經出版了兩本書，分別是以謹慎、憂鬱的第一人稱筆調對童年情景和失落的愛情做出反思的散文集《反與正》，以及對阿爾及利亞河山的歡樂頌歌《婚禮》（*Nuptials*）——包括他深愛的提帕薩（Tipasa）歷史遺跡。[15]出版這兩本書的是同一家本地小出版社，創辦人艾德蒙．夏洛（Edmond Charlot）是柯尼葉圈子裡的另一個學生。印量都極小，每本書只印了三百五十冊，幾乎完全看不到書評。可是大名鼎鼎的蒙泰朗卻從巴黎以一貫的瀟灑筆觸對《婚禮》表示讚賞：「你所寫的比我讀過的任何其他有關阿爾及利亞的作品更具親切感。」彷彿這樣的讚賞還不足夠，他又補充：「你用了我想要用的方式寫作。」[16]蒙泰朗希望卡繆的書未來能在巴黎出版，這樣他就有更多讀者。卡繆最後把這封信保留了下來。

---

14 卡繆一九三九年十月二十九及三十日寫給法蘭桑的信，引錄於：Todd, *Une vie*, 293；英譯本：*A Life*, trans., Ivry, 103。

15 《反與正》（一九三七年）和《婚禮》（一九三九年）由阿爾及爾的夏洛出版社出版，收錄於卡繆作品全集：*L'envers et l'endroit* and *Noces*, *Œuvres complètes*, ed. Jacqueline Lévi-Valensi, vol. 1, 1931–1944 (Paris: Gallimard, Bibliothèque de la Pléiade, 2006)。這兩本書均於第二次世界大戰後由伽利瑪出版社重新發行。

16 蒙泰朗一九三九年六月二十九日寫給卡繆的信，信件收藏於普羅旺斯地區艾克斯市市立圖書館的阿爾貝．卡繆文獻中心。一九三八年十一月，卡繆在《阿爾及爾共和報》的〈閱讀室〉（Salon de Lecture）專欄把蒙泰朗形容為「本世紀最令人驚異的散文作家之一」，見：*Œuvres complètes*, vol. 1, 802；同年十一月二十二日他對蒙泰朗的《阿爾及爾圖像》（*Images d'Alger*）表示讚賞，同前引書，頁八〇四；一九三九年二月五日他又給蒙泰朗的《秋分》（*The September Equinox*）寫了正面的書評，同前引書，頁八一七—九。

當年十月卡繆從火焰中拯救出來的是他在文學上的未來：那包括了蒙泰朗讚賞他的信件、他記下了圖像和意念的筆記本、小說寫作實驗失敗之作《快樂的死》的手稿。他同時在進行三項新的寫作計畫，各在不同進展階段，全都跟心中所謂「荒謬」的概念相關，這是他立意成為作家的人生大計的第一個「負面」階段。他希望在一個「荒謬系列」之下創作三部作品，分別屬於截然不同的體裁。他桌了上放著《卡里古拉》（*Caligula*）劇作的草稿，仍然幾乎只是一齣一人大戲，高潮的一幕是那位殺人如麻、荒淫無道的年輕帝王站在一面鏡子前對自己可怕的自由陷入沉思。另一部他稱之為《薛西弗斯的神話》（*The Myth of Sisyphus*），他寫了一些筆記，關於在歷史和文學裡面對無神的自由的掙扎。最重要的是一部才剛開始的新小說，他認為可名之為《冷漠的人》（*The Indifferent Man*）；就像前兩部構思中的作品一樣，要探索一個人的「負面真相」。這是他第二次試寫小說，緊隨著一次令人沮喪的失敗，但已感覺到寫作過程是不一樣的了：他不用再追逐要找的字詞，而是字詞來找他。

在他把信件燒掉和他其後啟程前往巴黎的五個月之間，他完成了後來成為《異鄉人》的那部小說的第一章。他和這部作品展開了一個漫長而艱巨的旅程，手稿不會離開他身邊，直到寫成為止。小說對他來說得來不易。那次點起的篝火，到底是把他剝除到只剩下個人本質而讓他能開始寫作，還是將要全面燃起的篝火的預兆？改變的到底是什麼？

17 他向記者同事艾曼紐．賀布勒（Emmanuel Roblès）把那部小說描述為「冷漠的人」，見賀布勒的回憶錄：*Camus, frère de soleil* (Paris: Le Seuil, 1995), 22。有關他的作品的寫作周期，見：Roger Grenier, *Albert Camus: Soleil et ombre* (Paris: Gallimard, 1987)，還有卡繆本人的筆記。卡繆曾考慮的其他書名包括：《自由的人》（*A Free Man*）、《快樂的人》（*A Happy Man*）、《像眾人一樣的人》（*A Man like Others*）。以下一書編者提到《異鄉人》有兩份手稿：Albert Camus, *Théâtre, récits, nouvelles*, ed. Roger Quilliot (Paris: Gallimard, 1962)，引錄於：Raymond Gay-Crosier, *Literary Masterpieces*, vol. 8: *The Stranger* (Detroit: The Gale Group, 2002), 57。據稱，其中一份手稿包含太陽、斷頭台等的圖畫，聽起來很像卡繆自己在一九四四年「捏造」的手稿（見本書第21章）；第二份手稿是部分手寫部分打字的，聽起來就像現在藏於卡繆文獻中心可供學者閱覽的手稿。另一組學者一九九〇年代在傑奎琳．李維華倫西（Jacqueline Lévi-Valensi）領導下所編的七星文庫（Bibliothèque de la Pléiade）新版本，就是從第二份手稿整理而成。

2 從貝爾柯到海德拉

要了解這位在一九三九年夏天最初坐下來寫作《異鄉人》的才華橫溢的年輕人，回到他想把自己從存在中燒毀的前五年是有幫助的，這些歲月的變化令人頭暈目眩，它的起點就是卡繆與西蒙・海赫（Simone Hié）的婚姻。卡繆一九三三年在阿爾及爾大學修讀大學部課程時遇上海赫。她那淡紫色和藍色的眼影、假睫毛和撩人的緊身透明裙子，勾引了追求時尚的卡繆。他們次年結婚時，卡繆二十一歲而海赫二十歲。海赫豔麗的外表掩蓋了一項嚴酷現實：她的母親是成功的眼科醫生，使用嗎啡來減低女兒可怕的經痛，令女兒染上毒癮。卡繆的朋友警告他，跟海赫結婚無異投人拯救任務。路易・本尼斯提（Louis Bénisti）就說他像是扮演天使或聖伯納救難犬。[1]曾與他們夫婦倆一起出遊的伊夫・布如瓦（Yves Bourgeois）在記憶中對海赫有尖刻看法：說她是「專業誘惑者……職業『奪命女郎』」。[2]但誘惑不是單方面的，海赫原已跟卡繆的朋友馬克斯波爾・福歇（Max-Pol Fouchet）訂婚，卡繆把她搶了過來，這就增添了勝利感，增強了他的熱情。海赫像書中描述的角色一樣迷人，在卡繆心目中就像安德烈・布賀東（André Breton）小說《娜嘉》（*Nadja*）中的浪蕩誘惑者。[3]對一個立志成為作家的年輕人來說，她看似是理想的作家妻子——是供觀賞的謎魅而不是夥伴。

舅舅居斯塔夫・艾柯竭力反對卡繆跟海赫建立關係，更發出了最後通牒——如果卡繆不跟她分手就斷絕對他的財務支持。兩個家庭之中，只有海赫的母親瑪莎・索格勒（Martha Sogler）看來對這段姻緣是熱衷的，認為這是女兒的救贖。她安排這對新婚夫婦住在海德拉公園區（Parc d'Hydra）十二號路的一幢小別墅，名字笨笨的叫「清新別墅」（Villa Frais）。這是海德拉新開發的住宅區。位於阿爾及爾市郊高地的海德拉是歐洲人聚居的富裕社區，卡繆往日經常來這裡探望住在九號路一幢大型別墅的高中老師柯尼葉。[4]柯尼葉體會到如今卡繆在社會階梯上攀高了不少。在卡繆漫長的患

---

1 Olivier Todd, *Albert Camus: Une vie* (Paris: Gallimard, 1999), 89；英譯本：Olivier Todd, *Albert Camus: A Life*, trans. Benjamin Ivry (New York: Knopf, 1997), 28。

2 Yves Bourgeois, "Été 1936: le voyage en Europe centrale," *Cahier de l'Herne Camus*, ed. Raymond Gay-Crosier and Agnès Spiquel-Courdille (Paris: Éditions de l'Herne, 2013), 106.

3 根據阿蘭・維康德勒（Alain Vircondelet）對海赫的生動描述（在他所寫卡繆傳記副題為〈超現實主義繆思〉〔Surrealist Muse〕的部分），海赫的綽號就是娜嘉，見：Alain Vircondelet, *Albert Camus: fils d'Alger* (Paris: Fayard, 2010), 103。

4 柯尼葉一九三〇年從法國本土回到阿爾及爾。他住在比阿爾區（El Biar）一幢摩爾人風格的小別墅，可看到海景。一九三二年他在九號路買了一幢較大的別墅，與卡繆和海赫在十二路上的住宅屬同一開發案。參見：Toby Garfitt, *Jean Grenier: un écrivain et un maître* (Rennes: Éditions La Part Commune), 196, 219, 226。

病過程開始時，柯尼葉曾按學校檔案裡的住址乘坐計程車到貝爾柯探望他這個最佳學生。他發現這個男孩無言而尷尬地現身公寓裡，貧窮景況令他震驚。貝爾柯這個勞工階級地區的繁忙幹道里昂路，對這位漂亮時髦的教授來說是陌生的。[5]

*

因為一九三四年的這段婚姻，卡繆遷進了他老師居住的社區。海德拉代表了中產階級的成功，但也令卡繆失去了他最愛的阿爾及爾的一面——幾乎每個街角都能嗅到的海洋氣味和看到的海灣景色。[6]如今在海德拉，走到中央商業區的環形交通樞紐拉普拉塞特（La Placette），就察覺到自己身在市內制高點，但眼前所見，除了商店，就淨是圍牆隔開、像輪輻散布的潔白無瑕別墅，月桂樹和九重葛等築起茂密的樹籬。

*

卡繆在生活上仰賴岳母的支持，當海赫前往診所戒毒，他就留在岳母的公寓，那在另一個社區，位於名字誘人的七奇山（Les Sept Merveilles）山丘上。岳母的書架放著各期的超現實主義雜誌《牛頭怪》（*Le Minotaure*），還有傳奇性「塞納河無名氏」的一個死後面部模型，那是一九〇〇年左右在塞納河捕魚的一個姓名不詳的女人，她閉著眼微笑的神祕面容，成為了超現實藝術家和作家的偶像。岳母的這個公寓是「豪華事物和前衛文化的棲息地」。[7]

*

在跟海赫和岳母一起的這些短暫日子裡，卡繆向朋友暗示，他自己的媽媽跟親戚一起住在奧蘭，正從疾病中康復，但這不是事實；卡繆這樣做似乎是要讓貝爾柯不再在他的世界存在。[8]他的岳母是

---

5 柯尼葉在以下一書敘述了他探望年輕的卡繆：*Albert Camus: souvenirs* (Paris: Gallimard, 1968), 9–11。

6 見卡繆〈阿爾及爾的夏天〉（L'Été à Alger）一文，收錄於：*Noces*, *Œuvres complètes*, ed. Jacqueline Lévi-Valensi, vol. 1, 1931–1944 (Paris: Gallimard, Bibliothèque de la Pléiade, 2006), 117；英譯本："Summer in Algiers," trans. Ellen Conroy Kennedy, *Lyrical and Critical Essays*, ed. Philip Thody (New York: Vintage, 1970), 80。文中提到：「你在阿爾及爾會愛上的就是每個人生活在其中的事物：每個角落都見到的海洋、陽光的某種重量、眾人的美態。」這篇文章寫於一九三七和一九三八年的夏天，在他跟海赫分居之後。

7 Bourgeois, "Été 1936," 106.

8 根據：Vircondelet, *Albert Camus: fils d'Alger*, 134.

有名的專科醫生，對巴黎新事物瞭如指掌；卡繆又怎麼能不猜想：如果他有這樣一位母親，如果他在七奇山而不是在貝爾柯長大該會怎麼樣？

他曾多次嘗試用散文表達他在感覺上對母親的倚賴，以及要把有關母親的任何事向朋輩解釋是如何困難。以下從未出版的片段，是在放著《快樂的死》手稿的檔案夾裡找到的：

> 一天他染上重病。從這天起，十七歲的他就跟舅舅一起居住。他的母親沒有照顧他。是冷漠嗎？不，是古怪的性格，幾乎超自然的。她來自另一個世界……
>
> 這位母親對兒子的態度：混雜著對與錯。雖然她忽視了他，尤其忽視了他需要溫情和保護，她卻沒有放棄他。
>
> 對他所愛的女子，這個兒子說了一個很不一樣的故事。這是包含著真相卻扭曲編造而成的故事。它是沒有說明事實的虛假歷史。為什麼？隱祕的恨意。尤其是傲氣。傲氣。[9]

這個片段，儘管說來很簡單直接，卻又漂亮地複雜。這個來自貝爾柯的男子贏得了索格勒醫師女兒的芳心而十分自傲，也知道自己在撒謊。他無法對他所愛的這個中產階級女子說出母親的真相。

他後來有一篇題為〈來自貧民區的聲音〉的草稿也談到了童年歲月，這是他跟海赫結婚後寫的，註明「獻給我的妻子」，這裡他拋開了羞恥而試著走進較安全的小說虛構世界：

> 如果孩子那時走進去，看到她瘦削的身形和骨瘦如柴的肩膀，就會停下來，感到害怕。他開始感到很多事情。他幾乎沒察覺到自己的存在。但這種動物式靜默令他想在痛苦中哭泣。他為自己的母親感到難過，這跟愛她是同一回事嗎？她從來沒有擁抱他或吻他，因為不曉得怎麼做。他久久地站著看著她。感到跟她的隔膜，他開始意識到自己的痛苦。她聽不到他的話，因為她是聾的。[10]

把母親和兒子放在同一個房間裡，就可以讓這個場景表達他的感受。也許他從母親的沉默上了小說家的第一堂課，獲得了今天小說家習以為常的一個概念：情景的呈現比說話有力，靜默比說話包含著更多感情。

---

9 Jacqueline Lévi-Valensi, *Albert Camus ou la Naissance d'un romancier* (Paris: Gallimard, 2006), 547–48；本書作者的英譯。

10 "Les Voix du quartier pauvre," *Œuvres complètes* 1:77；英譯本："Voices from the Poor Quarter," trans. Ellen Conroy Kennedy, *Youthful Writings by Albert Camus* (New York: Paragon, 1990), 245。

*

卡繆在文學上的努力因為政治的投入而被拖慢了。他在一九三五年加入了共產黨，這是由於柯尼葉以犬儒態度慫恿他：柯尼葉討厭共產黨，卻認為加入這個政黨對任何有企圖心的年輕人來說有如人生的進階禮儀；同樣慫恿他的還有同窗朋友克洛德．德．弗赫敏維爾（Claude de Fréminville）。[11]一九三六年，卡繆在黨基層組織阿姆斯特丹—普雷耶爾委員會（Amsterdam-Pleyel Committee）的聚會上發言，贏得熱烈喝采。他辯稱法西斯主義是衍生暴力和戰爭的源頭，促請大家支持人民陣線。繼馬爾侯在貝爾柯的戲院令群眾為之傾倒之後一年，卡繆在附近社區雷梭（Ruisseau）的一家戲院發表演說。他警告聽眾對法西斯在語言上的操控要保持警覺，也就是體會到「『祖國』、『光榮』、『榮譽』等詞語的力量——這是銀行保險櫃的同義詞」。對他來說寫報紙上的評論比小說來得容易。他具備自然的表達力，說話清晰，具教學才能又不流於學究味。一個向警方通風報信的人經常提交卡繆所屬那個基層委員會的報告，引錄卡繆和其他講者的話，估量聽眾的反應。一個典型的聚會可能有約一百五十人參加，其中約一百四十個歐洲男人、四五個阿拉伯男人，還有兩三個歐洲女人。[12]

*

卡繆把他在共產黨的工作理解為對抗法西斯的文化戰線，是支持政治上的人民陣線的附屬組織。他管理的各委員會和組織在法國都會區有對應機構。但他最喜愛的文化行動來自他參與的劇團，他

---

11 柯尼葉在自己跟共產黨分手的同時鼓勵卡繆入黨。有關加入共產黨的危險，見柯尼葉一九三五年所寫以下文章："l'Intellectuel dans la société"，重印於 *Essai sur l'esprit d'orthodoxie* (Paris: Gallimard/Idées: 1967), 115–28。柯尼葉聲稱，一個藝術家加入共產黨就可以避免沉溺於自我，就像一個少女為了逃離家庭而匆促地結婚；這些都是不愉快的結合。在以下一書的回顧敘述裡，柯尼葉詳細談到了他如何勸告卡繆入黨：*Albert Camus: Souvenirs* (Paris: Gallimard, 1968), 37–44；他並引錄了卡繆一九三四年八月二日寫給他的一封信（這封信沒收錄在已出版的柯尼葉與卡繆通信集中），其中卡繆對自己的入黨意願進行了反思。另見卡繆一九五一年九月十五日寫給柯尼葉的信，信中卡繆近乎對他的老師提出公開批評：「我不明白你怎麼會勸導我成為共產黨人，然後你自己則採取反共產主義的立場。」見卡繆和柯尼葉的通信集：*Albert Camus-Jean Grenier, Correspondance 1932–1960*, ed. Marguerite Dobrenn (Paris: Gallimard, 1981), 179–80；英譯本：*Albert Camus and Jean Grenier Correspondence, 1932–1960*, trans. Jan F. Rigaud (Lincoln: University of Nebraska Press, 2003), 152。有關柯尼葉思想演變的歷史，最佳的研究是：Toby Garfitt, *Jean Grenier: un écrivain et un maître* (Rennes: La Part Commune, 2010)。

12 有關卡繆一九三六年四月一日及二日在阿姆斯特丹–普雷耶爾委員會聚會上發言的兩份警方報告，保存於阿爾及利亞政府檔案有關共產黨的一個卷宗中（系列編號 GGA 7 G30），收藏於普羅旺斯地區艾克斯市的海外省政府檔案（Archives Nationales d'Outre-Mer）。

在其中成功地擔任總監或演員。繼馬爾侯在貝爾柯戲劇性地發表演說後，他的反法西斯小說《輕蔑的時代》（*Days of Wrath*）被卡繆改編為戲劇，由工人劇團（Le Théâtre du Travail）演出。他和三個朋友合作，寫了一部有關西班牙礦工罷工的戲劇，敘述了它悲劇性被鎮壓的結局。阿爾及爾右翼的市長禁止該劇演出，卡繆就公開在一大群戲劇愛好者面前朗讀了劇本。不久之後，他獲任命為文化之家（Maison de la Culture）文化中心的總書記，他在那裡發表演說，談到左翼人士可以怎樣從夏爾・莫拉（Charles Maurras）和極右分子手上把地中海文化的意念奪取過來，不再容許他們劫持了這個意念而局限在「拉丁天才」的理解下。[13]

在這些日子裡，卡繆活躍於左翼知識分子圈，他們的非正式總部在艾德蒙・夏洛所經營的名為「真財富」（Les Vraies Richesses）的書店。比卡繆還要年輕的夏洛，就是替他出版《反與正》和《婚禮》這兩本書的朋友，他也出版了柯尼葉和蓋布里埃・奧迪修（Gabriel Audisio）的著作；他和這些作家對燦爛的地中海文化有個共同願景。隨著卡繆在夏洛出版社（Éditions Charlot）出版了他的著作，他也開始替艾德蒙審閱書稿，這是他畢生從事書籍編輯的起步點。如果你在這些日子碰上這個年輕人，看見他在阿爾及爾大學對面的文藝復興餐廳（Brasserie de la Renaissance）跟朋友會面，在港口附近一帶跟他的劇團在排演，你不可能看到他童年活在貧困中的任何跡象。

一九三五年五月，就在他跟海赫結婚後不久，卡繆開始把他的洞見寫成筆記，這將為他日後的

每個寫作計畫提供養分。在第一則筆記裡，他對童年這個人生源頭做出反思。他能忠於出生時的貧困狀況而不流於浪漫主義的想像嗎？他能傳達與母親的怪異關係嗎？「若干年月活在貧窮中，就足以構成一種觀感。在這個特定情況下，一個兒子對母親的怪異感覺，構成了**他整個觀感**。」[14]

到了夏天，大學不用上課，他就當起成年學生的哲學導師，並在政府行政部門獲得一份文書工作，他甚至為阿爾及爾市汽車註冊部門工作，全都是為了餬口。他對於恍如被放逐到市內高地區感到厭煩；當七月肺結核復發讓他臥病在床，他寫信給當時在法國度假的老師柯尼葉：「我正恢復工作，就為了驅散迫著我而來令我打寒顫的閒散，也為了逃避在海德拉公園區那種你知之甚深的晚上時光。」[15]

---

13 一九三七年二月八日在文化之家有關地中海文化的演說："La culture indigene: la nouvelle culture méditerranéenne," *Œuvres complètes* 1:565–72；英譯本："The New Mediterranean Culture," *Lyrical and Critical Essays*, trans. Kennedy, 189–98。有關卡繆這方面的活躍行動，見：Jacqueline Lévi-Valensi, "L'engagement culturel," *Journalisme et politique—l'entrée dans l'Histoire, 1938–1940*, ed. André Abbou & Jacqueline Lévi-Valensi, La Revue des Lettres Modernes: Albert Camus 5 (Paris: Lettres Modernes/Minard, 1972), 82–106。

14 Camus, *Carnets 1935–1948*, *Œuvres complètes*, ed. Jacqueline Lévi-Valensi, vol. 2, 1944–1948 (Paris: Gallimard, Bibliothèque de la Pléiade, 2006), 795；英譯本：*Notebooks 1935–1942*, trans. Philip Thody (New York: Knopf, 1963, rpt. New York: Rowman & Littlefield, 2010), 3（經編輯整理）。

15 卡繆一九三五年八月四日寫給柯尼葉的信：*Correspondance*, 21；英譯本：*Correspondence*, trans. Rigaud, 9。

＊

一九三六年夏天，在他和海赫前往東歐的一次旅程中，他截取了海赫的醫師暨禁藥供應者從阿爾及爾寄來的一封信，得悉海赫和這位醫師相戀已有一段日子。對於自負的卡繆來說這是很深的傷害，是他人生中最大的羞辱。這段婚姻原來就處於大風浪當中，如今更是不可能再有未來。他回到阿爾及爾後寫信告訴柯尼葉：「我不會再住在海德拉了。」[16]

一九三六年秋天卡繆和海赫分居；一年之後他又和共產黨分道揚鑣。一九三七年五月《反與正》出版了，他把這本書獻給柯尼葉。這部著作代表了他寫作的學徒生涯，書中使用第一人稱敘述，在誘發想像的速寫筆調下出奇地跟自己保持距離。這樣的文章包括了〈靈魂之死〉，受到他與海赫前往東歐那段不快旅程啟發，還有〈是與否之間〉（Between Yes and No），融入了〈來自貧民區的聲音〉有關母子關係的片段。他在描述上的感情力量、所帶來的疏離感，還有所喚起的如今跟他繁忙的日常生活遠去的那種靜默，繼續在他所寫的每一本書裡縈繞不散。

16 卡繆一九三六年第一學期寫給柯尼葉的信：*Correspondance*, 24；英譯本：*Correspondence*, trans. Rigaud, 12。

3 首次的嘗試

沿著阿爾及爾的泰林利大道（boulevard Telemly），在天朗氣清的日子，可以看到海灣和卡比利亞（Kabylia）地區的山脈，這個住宅區一直以來吸引藝術家和知識分子聚居。像海德拉一樣，泰林利被視為在市內的「高地」區，但走過這條大道，還可以走往更高的地方。在這個位居「世界之上」的地方，二十三歲的卡繆把失敗的婚姻拋諸腦後，恢復了生活的樂趣，並夢想自己能成為小說家。

在一九三五年以至今天還是一樣，如果你在建於一九三五年的「阿爾及利亞」公寓建築群那裡走過馬路，沿著公園西邊的路走下去，[1]一條長長而傾斜的園林路依山行進，就是鄂圖曼帝國時代殘留下來的西迪卜拉欣道，你可以循著這條古代步道走過一系列跨越公園的台階，然後離公園遠去。「很陡的一條路徑，起點是橄欖樹，終點也是橄欖樹」；[2]事實上，往上走的路那麼陡，卡繆在筆記寫道，爬上去就總是像征服了什麼似的。[3]一九三六年秋天他首次走上西迪卜拉欣道，正是肺結核第二次發作休養期間。每次走到山頂，都代表了克服疾病的韌力的一次勝利。他爬上一組一組的階梯，直到來到一系列以堅果或水果樹命名的環狀街道：杏仁路（rue des Amandiers）、橄欖路（rue des Oliviers）、香蕉路（rue des Bananiers）。這裡就像時間凝止了的村落，簡樸的房子可從陽台盡覽天際線的勝景，那些狹小的花園只容得下兩三棵樹和一片紫藤灌木叢。[4]卡繆來自奧蘭的兩個朋友（同時是卡繆的劇團團員和共產黨黨友）瑪格麗特・多布倫（Marguerite Dobrenn）和尚恩・西卡（Jeanne Sicard），在西迪卜拉欣道和杏仁路交叉口那幢房子租了它的二樓：「某種氣球般的纜車吊籃，懸吊

---

1 在卡繆的時代稱為聖桑公園（Parc Saint-Saens），今天稱為貝魯特公園（Parc Beyrouth）。據某些資料它是在一九三六年由傑農夫人（Madame Janon）所捐贈；另一些資料則說捐贈者是德拉諾夫人（Madame Delanoé）。「世界之上的房子」的屋主菲楚（Fichu），據說就是德拉諾夫人的私人司機或園丁而獲贈這幢房子。菲楚住在房子的底層，卡繆的朋友住在二樓。有關公園的歷史，見：*Alger: Paysage urbain et architectures 1800–2000*, ed. Jean-Louis Cohen, Nabila Oulebsin & Youcef Kanoun (Besançon: Les Éditions de l'imprimeur, 2003), 302。

2 《快樂的死》（*La mort heureuse*）收錄於卡繆作品全集：*Œuvres complètes,* ed. Jacqueline Lévi-Valensi, vol. 1, 1931–1944 (Paris: Gallimard, Bibliothèque de la Pléiade, 2006), 1155；英譯本：*A Happy Death*, trans. Richard Howard (New York: Knopf, 1972), 85。

3 Camus, *Carnets 1935–48, Œuvres complètes*, ed. Jacqueline Lévi-Valensi, vol. 2, 1944–1948 (Paris: Gallimard, Bibliothèque de la Pléiade, 2006). 813；英譯本：*Notebooks, 1935–1942*, trans. Philip Thody (New York: Knopf, 1963, rpt. New York: Rowman & Littlefield, 2010), 31。

4 對於「世界之上的房子」所在社區及該區的典型別墅，以下一部有關建築風貌的回憶錄有很好的描述：Jean-Jacques Delux, *Alger: chronique urbaine* (Paris: Éditions Bouchène, 2001), 115。

在燦爛的天空，底下是世間雜沓的舞步。」[5]在他跟海赫分居後的幾個月裡，卡繆愈來愈多時間待在這幢他們稱之為「世界之上的房子」，他把室友稱為「孩子」，自稱「她們的男孩」。多布倫和西卡是同性伴侶，在她們親切的陪伴下，卡繆首次經歷了跟女性的親密柏拉圖式精神友誼。後來有第四個室友加入。克莉斯蒂安・蓋林多（Christiane Galindo）是個感性而精神自由的人，成為了卡繆到提帕薩羅馬遺跡遠足的同伴。她在城中任職祕書，不久之後就開始替卡繆的手稿打字。他們溺愛兩隻卡繆名之為卡里（Cali）和古拉（Gula）的家貓，視之為卡繆撰寫中的劇本《卡里古拉》的吉祥物。對於這位年輕知識分子來說，這是充滿了各種活動的時期：把劇本改編給劇團演出，在政黨聚會和文化之家發表政治演說，與共產黨決裂之後又創辦第二個劇團。一九三七年秋天，他日間在氣象中心擔任助理，負責量度氣壓。當他處身「世界之上的房子」，混亂就消退了，世界本身成為一個角色：「世界在某些日子會撒謊，某些日子講真話。它今晚講的是真話——帶著那種堅持和哀傷之美。」[6]感覺上這是寫作小說的完美地點。

他因此做了嘗試。一九三七年，就在《反與正》出版後，卡繆開始認真地撰寫名為《快樂的死》那部小說，有時住在平日的房子，有時住在他在市中心租的一個空蕩蕩的房子，裡面只有一個長長的大皮箱，晚上當床，白天當桌子。[7]小說的基本構思，靈感來自馬爾侯，他心目中的這位文壇英雄，在《人的命運》裡寫到瀰漫革命氣氛的上海的一次起義，這成為了人民陣線的偶像式崇拜小說。在小說第一個場景裡，一個起義者趁著一個政府官員正在睡覺沒察覺而一刀插進他的胸膛。[8]卡繆的《快樂的死》開頭寫的是另一樁令人獲得解放的謀殺案：道德上不安的派崔斯・默梭（Patrice Mersault）

---

5 《快樂的死》，收錄於卡繆作品全集：*Œuvres complètes* 1:1155；英譯本：*A Happy Death*, trans. Howard, 84.「世界之上的房子」原文為"Maison devant le monde"，我根據這個英譯本稱之為"house above the world"。其他較接近直譯的譯法或稱「世界之前的房子」、「世界前面的房子」，聽起來都沒那麼順耳。《快樂的死》對房子有這樣的描述：「房子屹立在山頂，看到海灣的景色。四周的鄰居稱它為『三個學生的房子』。通往房子的是很陡的一條路徑，起點是橄欖樹，終點也是橄欖樹。中間是一個平台，然後是一堵灰牆，上面滿是猥褻的圖畫和政治口號，用來鼓勵喘氣的訪客……經過不斷流汗和氣喘之後，訪客推開一道藍色小閘門，避過九重葛的捲鬚，然後爬上一道階梯，那是陡得像垂直的梯子，但沉浸在藍色陰影中，讓訪客的口渴得以紓解。羅絲、克蕾爾、凱瑟琳和她們的男孩把這地方稱為『世界之上的房子』。」

6 *Carnets, Œuvres complètes* 2:815；英譯本：*Notebooks*, trans. Thody, 33（經編輯整理）。

7 Emmanuel Roblès, "Camus, un homme nécessaire," *Cahier de l'Herne Camus*, ed. Raymond Gay-Crosier & Agnès Spiquel-Courdille (Paris: Éditions de l'Herne, 2013), 363.

8 馬爾侯在文學上對卡繆的影響可追溯到一九三六年，當時卡繆把他的《輕蔑的時代》改編為戲劇由卡繆的工人劇團演出。據以下傳記記載，馬爾侯給卡繆傳來一通電報，就只說：「演吧！」表示同意劇團演繹他的作品：Olivier Todd, *Albert Camus: Une vie* (Paris: Gallimard, 1999), 164。卡繆寫給朋友克洛德・德・弗赫敏維爾的一封沒有日期的信則似乎顯示那一通電報可能只是謠傳，又或起碼他是透過劇作家暨作曲家協會（Société des Auteurs et Compositeurs Dramatiques，簡稱ＳＡＣＤ）請求馬爾侯同意改編其作品演出，而不是這位膽怯的年輕劇作家自己提出請求：「我根據《輕蔑的時代》寫了一部劇本。我要徵求馬爾侯的同意。ＳＯＩ（即ＳＡＣＤ？）會向他提出請求。我太膽怯了，提一下自己的名字也不敢。」信件收藏於普羅旺斯地區艾克斯市市立圖書館的卡繆文獻中心。

結交了具哲學頭腦的下身麻痺患者匝格瑞俄斯（Zagreus，以希臘神話的神命名），他拿起匝格瑞俄斯的槍把他殺掉，從他的保險箱偷走了他的大量財物，並讓這看起來像自殺案。這一樁成功的謀殺案推動了故事情節，因為默梭一旦變得有錢，就可以自由地到任何地方尋求快樂了。

對小說作者來說，有一項不證自明的道理：要成功的話，小說就要騰飛，離開現實世界往幻想來一次特殊飛行，有它本身的邏輯和界限。卡繆賦予主角的自由，以及他渴望用上他知道的每一處風景、所認識的每一個重要的人，讓他很難劃定界限。所有人物都以他生活中的人為藍本：他的母親提供了一個局部模型，讓他塑造一個畢生住在貝爾柯一間破舊公寓的身體畸形並罹患糖尿病的母親；一個當桶匠的又聾又啞的鄰居以他的舅舅艾蒂安為模型；令派崔斯感到妒忌的誘惑者瑪特（Marthe）以海赫為藍本；卡繆的室友瑪格麗特、尚恩和克莉斯蒂安則分別成為了羅絲（Rose）、克蕾爾（Claire）和凱瑟琳（Catherine）。

故事起碼有四個地方背景：派崔斯展開漫長的歐洲旅程，停留地點包括里昂、布拉格、布勒斯勞（Breslau）、維也納和熱那亞。從義大利回來後，他又住進了「世界之上的房子」（這保留了真名），覺察到他幾乎忘了自己曾殺過一個人。他發現快樂是短暫的，渴望獲得一個更孤獨、沉思的人生。因此他搬到海邊附近的切諾亞（Chenoua），就在提帕薩羅馬遺跡隔壁。他娶了一個妻子，名叫呂希安（Lucienne），並跟一位醫師結為朋友。然後在匆促而沒有準備的結局裡，默梭因肺結核病逝，死亡的一刻是個快樂的人。

《快樂的死》裡任何窒礙不通的元素，都成為了後來寫的小說的警世寓言，也是有力地寫作同樣主題的挑戰，得把來得容易的感情驅走。《快樂的死》包括多方面的內容，有個人的反思、性愛的艱困、青春之美和世界之美。派崔斯是自負的（「他的頭髮糾纏著掉到前額，往下掉進眉毛之間兩道深深的皺痕，他知道，這讓他掛上沉重而溫柔的面部表情」）；他也是浪漫的（他感覺到「當他面對翻起的波浪和陡峭的山坡，內心就充塞著一個巨大沉默」）；他卻又是尖刻愛諷刺的——當瑪特問他是否愛她，他回答說愛只屬於老人。

卡繆寫的是自己當時的人生——志同道合的人愉快地同居一室、日間前往提帕薩的遠足行程、前往東歐和義大利的旅程。他想把這一切塞進小說，沒有判定什麼最重要，又怎樣把各種元素綴合起來。他的手稿是裝滿了貨物的飛機，太重了飛不起來。

只有小說的結尾，雖然來得突然，卻包含著一種更深刻的恐懼。任何曾在肺結核的病徵中掙扎的人都有足夠材料寫作一個死亡場景。在抗生素問世前，肺結核大部分病例都難免早死，而診斷結果引起的恐懼和好奇心成為了寫作小說的強力誘因。卡繆希望讀者感覺到生命從默梭身上溜走，經驗他的死亡：

慢慢地，有一塊石頭，在他體內從肚子升起，逼近他的喉頭。他呼吸愈來愈快，愈來愈重。他望著呂希安。他毫無畏縮地微笑，這微笑也來自他體內。他讓自己重新掉進床裡，感覺到體內有什麼在慢慢上升。他看著呂希安鼓起的嘴唇，還有在她後面，地球在微笑。他用同樣一雙眼睛、同樣的欲望在看著。

「在一分鐘，在一秒後，」他想。上升停止了。在一塊又一塊的石頭之間，他在內心的喜悅裡，回到了靜止世界的真相。9

卡繆把手稿送給柯尼葉看。他一九三九年十月燒掉的信件，包含了柯尼葉的回信——他把嚴厲的責備話燒掉了。我們知道那封信多嚴厲，因為那位愛挑剔而諸多批評的老師小心翼翼地把卡繆的回信保留了下來：

首先感謝你。你的話是今天的我聽了唯一能得益的。你所說的總是令我幾小時裡內心激起波瀾。但這迫使我反思和解理……今天你所說的絕對正確。我費了極大心力在這本書上……我仍感到高興的是，它某些部分令你喜歡，很高興能有進步。我必須承認對於這次失敗我不是漠不關心。我不用告訴你，我對目前的生活並不滿意。因此我很看重這部小說。顯然我是錯了。10

然後，在他寫了多頁的紙傾盡內心的話之後，他問柯尼葉一個問題，讓這位老師對自己的未來握有重大決定權：

> 在我回去繼續寫作之前，有一件事我想知道你的看法，因為你是唯一能直接跟我說的人：你是否真心相信我應該繼續寫作？

經過了這樣一次沉重的失敗，他是需要問的。但不管怎樣尋求柯尼葉對他的作品作出判斷，他知道這個問題他只能自己回答：

> 我頗帶著焦慮的問我自己。你知道這不是為了把寫作變成一種職業或從中獲得利益。我的

---

9 *La Mort Heureuse, Œuvres complètes* 1:1196；英譯本：*A Happy Death*, trans. Howard, 151。

10 卡繆一九三八年六月十八日寫給柯尼葉的信，收錄於：*Albert Camus–Jean Grenier, Correspondance 1932–1960*, ed. Marguerite Dobrenn (Paris: Gallimard, 1981), 28–32；英譯本：*Albert Camus and Jean Grenier Correspondence, 1932–1960*, trans. Jan F. Rigaud (Lincoln: University of Nebraska Press, 2003), 16–17（經編輯整理）。

人生沒有多少純粹的東西。寫作是其中之一。但在此同時，我有足夠經驗了解到，做一個好的中產階級分子，比一個壞的知識分子或平庸的作家來得好。

「一個壞的知識分子或平庸的作家」：他可能是失敗的思想家，可能是失敗的藝術家，也可能兩者同時失敗。失敗是很糟糕的。但他抓住一個基本信念：他知道在寫作裡他能找到自己人生所欠缺的那「純粹的東西」。他從失望中恢復過來，準備把他的小說再修改一次。

4 他不知自己在寫的一部小說

卡繆是講求技巧的人，他相信能從重寫獲益，相信在文學上所流的汗有價值：「重寫。付出的努力總能帶來收穫，不管那是什麼。不成功的人是因為懶惰。」[1]在收到了柯尼葉對《快樂的死》令人沮喪的回應後，還收到這位老師對如何繼續下去的建議，這個盡責的學生又回到他的手稿去。[2]他

1 Albert Camus, *Carnets 1935–48, Œuvres complètes*, ed. Jacqueline Lévi-Valensi, vol. 2, 1944–1948 (Paris: Gallimard, Bibliothèque de la Pléiade, 2006), 816；本書作者的英譯。另可參考卡繆筆記的英譯本：*Notebooks 1935–1942*, trans. Philip Thody (New York: Knopf, 1963, rpt. New York: Rowman & Littlefield, 2010)。

2 沒有存留下來的信件可見柯尼葉如何回應卡繆所關心的應否繼續寫作的問題，但卡繆寫給柯尼葉的一封信卻顯示了他如何面對柯尼葉的回應：「謝謝你的來信。信中提到了一些可行的出路。我會嘗試盡可能依著去做。」這封信是一九三八年七月寫的，柯尼葉正好是在這個月離開阿爾及爾前往法國旺夫市（Vanves）的米榭勒高中（Lycée Michelet）展開新教學生涯。信件收錄於：*Albert Camus–Jean Grenier Correspondance 1932–1960*, ed. Marguerite Dobrenn (Paris: Gallimard, 1981), 32；英譯本：*Albert Camus and Jean Grenier Correspondence, 1932–1960*, trans. Jan F. Rigaud (Lincoln: University of Nebraska Press, 2003), 15（經編輯整理）。

從很多小紙條、很多其他草稿、很多他記下的圖像和零碎思想展開工作。但不管句子多漂亮，小說卻無法起步。

他回到筆記本思考故事的結構，告誡自己要重寫。呈現寫作進程的筆記讓我們看到一個沮喪的故事：裡面有初次的大綱，又有第二次的大綱。他告訴自己把〈靈魂之死〉的材料拿來循環再用，那是已在《反與正》裡出版的文章，靈感來自他在布拉格一家旅館的慘痛經驗。[3]又一年過去了。最後，沒有表明在什麼時候，卡繆把《快樂的死》的手稿放棄了。更真確地說，是手稿放棄了他。他身邊的人，包括他的家人、劇場和政黨的朋友，並沒有看到他寫作上的這幕戲劇。很多人在觀察他，知道他是個有魅力和誘惑力的男人，與妻子分手了，正在政治和戲劇方面給自己建立名聲。他雄心勃勃，十分忙碌，在戲劇排演、政治和編輯會議，以至零工之間跑來跑去。對卡繆來說，在這些孤獨時刻發生的，是一種在輕柔中開展的詭祕，恐怕是他無法描述的。他在寫作的桌子前，四周是一堆堆的書，他在吸著從不離手的巴斯托斯（Bastos）阿爾及利亞香菸，愈來愈感到驚訝。當他試著構思那部不太行得通的小說的情節、人物和地點，一本完全不一樣的書的種種元素，開始不知不覺在他的筆記本浮現。這位試圖控制寫作技巧每個細節的雄心勃勃的作者，發覺自己面對意想不到的情況。

小說家凱瑟琳．雷普朗（Catherine Lépront）曾經把小說裡的人物跟樓上的鄰居比較：你最初看不到他們，不知道他們確實在做什麼，但你聽到他們在地板上踏著重重的步伐。[4]以卡繆的情況來說，原來就有很多樓上的鄰居在《快樂的死》裡喧鬧不堪，突然之間他的耳朵卻對不一樣的腳步有了反應。《異鄉人》的人物自行進入了他的心房，發出了可聽見的聲音。

這個過程在一九三六年夏天開始，當時卡繆從東歐回來，與海赫結束了婚姻關係。在他一次嘗試為《快樂的死》擬出一個大綱後，想像書中主要人物派崔斯在複述一個被判死刑者的故事。派崔斯說：「我看到這個人。他在我裡面。他說的每個字緊抓著我的心。他跟我一起活著，一起呼吸。他跟我一起感到害怕。」[5]

卡繆在學習利用他的筆記本作為作家本能上的指引。當他想像派崔斯感覺到這另一個人物——這個被判死的人進入自己的身體和呼吸，這樣的線索將把他引領到一個新的人物。卡繆沒意識到腦

---

3 Camus, *Carnets, Œuvres complètes* 2:814；英譯本：*Notebooks*, trans. Thody, 33（這個譯本把「靈魂之死」譯作「鐵一般的靈魂」）。

4 雷普朗所說的「樓上的鄰居」經常被引用；可見於以下一文：〈我沒有把藝術跟人生分割開來：與凱瑟琳．雷普朗的對話〉（Je ne distingue pas l'art de la vie: rencontre avec Catherine Lépront），René de Ceccaty, *Le Cercle Points: créateurs de lecteurs*；載錄於網頁：lecerclepoints .com/entretien—je-ne-distingue-pas-art-vie-rencontre-avec-catherine-3.htm。（沒有日期）

5 Camus, *Carnets, Œuvres complètes* 2:810–11；這一段文字未見於卡繆筆記的英譯本（*Notebooks*, trans. Thody）。

海裡有了另一本小說，可是派崔斯口中那個句子是實際上將出現事物的完美預兆：那個被判死刑的人叫「莫梭」（Meursault）而不是「默梭」（Mersault），將演化成為《異鄉人》的主要人物。這個名字的變換花了很長時間。

一九三七年四月，卡繆在筆記本寫道：「故事：那個不想為自己辯解的人。他寧可接受他人對自己的看法。他死了，只有他保留了自身真相的意識——由這種安慰而來的自負。」[6]莫梭的主要性格特徵誕生了——拒絕屈從社會的期望。兩個月後，在一九三七年六月，他想像一個神職人員探訪一個被判死刑的人。「而每一次，」卡繆在筆記本寫道：「那個不想採取輕易出路的人表現出抗拒，他要飽嘗他的恐懼。他不說一個字就死了，眼裡注滿了淚水。」[7]一個無神論死囚，在沉默中死去：這是另一部小說的結局。

一九三七年七月是一個轉捩點。卡繆和他那些最親密的朋友跟共產黨決裂了，這時他第一部散文集《反與正》也出版了。這本書沒有在媒體引起回響，除了《奧蘭共和報》（*Oran Républicain*）的一篇文章，是卡繆圈子裡一個年輕人寫的，說這部作品聽起來太像柯尼葉了。[8]卡繆決定離開阿爾及爾的燠熱前去度假，先到了馬賽，再到巴黎。他在這個法國首都先後往訪世界博覽會和令他聯想到貝爾柯的穆菲塔路（rue Mouffetard），期間他終於抓住了未來那部小說的主題，並對它的名稱有了最初的意識：「一個人往一般人通常著眼的方向找尋他的人生（婚姻、地位等），而在翻閱一本時裝目錄時，突然體會到他對自己的人生竟是一個陌生人……」[9]巴黎這個他不熟悉的城市，讓他的眼界變得清晰。

卡繆在筆記本裡只有一處地方回想一本新書進入他的焦點的奇妙過程。這是離開巴黎之後，前往阿爾卑斯山度假勝地昂布朗（Embrun）途中，這並不是療養院，卻是他可以休息而輕鬆呼吸的地方，他在火車車廂裡，面對眼前掠過的青翠牧草地和山麓，記下了不知不覺在腦海裡浮現的字句或人物。「有時我要寫一些部分逃離我自身的東西，但那正好證明我心裡的東西比我自身更強大。」[10]《異鄉人》的片段從他的意識爆破而出，那個源頭變得愈來愈可觸及——先是那些聲音，接著是人物，然後是故事。一個沒那麼出色的作家，受到困擾或害怕起來，可能會把那些聲音擱置一旁，因為它們組合不起來。

可能曾有那樣一刻，卡繆決定迎來那些不協調的圖像，甚至有意識地開始邀請它們進來。當他

---

6 同前引書，頁八一四；英譯本：*Notebooks*, trans. Thody, 32（經編輯整理）。

7 同前引書，頁八一六；英譯本：*Notebooks*, trans. Thody, 35（經編輯整理）。

8 José-Henry Lasri, *Oran Républicain*, May 23, 1937；引錄於：Olivier Todd, *Albert Camus: Une vie* (Paris: Gallimard, 1999), 45；英譯本：*Albert Camus: A Life*, trans. Benjamin Ivry (New York: Knopf, 1997), 63。

9 Camus, *Carnets*, *Œuvres complètes* 2:824；英譯本：*Notebooks*, trans. Thody, 45（經編輯整理）。

10 同前引書，頁八二三；英譯本：*Notesbooks*, trans. Thody, 44（經編輯整理）。

回到阿爾及爾，他獲得在西迪貝勒阿巴斯（Sidi-bel-Abbès）向法國外籍兵團講授法文文法的工作。他婉拒了這個教席，表明對自己未來的作家生涯的信心。他寫信跟朋友沙克．赫干（Jacques Heurgon）說：「在我看來我終於押下了賭注，迫使自己創作一些有意義的東西，要不然我的人生就完全是荒謬的。」[11]

有關《快樂的死》的筆記，一直持續到一九三七年八月和九月。一九三八年五月，他有一次奇特經驗，對於他還不知道自己正在寫的那部小說具有重要意義。他的嫂嫂讓她的祖母住進了馬恆溝（Marengo）一家養老院，那是提帕薩市郊的一個城鎮。當這位老太太過世，卡繆參加了葬禮。[12]他在五月和八月都曾在筆記本寫到一個瘦小的老男人，是那個過世的老婦人的未婚夫，他跟隨出殯隊伍踩著泥濘的路前去教堂和墓地。[13]在《快樂的死》裡有一個場景是默梭把母親下葬了，但沒提到馬恆溝和養老院。

那個夏天卡繆羅列了要在六月做的七件事，其中第六項是「重寫那部小說」，第七是「那荒謬的」。究竟「重寫那部小說」表示再次修改《快樂的死》還是開始寫作另一部小說？[14]也許卡繆自己也不曉得。

在一九三八年秋天的一則筆記，卡繆列出了「R的故事」的大綱，可窺見將成為《異鄉人》兩個角色的人物——莫梭的鄰居雷蒙（Raymond）以及在小說中沒有名字的雷蒙的摩爾人（Moorish）

情婦。卡繆喜愛模仿他所熟悉的貝爾柯地區勞工階級的俗語和口音，這裡有機會一顯身手：

> R的故事。我認識一位女士。她實際上是我的情婦……我知道有些欺瞞的事在發生：彩券的故事……他尋求忠告。他仍然認為「她是床上的好對象」。他想要一封信，包含著對她的「一番臭罵」和「令她難堪的事」。譬如說：「你只想鬼混日子，這就是你關心的一切。」「我揍了她，但實在很輕，你知道我說的是什麼？她大喊，我把百葉窗關了。」[15]

---

11 赫干是阿爾及爾大學拉丁文教授，信件引錄於：Todd, *Une vie*, 217；英譯本：*A Life*, trans. Ivry, 66。這封信全文收錄在：*Cahier de l'Herne Camus*, ed. Raymond Gay-Crosier & Agnès Spiquel-Courdille (Paris: Éditions de l'Herne, 2013), 162。

12 Pierre-Georges Castex, *Albert Camus et "L'Étranger"* (Paris: Corti, 1965), 19.

13 Camus, *Carnets*, *Œuvres complètes* 2:852, 860；英譯本：*Notebooks*, trans. Thody, 89–101。

14 同前引書，頁八五三；英譯本：*Notebooks*, trans. Thody, 90。

15 同前引書，頁八五九；英譯本：*Notebooks*, trans. Thody, 99–100（經編輯整理）。這一句法文原文為："Il a encore 'un sentiment pour son coït'"，幾乎無法翻譯。《異鄉人》裡幾乎一模一樣的一句話在以下英譯本譯為：「他對她仍有性愛感覺」，見：*The Stranger*, trans. Matthew Ward (New York: Knopf, 1988), 31。

卡繆在這則筆記下面用很小的字寫著：「她是個阿拉伯人」。[16]這個補充想法對他那部還沒誕生的小說將有重要影響。

因此《異鄉人》的骨幹浮現了：莫梭與鄰居的特殊關係，雷蒙這個皮條客，他將會請莫梭替他給摩爾人情婦寫一封信，是懲罰她不忠的計畫的一部分。卡繆找到了能在小說中引起回響的更大社會現實：在貝爾柯和鄰近阿爾及爾灣區（Bab-el-Oued）那些貧窮、粗野的歐洲人和阿拉伯人之間的緊張關係。他找到了他喜愛的語調，稍微瞥見了他的情節，那就是敘事者和那個皮條客之間的關係。

卡繆開始為他的小說發展出一系列原則。「真正的藝術作品，」他寫道：「是說得最少的。」[17]這是他以往從未表明的真理；他嘗試寫作的第一部小說和他的散文都有豐富的描述。《快樂的死》其中一個問題就是派崔斯不斷沉思，還不厭其煩解釋他的內心狀態，使得故事帶有濫情性質。「寫作這回事，」卡繆如今體會到：「你必須在表達上稍有不足（而不是過度）。不要閒聊。」[18]筆記裡零丁的一行字，成為了他將要寫作的那部作品的座右銘：「創作者乾澀的心。」[19]

如果有不能回頭的一個時間點，也就是《快樂的死》讓路給《異鄉人》的一刻，那就在一九三八年秋天，有一則筆記註明「二十二日」，卻沒有月份。卡繆寫了五個句子。這令人傾向於認為卡繆把它們發掘出來了，因為一字一句都跟四年後出版的作品一樣，那就是《異鄉人》開頭的五句：

今天，媽媽死了。也或許是昨天。我不知道。我收到養老院的電報：「母歿。明日下葬。致哀。」這完全看不出所以然。或許是昨天吧。[20]

卡繆對筆記本裡這段文字沒加上任何解釋。他花了一天跟哥哥呂西安和嫂嫂參加了她祖母在馬恆溝的葬禮，但那次經驗模糊得不能再模糊，跟他個人的戲劇性情景也相去極遠。也許與故事來源的某種距離，正是《快樂的死》所欠缺的，也正是他的新小說能藉以起飛的。這些句子還在另一方面具有基本意義：自一九三六年以來，卡繆一直在撰寫和重寫的那部小說，都是以第三人稱敘述，把感情灌注到故事裡讓故事活起來。如今兩年後，他找到了一個新的敘事者，是用第一人稱「我」，

---

16 同前引書，頁八五九；英譯本：*Notebooks*, trans. Thody, 100。我參考了筆記本原件頁四一，收藏於普羅旺斯地區艾克斯市市立圖書館卡繆文獻中心。

17 Camus, Carnets, *Œuvres complètes* 2:862；英譯本：*Notebooks*, trans. Thody, 103（經編輯整理）。

18 同前引書，頁八五六；英譯本：*Notebooks*, trans. Thody, 95（經編輯整理）。

19 同前引書，頁八六三；英譯本：*Notebooks*, trans. Thody, 105。

20 同前引書，頁八六三。由於這跟後來出版的小說用詞一樣，我採用了以下英譯本的譯文稍作修改：*The Stranger*, trans. Matthew Ward (New York: Knopf, 1988)。

卻是冷冰冰的。這個敘事者跟卡繆本人一點都不像。

卡繆把《異鄉人》第一段寫進筆記本那天之前，這部小說的片段就已經在他的想像裡存在。他的敘事者要讓所有片段讀起來有意義。故事中的這個人不知道母親哪天過世，也不在乎他不知道。他的說話方式幾乎是機械性的，而且從當時的處境來說怪異地空洞。卡繆寫作《快樂的死》時設法讓默梭具吸引力的那種壓力，如今消失於無形。

次年春天，他在「托爾巴（Tolba）的爭吵」這個標題下又寫了另一則筆記，跟後來《異鄉人》裡雷蒙・桑德斯（Raymond Sintès）那個皮條客所說的話幾乎一模一樣，這把行文的節奏確立了下來：

那另一人說道：「如果你是個男人就從電車上下來。」我跟他說：「行了，冷靜一點。」他說：「你不是個男人。」於是我下了車，跟他說：「夠了，你最好別再鬧，不然我就讓你受點教訓。」他回我說：「什麼教訓？」我就給了他一拳。21

到這個時候清楚看到了《異鄉人》的背景不是阿爾及爾高地區，不在那幢可愛的「世界之上的房子」，也不在提帕薩羅馬遺跡。它就在貝爾柯街頭，是卡繆最早記憶的所在地。《快樂的死》是費力地創作一部小說，但透過傾聽自己內心不可壓抑的聲音，卡繆找到了另一種寫作方法。在日後的書信、訪問和很多的文學論述中，卡繆很少提到《快樂的死》這部沒出版的小說。[22]

---

21 Camus, *Carnets*, *Œuvres complètes* 2:877（這則筆記一九三九年四月寫於奧蘭）；英譯本：*Notebooks*, trans. Thody, 124（經編輯整理）。

22 卡繆十年後用了他極不滿意的《快樂的死》裡的內容創造了其中一個他最愛的人物——約瑟．葛蘭（Joseph Grand），他是《瘟疫》（*The Plague*）裡的市政府雇員，儘管要絞盡腦汁才想到該用的詞語，卻發誓要成為作家，把作品的第一段寫了又再三重寫。在小說結尾，葛蘭奇蹟地在瘟疫中存活下來，他把第一段的所有形容詞拿掉之後終於就感到滿意了。難免令人想到的結論就是，卡繆未忘自己往日寫作的痛苦，不禁向自己眨眼示意，那種過度浮誇的風格現在終於改正過來了。《快樂的死》在卡繆過世後於一九七一年出版。

5 執行任務的記者

隨著第二部小說的內容開始浮現，卡繆憑什麼維持生計讓他可以繼續寫小說？他在氣象中心工作僅有的每月一千法郎微薄收入並不足夠。[1]來自岳母索格勒的贍養費能幫點忙，還有艾柯的資助——這位舅舅對外甥的憤怒沒維持很久。一九三八年九月，就在他在筆記本寫下「今天，媽媽死了」那句話幾個星期之後，一次偶然的會面和由此而來的一份工作，令他走上新的人生道路。一個名叫帕斯卡．皮亞（Pascal Pia）的男子從巴黎來到阿爾及爾創辦一份報紙。面談後他馬上錄用了卡繆。

如果你要比較最早期對卡繆起引導作用的人，也就是在他構思和撰寫《異鄉人》期間所給意見有關鍵作用的人，就很難把柯尼葉跟皮亞放在同一世界裡。柯尼葉不論在寫作和外表上都是優雅的唯美主義者。短小精悍的他，有一頭黑色鬈髮和感性的嘴唇，深遠的目光令人聯想到東方智者。[2]他不但結上絲質領帶，還配襯同款的胸袋巾。他在安德烈．紀德在巴黎所編文學雜誌《新法蘭西評論》（*La Nouvelle Revue Française*，簡稱 *NRF*）發表文章，他對文壇的內行人認知給學生留下深刻印象。皮亞這位報界人物身材瘦長，髮際線後移，加上長長而往前伸的脖子，就像烏龜從殼裡伸出頭來。他顯然是一個花了太多時間彎著身子看稿的人。柯尼葉念的是正規有地位的學府，擁有各種最高學位；皮亞欠缺正式學術訓練，是一個舊書書痴、過時色情文學的專家、咆哮者、波特萊爾（C. Baudelaire）詩作的仿冒者、雜誌作家和藝評家。皮亞十七歲時曾跟馬爾侯在巴黎馬德萊娜教堂（La Madeleine）附近一家私人圖書館工作，在塞納河沿岸的舊書攤搜尋舊書，後來仍然維持朋友關係。皮亞對文壇上的名聲或光彩毫不在意，對一切事物突如其來的徒勞感，讓他把快要在伽利瑪出版社（Éditions Gallimard）付梓的詩集收回取消出版。他是個虛無主義者，但面對其他人的寫作，就會在驅動力之下著魔似地付出努力。他寧可花大量時間為一部鮮為人知的百科全書編寫腳註，也不願尋求作者光環。這些特質令他成為極佳的編輯。[3]

---

1 Olivier Todd, *Albert Camus: Une vie* (Paris: Gallimard, 1999), 219；英譯本：*Albert Camus: A Life*, trans. Benjamin Ivry (New York: Knopf, 1997), 81.

2 卡繆自傳式小說《第一人》中的維克多．馬蘭（Victor Malan）部分是從柯尼葉獲得啟發而來；見：Albert Camus, *Le premier homme*, *Œuvres complètes*, ed. Raymond Gay-Crosier, vol. 4, 1957–1959 (Paris: Gallimard, Bibliothèque de la Pléiade, 2008), 756–57；英譯本：*The First Man*, trans. David Hapgood (New York: Knopf, 1995), 31–32。

3 皮亞除了跟主要的藝術家和出版人在文學上有廣泛聯繫，他在巴黎也有頗豐富的記者經驗，這一切對於卡繆在新聞工作上的成功都發揮了作用。參見：Roger Grenier, *Pascal Pia ou le droit au néant* (Paris: Gallimard, 1989)。

一九三八年，皮亞獲得一位名為尚皮耶・佛瑞（Jean-Pierre Faure）的農學工程師暨都市設計師聘用，為他出資的一份新報紙效勞。奧蘭已經有一份觀點進步的報紙，阿爾及爾也有如此需要。當年秋天，《阿爾及爾共和報》誕生了，是一份反法西斯、反殖民的獨立報紙，資金十分有限。皮亞沒有充分資源聘用專業記者，因此找一些他可以訓練的新手。他記得第一次碰上卡繆就有即時的內心交流：「他說的話沒有一句不具意義，顯然是個沒偏見的人。不論什麼話題，他的評語都顯示出堅實的基本知識和超越同年齡常人的經驗（當時他只有二十五歲）。我不想把這個應徵者交託到任何其他雇主手上，我馬上邀請他跟我一起工作。」他觀察到，卡繆對政黨政治的理想破滅，卻仍然對轉變懷抱著希望。[4]

他們首次碰面沒有談到文學。皮亞在藝術家、作家和記者之間都能泰然自處，但他要找的不是一個文學創作的夢想者：他要編製的是一份報紙。他對卡繆的作品一無所知，不管那是《反與正》、《快樂的死》，還是他的劇場創作。

每天的新聞報導，事實上跟卡繆正學習寫作的抒情散文完全不一樣。在《阿爾及爾共和報》，他的強烈內向性格和感性表現要轉而面向外界，而他的政治和道德判斷要面臨截稿時間和有限版面的考驗。

卡繆寫信給離開了阿爾及爾到法國都會地區擔任新教席的柯尼葉，他提到：「我現在從事新聞工作（在《阿爾及爾共和報》）：狗給汽車撞倒了就報導一番，也寫少數文學性文章。你比我更清楚，這樣的工作多令人失望。可是我在它裡面發現了一些什麼——某種自由的印象：我沒有受到約束，所做的一切看來都是生氣勃勃的。同時也發現一些相當低層次的滿足，但太糟糕了。」擔心這位文學唯美主義者不以為然，卡繆又補充說，政府委員會花了很長時間判定他能否參加國家教職考試，最終決定他由於健康問題不合資格：「因此我接受了《阿爾及爾共和報》的編輯工作。」[5]自中學以來柯尼葉對他是很有影響力的，如果卡繆獲准參加考試，他就會追隨這位老師的步伐成為教授。肺結核威脅他的性命，也令他早熟。但這個疾病也把他從傳統學術生涯挽救過來。

*

4皮亞一九七〇年十二月寫給安德烈．阿布（André Abbou）的信，見卡繆作品全集：*Œuvres complètes*, ed. Jacqueline Lévi-Valensi, vol. 1, 1931–1944 (Paris: Gallimard, Bibliothèque de la Pléiade, 2006), 864。

5卡繆一九三八年年底寫給柯尼葉的信，見：*Albert Camus–Jean Grenier, Correspondance 1932–1960*, ed. Marguerite Dobrenn (Paris: Gallimard, 1981), 32–33；英譯本：*Albert Camus and Jean Grenier Correspondence*, trans. Jan F. Rigaud (Lincoln: University of Nebraska Press, 2003), 19（經編輯整理）。

到了一九三八年十月，卡繆甩掉了他的戲劇式處世態度和放浪不羈習慣，肩負起記者任務，投入狂亂的活動。他不再像他的小說人物默梭——「懶洋洋地靠在露台觀景房的長沙發上，手裡拿著一本偵探小說。」[6]現在卡繆手上的偵探故事是真人真事。

《阿爾及爾共和報》的總部在灣區的柯克蘭路（rue Koechlin），靠近碼頭。報社只有很少員工，製作設備很老舊。卡繆在信裡跟柯尼葉提到的「相當低層次的滿足」到底是什麼？描述人生景況卑下的罪犯和娼妓，跟描述提帕薩羅馬遺跡的潛在意義不能相提並論。起碼看來是這樣。但在此同時卡繆發現了在新聞的世界裡，他能做的不光是描述。他可以與法律角力，有時能左右它的走向。

*

在一九三〇年代，阿爾及利亞遵循的就是法國的法律。從嚴格的行政觀點來說，阿爾及利亞是法國的一部分。它在一八三〇年被殖民，納入法國的行政架構，分為三個大「省」（départements）：阿爾及爾、康斯坦丁（Constantine）和奧蘭。阿爾及爾是法國第四大城，僅隨在里昂之後。有關阿爾及爾的一份流行指南使得在一九三〇年代當地的歐洲社群人口激增。[7]卡繆年輕時那些統計數字是有偏差的，要以存疑態度看待。一九三一年住在阿爾及爾的約六百五十萬人當中，據稱歐洲人占了四個主要城市的都市人口的五成。[8]在鄉村地區，所謂本地人或土生的阿拉伯人和柏柏爾人（Berber）據一些統計占了人口的七成八，據另一些統計則多達九成五。大阿爾及爾地區的人口達三十一萬九千零九十五人，其中二十一萬二千四百八十七是歐洲人，十萬六千六百零八是本地人。可以肯定的是都市和鄉村地區差距甚大：在阿爾及爾，當你身處的社區像海德拉這個市內高地區，你可以想像自己身在任何法國大都會。阿拉伯人大量集中於卡斯巴（Casbah），歐洲人則住在像馬賽和巴黎所見一模一樣的大街上。但在鄉村地區像卡比利亞這個阿爾及爾東面的山區，則一個歐洲人也看不見。

在碼頭和卡繆小時候居住的勞工階級地區貝爾柯，人口就比較混雜。從語言來說，歐洲人和本地人社區的劃分是既嚴格又不平均的。住在法國管治地區的歐洲人沒有什麼理由學習阿拉伯語；為

6《快樂的死》，見卡繆作品全集：*Œuvres complètes* 1:1157；英譯本：*A Happy Death*, trans. Howard, 89。小說中這句原是：「那個男孩勤勉認真地靠在露台觀景房的長沙發上，手裡拿著一本偵探小說。」

7 *Guide Bleu* (Paris: Éditions Hachette, 1938).

8 那些歐洲人有百分之十一是猶太人，他們透過一八七〇年的《克雷米厄法案》（Crémieux Decree）取得法國公民資格，見：Robert Tinthoin, "La démographie algérienne," *Annales de Géographie* 47 (1938): 543–46。有關殖民地統計資料的編製，見：Kamel Kateb, *Européens, "indigènes" et Juifs en Algérie, 1830–1962* (Paris: Presses Universitaires de France, 2001)。舉例說，歐洲人的數目被誇大了，不光因為計算城裡的歐洲人比計算人口稀疏地區的穆斯林「本土人」容易，也因為有關歐洲人人口成長的故事加強了所謂阿爾及利亞愈來愈法國化的想法。

歐洲人工作的阿拉伯人必須掌握工作所需的法語——只有少數精英分子能讀寫法文。在阿爾及爾所說的阿拉伯語是一種方言，是口語而非書面語，大部分阿拉伯人沒有上學，是文盲。法國人的學校並不教授阿拉伯語。卡繆不能說阿爾及利亞的阿拉伯語，但對他來說這種語言的聲音是熟悉的，他也許懂得一些片語，譬如怎樣向人要一根香菸，或在足球場上與對手罵戰。[9]

社會上所有人，包括穆斯林、猶太人和歐洲人，都受法國的法律和法制約束。他們在這個制度下地位不平等。比方說，阿爾及利亞的猶太人（他們大部分在歐洲殖民占領前就成為本地人）在一八七〇年獲得了完整公民權，使他們與穆斯林區隔而傾向於與歐洲人同化。[10]在當時的處境下，歐洲人和猶太人具備公民權，而絕大部分阿拉伯人沒有這種權利，法庭就變成這個結構不公平的社會展現戲劇性對立和張力的場所。

卡繆在《阿爾及爾共和報》工作的兩年裡，政治性審訊讓他有機會連續幾個星期報導相關事件，成為殖民政府眼裡的麻煩製造者。[11]這個「世界中的另一世界」對身為作家的卡繆來說，有更長遠的影響。當時《異鄉人》在他的想像裡還沒有擦起什麼火花，而《快樂的死》又確定遭放棄了，卡繆坐在關上門的法庭裡，一小時一小時的過去，他發現了司法審訊的情節就像運作暢順的機器，可以從中研究一大群已打造好的人物，他們就像等待著故事講述者把他們轉寫成為故事角色。長遠來說，卡繆在法庭所花的時間，讓他能把《異鄉人》的情節圍繞一起罪案展開，而罪案的形成是出於阿爾及利亞社會的族裔緊張關係，情節也觸及了一項審判，並對司法系統做出了一番嘲弄。

在卡繆為最初報導的幾個案件裡，他同時是新聞寫作者也是公義的遊說者。一個叫米歐爾．賀當（Michel Hodent）的政府農業代理人從阿拉伯農民那裡採購小麥並把它用作儲備，藉以調控價格，防止富有地主的猖獗投機活動。賀當在沒有證據之下遭殖民政府以挪用公款為由構陷並監禁。他寫信向《阿爾及爾共和報》求助。卡繆願意出力襄助，案件在法庭開審。

---

9 卡繆支持最終未能成功的布盧姆．維歐勒特（Blum Viollette）法律倡議案，據之屬少數精英的二十萬穆斯林選民可獲得政治權利。卡繆在他主持的共產黨文化中心舉辦阿拉伯文化的晚間講座，但只有很少人參加。參見："Manifeste des intellectuels d'Algérie en faveur du project Violette," *Œuvres complètes* 1:572–74。另見：Todd, *Une vie*, 190；英譯本 *A Life*, trans. Ivry, 74。

10 參見：Joshua Schreier, *Arabs of the Jewish Faith: The Civilizing Mission in Colonial Algeria* (New Brunswick, NJ: Rutgers University Press, 2010)；有關猶太人公民權在阿爾及利亞引起的矛盾，見：Maurice Samuels, *The Right to Difference: French Universalism and the Jews* (Chicago: University of Chicago Press, 2016), chapter 3。

11 以下引錄《阿爾及爾共和報》和《共和晚報》的內容，取自法國國家圖書館（Bibliothèque nationale de France，簡稱BNF）所藏這些報紙的微縮膠卷檔案（編號：MICR D-12 and MICRD-242），本書作者的英譯。卡繆在這兩份報紙所寫的很多文章收錄於他的作品全集：*Œuvres complètes* 1:575–864，又或收錄於：*Cahiers Albert Camus 3: Fragments d'un combat 1938–1940, Alger-Républican, Le Soir Républicain*, ed. Jacqueline Lévi-Valensi and André Abbou (Paris: Gallimard, 1978)。閱覽原報紙的版面，有助了解文章的背景、其他同事所寫文章，以及一九三九年後審查的嚴重情況。

卡繆在賀當事件中所寫的系列文章，筆下有一些很好的人物。法官嘗試證明賀當挪用公款的動機，指出他度蜜月必然花了一大筆錢。賀當卻反駁並非如此，他們新婚夫婦只是去露營罷了。當賀當的同事勇敢地為他辯護，在民事訴訟中代表富有地主指控賀當的律師納瓦洛（Navarro）聲稱，「只有在朋友有罪時才會替他辯護」。[12]隨著卡繆對法庭的運作變得熟悉，他最深惡痛絕的，就是以司法的虛假造作來掩飾謊言——他對法庭偽善的不耐煩，後來就成為了《異鄉人》情節的基石。對於如何設定場景，如何以簡潔風格呈現對話而營造此處此刻的感覺，他都成為了專家。賀當無罪獲釋。對於這位被告，還有對於出力襄助的記者來說，這都是勝利。卡繆寫了一篇平和的哲學式評論。賀當要過了很長一段時間才能對發生在他身上的事釋懷，可是「總有些時候公義被遺忘了」。[13]這個溫和的結局是謙遜的，因為卡繆在很大程度上對於賀當的案件獲得法庭審理是有功勞的。這也是一種開放式結局，容許讀者對一個人的未來有所幻想——這是作家的結局。

卡繆下一系列的文章報導一起有政治色彩的謀殺案的審訊，案件掀動了公眾情緒，並令宗教與國家機構陷於對立。很多人認為，西夫·艾爾·奧克比（Cheikh El Okbi）的審訊，就是法國德雷福斯事件（Dreyfus affair）的阿爾及利亞版本。奧克比是主張伊斯蘭教現代化的神學家，他一直在遊說政府把司法權利延伸到穆斯林。保守派的教長卡賀爾（Mufti Kahoul）強烈反對改革，認為奧克比和他的同路人是危險的煽動者。當卡賀爾在光天化日下在街頭被刺殺，奧克比是第一個被控告的人。

奧克比和卡繆曾在法國穆斯林聯合會（French-Muslim Union）和進步人士圈（Cercle du Progrès）一起工作，他們是阿爾及爾左派的政治盟友。卡繆寫信給對這個案件感到好奇的柯尼葉說，他一直以來都很尊敬奧克比，但無法真的了解他：每次可達成一種和解關係時，他的做法總是讓卡繆覺得很奇怪。[14]

審訊要判定的是，謀殺是否別有動機。是否殖民政府下令殺死卡賀爾而嫁禍奧克比，藉以摧毀改革運動？抑或奧克比下令進行謀殺？種種猜測滿天飛。

卡繆這位年輕記者坐在法庭裡一小時接一小時的聆聽各方的話。其中一個主要受審者是說阿拉伯語的喋喋不休男人阿卡查（Akacha），是個前科罪犯，他最初的指控導致奧克比被逮捕。「阿卡查被問話時，以沉悶的嗓音向傳譯員做了簡短回應，詞語迅速而有信心地從他口裡一擁而出。起初他對控罪辯護說自己是醉漢和皮條客，並補充說他一度離開阿爾及爾十六年。他又說：『我一直有

---

12 “L’Affaire Hodent: Devant le tribunal correctionnel de Tiaret,” *Alger-Républican*, 21 March 1939；另可參見以下一書所載錄納瓦洛（頁四〇三）與法官（頁四〇二）的妙語：*Cahiers Albert Camus* 3, 396–404（賀當審訊的其他報導文章載錄於卡繆作品全集：*Œuvres complètes* 1:603）。

13 “L’innocence de Hodent,” *Alger-Républican, Œuvres complètes* 1:629.

14 卡繆一九三九年七月十九日寫給柯尼葉的信：*Correspondance*, 35；英譯本：*Correspondence*, trans. Rigaud, 21。卡繆有關此案的最後一篇報導於六月二十九日見報。

工作。』」[15]

奧克比的審訊比起賀當的審訊給卡繆提供更大一群具完整人格的人物，從低下階層的阿卡查開始，他才撤去了對他人的指控隨即就成為了謀殺的疑兇。更完美的人物是法國法官路易・華朗（Louis Vaillant），他在法庭上向阿卡查搖晃著一個十字架：

華朗法官解釋他向被告展示的基督像。他跟阿卡查說：「如果你信奉宗教，我們就能互相了解，我是基督徒。我也信奉上帝。這裡有個塑像，當我面對它就能給我帶來幫助。」他（把十字架）向阿卡查展示，跟他說：「當你信奉上帝，你怎麼能殺死一個宗教領袖，又想把另一個宗教領袖送進監獄？」阿卡查插嘴宣稱：「不，我不信上帝。他太老了。他需要改變。」[16]

法庭裡的一些玩笑比小說更顯得聰明。阿卡查的妙語來得很恰當，因為法庭應該是世俗化的。然而在這起廣泛報導的審訊裡，一個法國法官卻把耶穌釘十字架的塑像帶進法庭，嘗試跟穆斯林的證人討論他的信仰。對這位法官來說，這是移情作用的做法，但對卡繆和《阿爾及爾共和報》來說卻是變節行為，是可笑而不恰當的。卡繆在《異鄉人》所寫其中一個強有力的場景，就用上了阿卡查和華朗之間有關十字架的對話，把它轉換到莫梭和審案的法官之間。

在這個戲劇性審訊的結尾，阿卡查而不是奧卡比被判無期徒刑。雖然卡繆仰慕奧卡比也認同他的政治觀點，他對於誰應該為謀殺案負責卻心存疑問。他沒有提供他無法獲得的答案，他在結論裡描述了一個文學性情景，讓讀者自行思索：

阿卡查反諷地喊道：「法國司法制度萬歲。」他又補充：「我的良心是清白的。」出於奇怪的巧合，在宣判阿卡查有罪的一刻，隔壁教堂的鐘聲響了起來，我們從法院的窗子看到一群鴿子自牆上飛過。然後阿卡查被帶走了，同時被帶走的還有這起罪案的整個祕密。[17]

---

15 一九三九年六月二十一日的報導，收錄於卡繆作品全集：*Œuvres complètes* 1:672–73。阿卡查當時聲稱是在警方指示下行事。

16《阿爾及爾共和報》一九三九年六月二十四日的報導："Le Christ devant les juges"（"L'assassinat du Muphti" 系列報導其中一篇），收錄於卡繆作品全集：*Œuvres complètes* 1:701–2。卡繆覺得有趣的是，在其後的商議中，一位機靈的辯方律師提醒陪審員說，耶穌基督被釘十字架，正是司法錯誤的第一個受害人。

17 見《阿爾及爾共和報》一九三九年六月二十九日以下一篇報導："La cour criminelle reconnaissant l'innocence de Cheikh El-Okbi et d'Abbas Turqui les a acquittés"（法庭認定西夫．艾爾．奧克比和阿巴斯．屠爾奎實屬無辜，無罪釋放）；收錄於卡繆作品全集：*Œuvres complètes* 1:724。

卡繆成為了一個很有技巧的記者，懂得透過幾項精挑細選的細節建立懸念。當他從報社走到法院，總是會注視到從法院後方某個角度所見的聖奧古斯丁堂（Église Saint-Augustin），這是以阿爾及利亞的守護聖人命名的教堂，但看來就像位於法國鄉間。教堂鐘聲響起，正好完美地讓卡繆暗示宗教介入了原該是世俗化的審訊。當他寫作《異鄉人》的定罪場景時，就記起了那些鐘聲。

到了七月，卡繆前往阿爾及利亞東部的菲利普威爾（Philippeville）報導一起令人心碎的案件。十二個爭取提高工資的本地農場工被控向空置棚屋縱火。他們在逼供下慘遭折磨，然後被判強迫勞動。卡繆報導了他們最終失敗的上訴。阿默德·鮑勒格（Ahmed Boualeg）、穆罕默德·阿里米（Mohammed Alimi）、穆罕默德·菲斯利（Mohammed Fisli）、阿瑪爾·貝提奇（Amar Bettiche）、薩拉·塞勞威（Salah Sellaoui）、柯米斯·薩多尼（Khemis Sadouni）：卡繆一一列出他們的名字，說他們是「『因法國人之名』被強迫勞動的無辜者，他們的家人也因判決陷入苦難」。[18]

但在阿爾及爾刑事法庭裡也有其他審訊，那是謀殺和輕微暴力案件，但對於卡繆這位正在尋找殖民地對抗事件的小說家來說，也跟政治案件一樣可以培養他的想像力，甚至作用更大。酒吧和街頭上的暴力，尤其在阿爾及利亞炎熱的夏天，令本土穆斯林阿爾及利亞人（新聞界稱之為「本地人」）跟歐洲人形成對抗。這些故事在他們這份報紙上會寫成幾欄的報導，通常沒有記者名字。報社裡任何員工都可以執筆，你要進行一番文學上的基因檢測，才能斷定哪些句子出自卡繆筆下。故事不管是否由他撰寫，他肯定都讀過。在一九三九年春天和夏天他就知道了，他那部新小說的敘事者將會殺死一個阿拉伯人，而新聞報導裡有很豐富的材料涉及阿拉伯人和歐洲人之間的衝突。在一九三九年三月和七月，《阿爾及爾共和報》報導的兩起謀殺案起了啟示作用，就因為它們那麼普通。

一九三九年三月四日，拉菲爾・柯索里諾（Raphael Cozzolino）被控謀殺的案件開審，阿爾及爾刑事法庭擠滿了歐洲人和阿拉伯人，大部分是碼頭工人。[19]這次也是華朗擔任主審法官。案件的關鍵是自衛問題：失業的憤怒阿拉伯碼頭工人屠巴爾・薩拉（Toubal Salah）在酒吧裡跟工會代表柯索里諾搭訕。柯索里諾聲稱他看到薩拉把手放進口袋，他因此拿出槍來開槍自衛。子彈射進薩拉腹部，兩天後他在醫院死亡。

檢方指稱柯索里諾看來沒有受到挑釁。辯方則反駁，在碼頭工作的人活在掙扎當中，而柯索里諾「那個自衛動作是自然反射」。柯索里諾年輕時曾為了保護自己的姐妹而攻擊一個男人，並因

18《阿爾及爾共和報》一九三九年七月二十六日的報導，收錄於卡繆作品全集：*Œuvres complètes* 1:738（引錄自報導的標題：奧里博（Auribeau）「縱火者」事件：「因法國人之名」無辜者被判強迫勞動，他們的家人也因而陷入苦難）。

19《阿爾及爾共和報》一九三九年三月四日以下一文的報導："Aux Assises d'Alger: Malgré les dépositions favorables de ses employeurs et de ses camarades de travail le docker Cozzolino a été sévèrement condamné"。

此坐過牢，使得他倍加警覺。辯方又聲稱薩拉是一個懶惰、酗酒而愛爭執的人。不管誰是那篇不署名報導的作者，他站在柯索里諾的一邊，對判決表示驚訝甚至義憤：這位工會成員的歐洲人因他的罪狀被判監七年，囚禁於罪犯被流放處刑的殖民地——他將會從阿爾及爾流放到法屬圭亞那的開雲（Cayenne）。這不是死刑，被判死刑者很可能是犯上幾起謀殺案，或干犯一起涉及多種罪行的嚴重謀殺案；但這是一個歐洲人因殺害一個阿拉伯人而面對嚴峻法律後果的案例。

當年七月還有另一項更離奇的審訊，一個名叫比洛塔（Billota）的歐洲人被控開槍射殺阿拉伯裔鄰居貝爾卡參·本·阿瑪爾（Belkacem ben Amar），因為對方把分隔他們住宅的樹籬砍掉而擅自闖入。在審訊中一直不停哭泣的比洛塔，據辯方律師所指是因為一次職場意外而「心智受損」：「他是受本能衝動控制的人，沒有任何文化，完全沒有自制能力。」據稱，比洛塔欠缺了「社會責任的確切概念」。所謂自衛的論據是脆弱的：阿瑪爾曾用拳猛擊比洛塔並向他擲石頭，但這很難成為殺人的正當理由。經陪審團裁定，比洛塔被判入獄兩年但獲緩刑。[20]判決結果是可笑的，辯方證詞是古怪的。對於正在找尋小說角色的卡繆來說，正好找到了一個沒有社會責任而又看來逃過了謀殺罪責的人。

關乎重要的總是在於細節。目睹了一次又一次的審訊後，卡繆觀察到囚犯如何在一個狹小的房間裡等待鐘聲響起，然後由憲兵押到庭上受審，就像一頭牛被牽進鬥牛場。他知道接下來會發生什麼。他也敏銳地察覺到法庭審訊機制勢必無情地達成判決，而結果不一定合乎公義。

20《阿爾及爾共和報》一九三九年七月七日的報導，其中提到：「比洛塔知道法國是一個共和國，卻不知道總統的名字。他曾聽說有義大利這個國家，卻不知道它的政府是什麼形式。至於希特勒，對他來說就是德國的皇帝，諸如此類。你很難找到一個知識更貧乏而更欠缺求知欲的人，可是比洛塔仍然享有投票權，只不過他沒有任何確切的社會責任概念。」

6 任何被判死刑的人都該被斬首

像大部分腦袋裡有一部小說的作家，卡繆隨身帶著他那個故事。當他體會到莫梭要被判死刑，他就開始注意有關死刑的一切。

家族往日的一個故事令他對死刑尤其十分敏感，這或許就是他在小說結局提到可能用斷頭台行刑的最初原因。卡繆童年時外祖母講過一個有關他父親的故事，這個對父親毫無認知的小孩，當時全神貫注、滿心好奇地傾聽。父親呂西安在第一次世界大戰陣亡，當時卡繆才一歲。這是個很可怕的故事：一個農場工冷血地殺死了一家人，呂西安從新聞得知案情後十分震驚，決定去看行刑。卡繆不是聽了故事就擱置一旁。他在《異鄉人》和《瘟疫》（*The Plague*）都把這個故事寫了進去，卻是在戰後一篇題為〈斷頭台的反思〉（Reflections on the Guillotine）的文章裡，去除了小說的誇飾，把父親的經驗最有力地描述了出來：

他那個早上目睹的事從來沒告訴任何人。他匆匆跑回家裡，面容扭曲，一言不發，在床上躺了片刻，開始吐了起來……他沒有想到被屠殺的小孩，他能想到的，就只是那個震顫著的身體，剛被丟到台上，準備把頭砍下來。[1]

這個故事的精確現實情景存留在卡繆的想像中。當他描述父親在現場的情況，他想像到父親在萬分驚恐中，注意力必然不是在斷頭台上，而在那個被判死的人震顫的軀體。

這次行刑令呂西安病倒了，令他滿心恐懼不能說話，這就是卡繆對父親所知的一切。父親死後，卡繆的母親收到軍事醫院送來一塊殺死他丈夫的砲彈碎片，她把它保存在一個小盒子裡，就是其他寡婦也許用來存放結婚戒指或袖口鏈扣的盒子。[2]隨著歲月流逝，行刑的故事成為了卡繆從父親得來

---

1 "Réflexions sur la guillotine," *Œuvres complètes*, ed. Raymond Gay-Crosier, vol. 4, 1957–1959 (Paris: Gallimard, Bibliothèque de la Pléiade, 2008), 127；英譯本："Reflections on the Guillotine," *Resistance, Rebellion, and Death*, trans. Justin O'Brien (New York, Knopf, 1960), 171。

2 以下一文提到砲彈碎片："Les Voix du quartier pauvre," *Œuvres complètes*, ed. Jacqueline Lévi-Valensi, vol. 1, 1931–1944 (Paris: Gallimard, Bibliothèque de la Pléiade, 2006), 77；英譯本："Voices from the Poor Quarter," *Camus' Youthful Writings*, trans. Ellen Conroy Kennedy (New York: Paragon, 1990), 244。另見：*Le premier homme*, *Œuvres complètes* 1:783；英譯本：*The First Man*, trans. David Hapgood (New York: Knopf, 1995), 72。

的特殊遺產。童年時，卡繆會從被行刑的噩夢驚醒，成年後恐懼變本加厲，與肺結核一起來襲。他在一九三六年的筆記裡把要說的話從默梭口中說出：一個被判死刑的人在他身體裡活著呼吸著。[3]隨著他那部新的小說在醞釀，他透過觀察和聆聽，尋找有什麼方式能把父親絕口不提的故事說出來。在第二次世界大戰爆發前，他很容易接觸到死刑的故事。

*

當他還住在那幢「世界之上的房子」，他仍然有閒暇閱讀，就像那個世代的其他法國知識分子，他被美國的犯罪小說吸引。[4]那不是英國那種沉著的推理小說，以線索和假設為根據，由貴族式人物破解令人恍然大悟的謎題，而是來自窮街陋巷的故事，情節發展很快，寫作風格不會引起注意。尚保羅·沙特（Jean-Paul Sartre）讀了達許·漢密特（Dashiell Hammett）的作品後，重寫了《嘔吐》（*Nausea*）。卡繆的模型則來自詹姆斯·凱恩（James M. Cain）的《郵差總按兩次鈴》（*The Postman Always Rings Twice*），它的法文譯本於一九三六年問世。好些評論家猜測，正是這部小說令卡繆從《快樂的死》的死胡同轉向《異鄉人》。每次有人問到，卡繆都承認由此而來的影響。他第一次讀這部小說時想的是什麼？

小說的情節是這樣的：尼克・帕帕達奇斯（Nick Papadakis）在洛杉磯市外二十英里的地方經營一個加油站和一家旅館。他的妻子柯拉（Cora）是好萊塢夢工場的產物：她在愛荷華州一項選美活動脫穎而出，然後來到加州，發展並不成功，便決定跟尼克過活。當一個名叫法蘭克・錢伯斯（Frank Chambers）的英俊瀟灑流浪漢來到這裡，一切便改變了。尼克雇用法蘭克做零工，不久之後柯拉就和法蘭克陷入轟轟烈烈的熱戀。在小說第一個性愛場景裡，法蘭克咬著柯拉的嘴唇直到它破裂流血——光是這個情節就足以讓這部作品在波士頓成為禁書。這對通姦的戀人決定殺死尼克然後逃跑，由此地獄般的情節就像從機器裡滾動出來。

這部小說吸引卡繆的，不是它那個經典式三角戀通姦的故事情節，而是故事的敘述方式。法蘭

3 派崔斯・默梭敘述了被判死刑那個人的故事：「我看到這個人。他在我裡面……他跟我一起活著，一起呼吸。他跟我一起感到害怕。」見於卡繆以下著作（這段文字並未收錄於英譯本，引文乃本書作者所譯）：Camus, Cahier I, *Carnets 1935–48*, *Œuvres complètes*, ed. Jacqueline Lévi-Valensi, vol. 2, 1944–1948 (Paris: Gallimard, Bibliothèque de la Pléiade, 2006), 810–11。

4 後來成為卡繆著作主要美國英譯者之一的哥倫比亞大學法文系教授賈斯丁・歐布萊恩（Justin O'Brien），第二次世界大戰爆發前在巴黎休假期間寫道：「過去一個夏天在巴黎的美國人一定會察覺到，要跟有學識的法國人討論當代法國文學是多困難，因為所有年輕而滿腔熱情的知識分子都寧可談美國文學。」見：Justin O'Brien, "American Books and French Readers," *College English* 1 (March, 1940): 480–87。他又寫道：法國人「都感到納悶，為什麼《郵差總按兩次鈴》法文版出版後沒有聽到詹姆斯・凱恩說些什麼」。

克以第一人稱直接向讀者說話，在等待送到行刑室接受懲處時承認自己的罪狀。以第一人稱敘事，與卡繆在感情澎湃的默梭身上所用的第三人稱敘述，效果恰好相反。句子簡短而緊繃，沒有沉思、分析或深刻內心描述，只有很普通一個美國人的聲音——就如凱恩所說的，法蘭克是「一個文法還不錯的遊民」[5]：「那天晚上吃晚餐時，那個希臘人（帕帕達奇斯）因為她沒有給我夠多的煎馬鈴薯而對她發怒。他希望我喜愛待在這裡，不要像其他人棄他而去。」這部小說最初的書評人，都因為凱恩能在輕描淡寫中取得這樣的感情效果而表示讚賞。[6]

雖然地方檢察官試圖讓柯拉和法蘭克的證詞陷入矛盾，謀殺控罪還是證據不足，他們獲得無罪開釋。接下來發生的事讓小說結尾出現殘酷的逆轉。柯拉懷孕有了法蘭克的孩子，她在海灘上突然病倒，法蘭克趕緊把她送往醫院，整個場景瀰漫著深深愛意。法蘭克情急之下，拚命想要挽救柯拉和尚未出生的孩子，他以最高速度飆車，把車撞毀了。柯拉在意外中身亡，法蘭克被控謀殺，陪審團裁定罪名成立，他被判處死刑。從法律觀點來看，結局是完全不現實的，但從哲學來說卻是完美的：法蘭克逃脫了殺死尼克的真實謀殺罪，卻因為出於愛的行動而難逃一死。

法蘭克在等待送到毒氣室之際，寫完了他供認罪狀的長長自白——那就是我們剛讀過的那部小說：「他們來了。麥康內爾神父（Father McConnell）說禱告能帶來幫助。既然你走到了這一步，那就給我和柯拉傳達一個禱告吧，祈求讓我們在一起，不管那是什麼地方。」[7]這是提振人心的宗教結局，隱退到深厚的感情中，掩蓋了這部小說的殘酷核心內容：法蘭克因為錯誤的原因被處決。卡繆把這樣的邏輯保留下來，用於自己的小說。

凱恩的犯罪小說還有其他吸引人的特質。首先是背景裡的加州族裔緊張關係。當法蘭克直接跟帕帕達奇斯說話，就叫他「尼克」。可是當法蘭克想到了他或跟柯拉提到了他，就總是只說「那個希臘人」。談到殺死那個希臘人，比起想到殺死一個有名字的人更容易。「那個希臘人」的說法也為其他方面的族裔仇恨定下了基調。當柯拉因為跟「一個軟懦油滑而有扭結黑髮的人」結婚而被誤認為墨西哥人，她就覺得是很可怕的一回事。那個希臘人也讓她覺得自己不是白人。加州的高速公路跟墨西哥邊境那麼接近，因此界定它本質的，就是卡繆知之甚深的那種每天發生的種族歧視和暴力，就如他說，這裡就像非洲，「人生也是短暫而充滿暴力」。[8]在阿爾及利亞法庭審訊的那些發生在阿拉伯人身上的案件，像柯索里諾和比洛塔這兩起案件，所呈現的粗糙社會現實，適合用不動感情的

5 詹姆斯．凱恩接受大衛．辛瑟（David Zinsser）訪問時所說，見："The Art of Fiction," *The Paris Review* 73 (Spring/Summer, 1978): 117–38。

6 Harold Strauss, the *New York Times Book Review*, February 18, 1934, 8.

7 James M. Cain, *The Postman Always Rings Twice* (New York: Random House, 1934), 116；法文版：James Cain, *Le Facteur sonne toujours deux fois*, trans. Sabine Berritz ("Preface" by Irène Némirovsky) (Paris: Gallimard, 1936)。引文其中一句法文版誤譯為：「麥康內爾神父幫助我為我祈禱。」

方式處理。當卡繆說《異鄉人》受到《郵差總按兩次鈴》啟發，他沒有提到細節。[9]但很容易想像，當他觀察到凱恩用「那個希臘人」取代一個專有名詞所取得的效果，他就曉得自己也可以在小說裡把謀殺案遇害人叫作「那個阿拉伯人」而營造類似效果。這是不用解釋而描述偏見的方式：它把一個人降格為他的族裔標籤。

*

顯然卡繆即使放假也無法把《異鄉人》拋諸腦後，一九三八年大受歡迎的電影《呆子》（*Le Schpountz*）在他腦海留下的印象，成為了《異鄉人》情節的基礎原型。[10]

「我肯定我具備一種天賦，」《呆子》的主角伊倫尼・法布勒（Irénée Fabre）向他在普羅旺斯（Provence）經營雜貨店的家人說出這句令人難以置信的話。[11]一位美國電影大亨恰巧經過這個村莊，法布勒毛遂自薦，獲得試鏡機會，執迷不悟，其實只是被人玩弄。人家在背後叫他「呆子」，這個標籤得來也實在容易。在看似最不可能的情形下，死刑竟然在這部電影裡出現，但這純粹是部喜劇。

一九三八年十一月二十二日那個星期，這部電影在迪斯利路（rue d'Isly）的赫頌戲院（Régent cinema）上映。當時卡繆當了一個月記者，幾乎沒休息過，他一秒時間也沒剩下來，小說也暫停寫作了。可是這位暱稱費南代爾（Fernandel）的法國喜劇明星，吸引力之大誰也抵擋不了。他比卡繆年長十歲，堪稱是票房保證，部分原因在於誰看了他那副掛著大大笑容的馬面般的臉孔，都禁不住笑起來。

這次費南代爾飾演伊倫尼・法布勒，跟他以往任何角色一樣可笑，這位主角平日待在叔叔的雜

---

8 這個評語見卡繆對尚・德斯泰內（Jean Desternes）美國文學概論的反應：“Que pensez-vous de la littérature américaine?” *Combat*, January 17, 1947；文章重印於：*Camus à Combat*, ed. Jacqueline Lévi-Valensi (Paris: Gallimard, 2002), 645–49；英譯本：*Camus at Combat: Writing 1944–1947*, trans. Arthur Goldhammer (Princeton: Princeton University Press, 2006), 277–80。

9 有關《異鄉人》和《郵差總按兩次鈴》的關係，見：Richard Lehan, “Camus's *L'Étranger* and American Neo-Realism,” *Twentieth Century Literature* 38 (1964)，文中談到與弗洛賀克（W. M. Frohock）的一段對話：弗洛賀克在對話中告訴本文作者，卡繆私下承認凱恩這部小說對他的影響。另見：Bernard Pingaud, *L'Étranger d'Albert Camus* (Paris: Gallimad/Foliothèque, 1992), 61–63；皮亞接受本文作者訪問時回憶指出，卡繆在一九三九年讀了凱恩的這部小說。最早對凱恩和卡繆做出比較的美國評論家，參見：Edmund Wilson, *New Yorker*, April 13, 1946, 113–14；W. M. Frohock, “Camus: Image, Influence, and Sensibility,” *Yale French Studies* 4 (1949): 91–99；Germaine Brée, *Camus* (New Brunswick, NJ: Rutgers University Press, 1959), 101。

10 以下一文對此有出色的論述：Philip Watts, “Camus and Film,” *Romanic Review* 105 (January–March 2014): 133–42。

11 見以下含插圖的劇本：*Le Schpountz, L'Avant-scène du cinéma, spécial Pagnol* 105–6 (July–September 1970): 7–77。

貨店裡，與鱈魚乾和濕軟的羅克福乾酪（Roquefort）為伍，但他確信自己有演戲天賦，只要有機會試鏡，必定成為電影明星。卡繆的舅舅艾柯雖然是肉店老闆，卻能對卡繆的智性追求給予支持，伊倫尼的叔叔可不一樣，他不了解他的姪兒。

試鏡是伊倫尼的大好機會。為了表現他的才華，他選擇了在各種不同情緒下，把法國刑法第十二章重複念出，那是死刑的描述：「任何被判死刑的人都該被斬首。」那個巴黎電影拍攝團隊以挖苦態度給他打氣，他就以恐懼、憐憫、肯定、深思以至逗笑等不同情緒把這種行刑方式描述了出來。當他以過度熱情在一個個誇張表情之間轉移，他的臉孔吞沒了整個銀幕。製片人騙他說他可以在一部名為《呆子》的美國電影裡充當主角，給他一份假合約，他就前往巴黎去了。

對於把日子都花在法庭裡執行記者任務的卡繆來說，《呆子》這部喜劇給他帶來了極佳的調劑。在費南代爾那個橡膠般的臉孔裡，卡繆可以窺見自己臉孔的另一版本。而在伊倫尼這個地中海鄉巴佬身上，卡繆也瞥見了像他自己的一個男子，夢想著在大都會成為演員或作家的光榮。他曾參與各式各樣的劇場演出，從壯美到逗笑的兼而有之：包括馬爾侯、伊斯奇勒斯（Aeschylus）、杜斯妥也夫斯基（Fyodor Dostoyevsky）、紀德和費爾南多．羅哈斯（Fernando de Rojas）等人的作品。在一九三七年，卡繆跟深受歡迎的阿爾及利亞廣播電台劇團巡迴演出，扮演喜劇角色。在喬治．庫特林（Georges Courteline）的《第三三〇條款》（*Article 330*）中，他飾演拉布里治（La Brige）先生，在自己公寓前面的窗子光著屁股逗弄世界博覽會的人群！卡繆還有暫時擱在一旁的小說《快樂的死》，夢想著成為成功小說家。當電影中那個呆子露出胸膛，自豪地扮演一個恐懼、深思或逗笑的人，卡繆也對自己的雄心壯志笑了起來。

經過一連串倒楣遭遇後，伊倫尼終於取得勝利。在一個好心女人支持下，他的運氣轉變過來，他明白到他的臉孔和姿勢是喜劇的完美料子，而不是他一度以為的悲劇材料。要成為明星，就得接受自己的長處在哪裡。最後是真正的好萊塢結局：他坐在一輛由私人司機駕駛的豪華大車衣錦還鄉，當地的孩子在驚奇中圍攏過來，他跟家人擁作一團。

「我是費南代爾、亨佛萊・鮑嘉（Humphrey Bogart）和日本武士的混合體，」卡繆據說曾跟朋友嘲弄著說，對於自己被視為俊朗的時尚人物自嘲一番。[12]費南代爾是卡繆的另一個自我——是他自己的偶象化身——雄心勃勃、浮誇、自欺。他在《異鄉人》裡完全沒提到《呆子》，卻讓費南代爾這

---

12 Olivier Todd, *Albert Camus: Une vie* (Paris: Gallimard, 1999), 843；英譯本：*Albert Camus: A Life*, trans. Benjamin Ivry (New York: Knopf, 1997), 359（並未交代卡繆這句話是什麼時候說的）。出生於突尼西亞的法國作家阿爾貝・梅米（Albert Memmi）做出了類似比較：「他（卡繆）很有魅力，雖然我見到他時有點失望：大家說他十分英俊……我認為他的臉太長，嘴巴太大，牙齒太突出……就像一個成功的費南代爾，只有他的眼睛、機智和聰明彌補了其他的不足。」見：Albert Memmi & Victor Malka, *La terre intérieure: entretiens avec Victor Malka* (Paris: Gallimard, 1976), 159（引文為本文作者英譯）。

部電影成為小說情節的核心，也是主人公莫梭命運的核心。甚至可以說，費南代爾和他的電影成為了莫梭死亡的主因。

在赫頌戲院令人沉思的一片漆黑中度過了幾小時，卡繆從新聞工作的壓力釋放出來，繼而以最令人意想不到的方式把小說往前推進一步。

*

在《異鄉人》裡卡繆沒有描述莫梭的行刑。但在他構思這部小說時，法國都會地區一起謀殺案的審訊使死刑成為國際頭條新聞。

就在卡繆要對小說的故事做出重大決定的那個星期，他的心思卻遠在他方。那是一九三九年六月初，卡繆在卡比利亞。他剛完成了任職報社兩年裡最繁重的任務，那是一項多方面的調查報導，涉及的是山區裡令卡繆為之心碎的景況。卡比利亞人把祖先的歷史追溯到被阿拉伯人征服之前，他們有自己的語言和政府形式。法國殖民者傾向於浪漫化地把他們描繪為比阿拉伯人更純粹、更民主的民族，但這沒有讓法國人對這個地區付出更多。粗疏的政策、僅堪餬口的工資、兒童餓得吃植物有毒的根部：卡繆從這一切看到，如果不徹底改革，法國可能失掉阿爾及利亞。[13]

要了解卡繆的反應，很重要的一點是，不要只著眼於阿爾及利亞革命的想法，又或鼓吹革命的阿拉伯民族主義者和誓不妥協的法國殖民者之間勢成水火的對立。雖然殖民者的暴力令卡繆震驚，他也對政府的政策深表不滿，他在一九三〇年代的觀點卻是認同法國的，他認為自己作為社會批評家的責任，就是促使法國人更重視人道價值。

他的理想主義一再與現實牴觸：改革並不奏效，起碼不足以解決嚴重的不公平問題。他提到了法國在第一次世界大戰後對飽受摧殘的鄰國的慷慨援助，跟貪婪殖民者的偽善正好形成對比：「我們有能力募集資金提供那些歐洲國家近四千億法郎，現在全都一去不回了。那又怎麼可能，我們竟然無法拿出那個金額的百分之一，來幫助那些尚待成為法國人的人，改善他們的命運，在此同時我們卻要求這些人像法國公民一樣做出犧牲。」[14]法國願意協助鄰國，卻對自己阿爾及利亞境內的苦難視若無睹：對這些在戰時為法國犧牲自己的幸福而在和平時期為法國效力的人不屑一顧，他們沒有足以維生的工資，也沒有公民權利。法國就像判了卡比利亞本地人死刑，讓他們慢慢死去。

---

13 尤其可參考卡繆以下文章的結論：Camus, "Misère de la Kabylie" and "l'Algérie nouvelle"，均收錄於：*Chroniques algériennes*, *Œuvres complètes* 4；英譯本：Camus, "Misery of Kabylia," and "The New Algeria"，收錄於：*Algerian Chronicles*, ed. Alice Kaplan, trans. Arthur Goldhammer (Cambridge, MA: Harvard University Press, 2013)。

當卡繆在六月十六日從卡比利亞回到阿爾及爾，他從一次的政治絕望陷入另一次同樣的絕望，這次的新聞事件把他對死刑著魔似的關切突顯了出來。巴黎的一項謀殺案審訊多個星期以來一直吸引著公眾的注意力，目前正走向可怕的結局。被告是德國人尤根・維德曼（Eugen Weidmann），他被判死刑，定於六月十七日以斷頭台處決。維德曼承認殺了六個人，包括在市郊一幢別墅落入他的圈套並被他勒死的美國舞蹈員珍・德柯文（Jean De Koven）。《阿爾及爾共和報》刊登了電訊報導，包括了凡爾賽市監獄前架設起斷頭台的巨幅照片，照片左上角還有維德曼的面部特寫照，目無表情地望著將要處決他的刑具。在行刑次日，報紙的報導紛紛表示維德曼已償還了對社會的欠債。他的律師文森・德・莫洛賈菲利（Vincent de Moro-Giafferi）卻留下了這樣的評語：「這個不愉快的人身上一切淨是矛盾：他的罪惡是巨大的；他的死亡是聖潔的。我們所有為他辯護的人仍將會確信這無非是把一個不正常的人處決了。我從來沒有感到這樣激動……」[15]有些人相信這位浮誇的律師跟維德曼墮入了愛河。

《阿爾及爾共和報》六月十七日的報導沒有提到有大群民眾聚集觀看凡爾賽的行刑。報紙上的照片顯示刑場所在的庭院空蕩蕩，事實上民眾聚集在城裡各處，還有人把窗子出租供人觀看行刑和拍照，因為斷頭台前的座位都保留給新聞記者和官員。法國執行死刑通常在黎明時分，但這次由於官僚程序而延誤。到了維德曼現身刑場時已是大白天，行程過程甚至被拍攝下來。起碼有一項報導提到，由於劊子手沒有把維德曼的頭放對角度，行刑程序拖得比應有的長。事後幾天，有關維德曼被處決的故事持續升溫。據說有婦女湧向斷頭台用手帕蘸上維德曼的血，就像法國大革命恐怖統治時期一樣。因為這些或真或假的報導所引起的震驚，法國總理宣布此後死刑不再公開舉行。在這一刻當法國軍隊正為了戰爭而戒備，眾多生命可能面臨犧牲，法國人民目睹了最後一次的行刑儀式。從這時起，斷頭台會在監獄內完成任務；任何文學作品要是提到法國在公眾面前執行死刑，背景就該是在一九三九年夏天之前，也就是在維德曼行刑之前。

---

14 "Misère de la Kabylie," *Œuvres complètes* 4:330；英譯本："The Misery of Kabylia," trans. Goldhammer, 75。他所說的四千億法郎是誇大的數字，指的是法國對第一次世界大戰歐洲盟國的巨額戰爭貸款，其中對沙皇統治下的俄羅斯的貸款，俄國革命後革命黨人政府拒不認帳，始終沒有還款，此外還包括法國對前俄羅斯帝國部分地區的飢荒賑濟款。如果再加上戰爭本身的花費，總體數字之大跟用在殖民地上的花費很不成比例。見：Jennifer Siegel, *For Peace and Money: French and British Finance in the Service of Tsars and Commissars* (New York: Oxford University Press, 2014)。

15 報導見："Weidmann a été exécuté hier matin à Versailles," *Alger-Républicain*, June 18, 1939，其中包括通訊社的斷頭台照片，左上角有維德曼的特寫照，還有行刑的報導；報上引錄了莫洛賈菲利這段評語的一部分，這裡所引錄的引起更大轟動的完整引文來自："Weidmann a été décapité," *L'Écho d'Alger*, June 18, 1939, 3。卡繆在〈斷頭台的反思〉（一九五七年）提到，《巴黎晚報》在行刑幾小時後刊出「令人看得津津有味的事件」的一整版畫頁，見："Reflexions sur la Guillotine," *Œuvres complètes* 4:131；英譯本："Reflections on the Guillotine," trans. Justin O'Brien, 177。

雖然六月當天卡繆並不在凡爾賽，雖然他只是從新聞報導和傳聞得知當時的情況，多個月後他還在想像，就如莫梭在小說裡想像的，有群眾聚集起來，發出痛恨的呼叫聲。他又想到自己父親的遭遇。他還聽到法蘭克·錢伯斯以單調不帶感情的聲音跟他說話。同時他聽著「呆子」那句瘋狂地不斷重複的話而笑了起來：「任何被判死刑的人都該被斬首。」

7 荒謬

一九三九年七月是純真歲月的最後一個月。隨著八月來臨，這位精疲力竭的記者在奧蘭附近的海岸，「游泳，漫步，開懷歡笑，度過了妙不可言的三天」。[1]但這不過是微不足道的安慰：他原來夢想與未婚妻法蘭桑去希臘旅行，卻由於緊張的國際局勢未能成行。這個夏天，他的筆記本被希臘和羅馬的諸神占據了：智慧女神米涅瓦、天神宙斯，還有盜火者普羅米修斯。[2]雖然他仍然在《阿爾及爾共和報》工作，但報社現在掙扎求存，卡繆愈來愈多時間待在奧蘭，與法蘭桑和她的家人以及

---

1 卡繆一九三九年八月寫給柯尼葉的信：*Albert Camus–Jean Grenier, Correspondance 1932–1960*, ed. Marguerite Dobrenn (Paris: Gallimard, 1981), 37；英譯本：*Albert Camus and Jean Grenier Correspondence*, trans. Jan F. Rigaud (Lincoln: University of Nebraska Press, 2003), 23（經編輯整理）。

2 Albert Camus, *Carnets 1935–1948*, *Œuvres complètes*, ed. Jacqueline Lévi-Valensi, vol. 2, 1944–1948 (Paris: Gallimard, Bibliothèque de la Pléiade, 2006), 883；英譯本：*Notebooks 1935–1942*, trans. Philip Thody (New York: Knopf, 1963, rpt. New York: Rowman & Littlefield, 2010), 136。

一群不斷擴大的朋友在一起。他經常留意奧蘭的報紙，尤其是《奧蘭回聲報》（*Écho d'Oran*），這份支持奧蘭法西斯市長的右翼報紙，所有觀點都跟卡繆的信念截然對立。[3]

來自日常生活的材料，可以寫成一篇奧蘭的諷刺文章，卡繆決定把文章稱為〈牛頭怪——奧蘭行腳〉（Le Minotaure ou la Halte d'Oran）。但一次往訪奧蘭期間，當他正靜待什麼將要發生時，他聽到的一個故事由於另一種原因誘發了他的想像力。起碼可以說，卡繆的傳記作者赫伯．洛特曼（Herbert Lottman）和歐立費爾．托德（Olivier Todd）由此重構了一系列跟《異鄉人》有關的事件。[4]洛特曼訪問了皮耶．蓋林多（Pierre Galindo），托德訪問了賓素森（Bensoussan）兄弟豪爾（Raoul）和艾德格（Edgar）；他們三人是戰前卡繆奧蘭朋友圈的成員。賓素森兄弟向托德描述了一個情景，又或一系列事件和相關細節：兩個膽大包天的阿拉伯人闖進一個只准歐洲人使用的海灘，其中一人挑起一場打鬥。這個故事廣泛流傳，不僅見於洛特曼和托德的傳記，因為今天當地人仍然把那個海灘稱為「《異鄉人》的海灘」（*la plage de L'Étranger*）。[5]

據故事所述，爭端的肇因，是因為其中一個阿拉伯人目不轉睛地盯著豪爾的妻子或女朋友。豪爾和那個阿拉伯人就開始扭打起來，看來豪爾快要獲勝了，這時那個阿拉伯人掏出一把刀，割破了豪爾的上臂和臉頰。豪爾走避到海灘上一個小房子，他的朋友正在那裡準備野餐的食物，一位醫生朋友幫他用繃帶包紮好傷口。午餐後他回到海灘尋仇，口袋裡放著一把手槍。他找到了那個阿拉伯人和他的朋友，又展開了另一次打鬥。

很多細節，尤其是事件的先後次序，跟莫梭在海灘上犯案的故事詭異地吻合，只有少數例外。首先，豪爾始終沒開槍。警察來到逮捕了其中一個阿拉伯人，但賓素森兄弟沒有提起告訴。第二，由於賓素森兄弟是猶太人，使得這次打鬥跟卡繆在小說虛構的事件頗不一樣。他們兩兄弟根據一八七○年的克雷米厄法案（Crémieux Decree）成為了法國公民，完全與法國人同化，但他們也是本地人。猶太人和阿拉伯人多個世紀以來都一起說阿爾及利亞的阿拉伯語。那次打鬥中不可能一言不發。跟

3 被免職的修道院院長蓋布里埃．藍貝（Gabriel Lambert）承諾為該市建立供水系統而當選市長。由於他的民粹根源，他傾向於反猶太的右翼立場，他在一九四○年被維琪法國委任的市長取代。有關《奧蘭回聲報》一九三○年代的政治立場，見：Francis Koerner, "L'extrême droite en Oranie, 1936–1940," *Revue d'histoire moderne et contemporaine* 20:4 (October–December 1973): 568–94; "*L'Écho d'Oran* fait une propaganda forcenée par l'image en faveur de l'Allemagne hitlerienne."（透過圖像，《奧蘭回聲報》刊出了瘋狂的宣傳資料支持希特勒的德國。）

4 洛特曼在準備寫他這部一九七九年的傳記時訪問了皮耶．蓋林多和克莉斯蒂安．蓋林多．達維拉（Christiane Galindo Davila），見：*Albert Camus* (Corte Madera, California: Gingko Press, 1997), 207。托德準備撰寫他的傳記時，在一九九二年分別訪問了賓素森兄弟，見：*Albert Camus: Une vie* (Paris: Gallimard, 1999), 313–15；英譯本：*Albert Camus: A Life*, trans. Benjamin Ivry (New York: Knopf, 1997), 113–14。

5 阿布德斯倫．阿布德哈克（Abdeslem Abdelhak）二○一四年十二月與本書作者的對話。

莫梭和他所殺的阿拉伯人不一樣，這起實際事件中各人應該懂得對罵一番。

*

這次海灘上的扭打不久之後被另一樁大得多的戰鬥新聞掩蓋了。緊張關係已經醞釀很久了，但一九三九年的炎熱夏天代表了和平正式終結。希特勒三月顯露真面目，違反慕尼黑協定進攻捷克。在與蘇聯串通下，他又在九月一日進攻波蘭；兩天之後，法國和英國向德國宣戰。

法國宣戰表示軍隊的龐大動員。他們被派到馬奇諾防線保衛法國的邊界。在邊界另一邊的德國軍隊則守住他們的齊格菲防線（Siegfried Line）。除了偶爾的小衝突，什麼也沒發生。於是展開了漫長的等待，以撰寫第一次世界大戰的小說而聞名的羅蘭．道傑雷斯（Roland Dorgelès）十分恰切地把這種情況稱為「假戰爭」（*drôle de guerre*，又稱滑稽的戰爭）。[6]

在文學的戰線上，卡繆正猶豫不決。「我要對我的小說展開一番攻勢了，」他一九三九年十月六日寫信給法蘭桑說，當時他身在母親位於貝爾柯的公寓裡，因為他哥哥奉召參軍，他便在九月前來陪伴母親。「我在這裡的貧困環境看到了小說的形式和內容，那些簡單的人物，和他們無奈的冷漠，」他說：「他們給我帶來一個沒有溫情的可怕世界圖像。」可是他沒有展開攻勢。到了第二天他就改變主意，決定寫一篇有關荒謬的散文，這後來成為了《薛西弗斯的神話》。三天之後，他燒掉了過去五年的書信。[7]

*

他在文學上的不安是有原因的。由於紙張供應萎縮加上資源短缺，皮亞決定《阿爾及爾共和報》採用新的版式和新的名稱：改版後的《共和晚報》成為只有兩頁的新聞快報，只在阿爾及爾本地發行，在街頭報攤銷售。新的報紙從十月四日起出刊，由卡繆擔任總編輯。這表示卡繆不用再出去採訪，他忙著把這份只剩下骨架的報紙編製出來，重印別人的材料或採用現成的文章。由於很多人被徵召入伍，報社的職員只剩下卡繆、皮亞和另外寥寥幾人。

---

6 Roland Dorgelès, "C'est une drôle de guerre"（這是一種滑稽的戰爭），收錄於：*Gringoire*, Octobre 26, 1939；引錄於：Jean-Pierre Azéma & François Bédarida, "Huit mois d'attente et d'illusion: la drôle de guerre," *La France des années noires*, I:38 (Paris: Le Seuil/Points), 46。

7 卡繆一九三九年十月二十九至三十日寫給法蘭桑的信，引錄於：Todd, *Une vie*, 281；英譯本：*A Life*, trans. Ivry, 103。

這不再是和平時期了，但也不能算是真的戰時。來自法國都會區的電訊服務已經停擺，因此他們的新聞轉寫自英國廣播公司（ＢＢＣ）的電台新聞。殖民地政府高度警戒，對任何批評都嚴加追究。皮亞和卡繆預見新聞審查的取向，只刊印在法國本土獲准過關的報導。很多時候版面上開了很多大大的天窗，卡繆在其中一篇諷刺文章說：「美麗的白色空間，像初次領聖體的面紗一樣純潔。」[8]

在一九三九年九月的筆記裡，卡繆記下了母子之間一段簡單得不能再簡單的對話，顯示戰爭已觸及了每一個人：

一陣風從窗外吹來。

媽媽：天氣開始轉變了。

對。

整個戰爭期間街燈會調暗嗎？

對，可能會。

那麼這將是一個陰暗的冬天了。

對。[9]

報紙推出了一系列文章，名為〈戰爭的街燈下〉，顯然靈感來自卡繆的母親。它包括了同時代人像阿道斯・赫胥黎（Aldous Huxley）的政治論述，以及伏爾泰（Voltaire）等昔日智者的文章，還有納粹政策的分析。[10]卡繆因為不能參軍而感到遺憾，這是再一次的提醒他有病在身。但在《共和晚報》裡他藉由近期歷史抨擊戰爭的原則問題，批評《凡爾賽和約》和它的錯誤，並把納粹的殘暴跟德國國民的絕望心態聯繫起來。到了一九三九年十月，在納粹占領波蘭後，他和皮亞還在呼籲各方休戰。這個時期裡和平主義在左翼人士之間還是很流行。[11]但即使承認戰爭有必要的人，也欠缺了一九一四年所見的熱烈愛國心；他們還記得第一次世界大戰造成的摧殘，認為同樣的結果可能再發

---

8 "Pétrone et les ciseaux," *Le Soir-Républicain*, December 18, 1939, *Cahiers Albert Camus 3: Fragments d'un combat 1938–1940, Alger-Républican, Le Soir Républicain*, ed. Jacqueline Lévi-Valensi & André Abbou (Paris: Gallimard, 1978), 708–10.

9 *Carnets, Œuvres complètes* 2:885–86；英譯本：*Notebooks*, trans. Thody, 139（經編輯整理）。

10 《共和晚報》一九三九年十月六日推出〈戰爭的街燈下〉（Sous les éclairages de guerre）系列；赫胥黎的觀點見一九三九年十一月二十二及二十三日的文章：〈對抗好戰的獨裁者〉（Contre les Dictateurs Belliqueux）；〈國家社會主義信條〉（La doctrine du national-socialisme）一文作者署名「札克斯」（Zaks），被認為出自卡繆手筆；一九三九年十月十一日的〈戰爭的街燈下：十字軍？〉（Sous les éclairages de guerre: Croisade?），署名也是札克；一九三九年十一月二十日刊出〈對抗好戰的獨裁者：讓我們重讀伏爾泰〉（Contre les Dictateurs Belliqueux: Relisons Voltaire）。

生。皮亞和卡繆都在第一次世界大戰失去了父親，無法釋懷。當他們說另一次的大戰會犧牲數以百萬計的生命，想像中的就是他們自己的家庭、像自己這樣的孩子。對於戰爭問題，就像對其他很多問題，卡繆的思考都是從內心感覺出發。

如果要繼續跟審查者玩對抗遊戲，就要掌握抗衡的力量。當審查者前來干預，報社就做出更具諷刺性的反擊。任何曾表明反戰立場的人都可以在報上發言，報紙成為了反戰觀感拼貼畫。他們很得意地引述了尚・季侯杜（Jean Giraudoux）一句和平主義言論，這位作家現在是宣傳部長，但以他一九三五年的反戰劇作《特洛伊之戰不會爆發》（*The Trojan War Will Not Take Place*）享負盛名。[12] 他們還從拿破崙、斯賓諾莎（Baruch Spinoza）和梵樂希（Paul Valéry）找到批評戰爭的言論；甚至上帝都在專欄裡發聲。[13] 季侯杜的對話被審查者大幅刪削，有時〈戰爭的街燈下〉也大開天窗。報紙的投資者強烈要求編者謹慎行事，和平主義立場以及卡繆和皮亞的冒險做法都激怒了他們。卡繆是用假名撰寫社論：其中一篇文章署名「尚・默梭」（Jean Mersault），用上了《快樂的死》主人公的姓氏；另一篇文章署名「尼祿」（Néron），是羅馬帝王卡里古拉的姪子。報紙上的文章用自己文學世界裡的人物署名，標誌著卡繆愈來愈傾向於把自己理解為小說創作者。他時刻準備好自嘲一番，其中一篇文章甚至以「伊倫尼」署名，肯定是向伊倫尼・法布勒眨眼示意——那是費南代爾在《呆子》裡的角色。[14]

這樣持續下去直到次年新年。當世界正步向地獄，該怎樣給讀者送上傳統的新年祝賀？一九四○年一月一日見報的《共和晚報》最後一篇社論，用了這種變通辦法：

> ……這一年祝願快樂是徒勞的，卻有必要建構快樂。不要祝願任何事，卻要達成某些事。當命運仍然在我們手上，就不要等待由別人從頭到尾建立起來的命運。《共和晚報》並不祝賀你快樂，因為我們知道你的身體和靈魂正遭受打擊。可是我們希望你保持著你的力量和神志上的清醒，這是打造你自己的幸福和尊嚴所必需的。

---

11 西蒙娜．韋伊（Simone Weil）提供了一個具微妙意義的例子：法國淪陷後，她對自己在一九三○年代的和平主張表示後悔，但她維持著非暴力對抗的立場。卡繆對韋伊的想法很有同感，後來當他為伽利瑪出版社編輯一套名為「希望」（Espoir）的叢書，就在一九四九年出版了韋伊的《根之必要》（*L'Enracinement*）。學者對於韋伊在什麼時候放棄和平主張沒有一致說法。

12 見《共和晚報》一九三九年十一月二十六日第二頁〈戰爭的街燈下〉系列以下一文：**"Allô! L'écrivain Jean Giraudoux vous parle: *La guerre de Troie n'aura pas lieu*"**（哈囉，作家尚．季侯杜在這裡，他說：特洛伊之戰不會爆發）。

13 見《共和晚報》一九三九年十一月二十六日以下一文：**"Napoléon et la Censure"**（拿破崙與審查）。

14 見《共和晚報》一九三九年十一月十六日〈戰爭的街燈下〉系列以下一文：**"Comment aller vers un ordre nouveau"**（如何走向新秩序），署名伊倫尼，被認為出自卡繆手筆。

法國軍隊在面對齊格菲防線的馬奇諾防線上候命，平靜無事一等就是四個月，他們卻實在遭受了打擊。他們可憐地遭受的打擊，來自困乏、無聊和攝氏零度以下的氣溫。一個軍人寫給家人的信說：「這裡一切如舊。我要煩死了。我們就只能等。可是等些什麼？這是低能人的生活，我開始忍無可忍了。啊，快點完結吧。」[15]在此同時，沒上戰場留在家裡的老百姓，就可以聽收音機一起哼著這段日子流行的一首歌——〈我們要在齊格菲防線上晾曬衣服〉。[16]

*

一九四〇年一月十日，政府正式命令《共和晚報》關閉。他們可能毫不在乎：卡繆和皮亞原就計畫在一月十一日出刊最後一期，因為他們的紙張庫存用光了。接下來幾個月，他們要到小額索賠法院向報社老闆追討工資。皮亞到巴黎去了，受雇於大型日報《巴黎晚報》（*Paris-Soir*）。卡繆留在阿爾及爾找尋其他工作。

卡繆曾呼籲讀者邁步向前，他也對自己發出同樣呼籲。現在是回到《薛西弗斯的神話》的最佳時候了，這是他在十月開始撰寫草稿的有關「荒謬」的著作，在他構想裡作為他那部小說的哲學配套讀物。一個被諸神懲罰的人要把一塊巨石推到山頂，但每次到了山頂，這個受懲罰的人只能看著石頭重新滾到山下，又要再把石頭推上去。卡繆認為，看著石頭重新滾下去這一剎那是人類意識最美好的一刻：心智在最真實的狀態下，在沒有任何感情或虛假信仰下觀察世界。他有參照的模型，或者說，反面模型。沙特的小說《嘔吐》，他曾於一九三八年在《阿爾及爾共和報》寫過書評，書中對「荒謬」所下的定義很不一樣。[17] 沙特筆下人物羅岡丹（Roquentin）腦海中纏繞不散的意識認定自己的存在不合邏輯而且完全出於偶然，因此滿心恐懼。對卡繆來說，「荒謬」的意義不在於恐懼的自我意識，而在於與外在世界的面對面接觸——面對這片大地和它對人類的極度冷漠。他在《薛西弗斯的神話》以一項禁制式命令開頭：唯一的哲學問題就是面對這個冷漠的宇宙是否應該自殺，而唯一可行的答案是否定的。而且，所謂活著就是像薛西弗斯那樣活著，並想像薛西弗斯是快樂的。他所問的問題來自他的日常生活：如果你必然一死，如果你患上肺結核無法治癒，如果世界要展開大

---

15 Julian Jackson, "The Phoney War Blues," *The Fall of France: The Nazi Invasion of 1940* (Oxford: Oxford University Press, 2003)；本書對極為複雜的事件及其史料有清晰論述。

16 這首愛爾蘭歌曲在一九三九年被法國軍隊採納，經雷．文圖拉（Ray Ventura）傳播而在法國流行起來。

17 卡繆對《嘔吐》的論述見他的作品全集：*Œuvres complètes*, ed. Jacqueline Lévi-Valensi, vol. 1, 1931–1944 (Paris: Gallimard, Bibliothèque de la Pléiade, 2006), 794–96；相關文章的英譯收錄於：*Lyrical and Critical Essays*, trans. Ellen Conroy Kennedy (New York: Vintage, 1970), 199。

戰而無法想像的苦難將要來臨，你怎麼能夠快樂？如果你愛很多女人卻又始終沒找到愛，你怎麼能夠快樂？他聲稱，正要來臨的戰爭對人生這種基本荒謬景況只帶來很小的改變，只是讓這種景況「更直接並更具相關性」。[18]在他正撰寫草稿的劇作裡，羅馬帝王卡里古拉殘殺人民而期望憑著自己的權力和自由，甚至能摘下天上的月亮。但他無法如願。他的朋友色瑞亞（Cherea）是依循普通常識和美好價值的典範人物，他向卡里古拉解釋，任何把荒謬推演到極限的人都不可能快樂。卡里古拉最後死在這位昔日好友手上。在《薛西弗斯的神話》裡，卡繆要把荒謬的負面力量往反方向扭轉：顯示薛西弗斯儘管每項任務都失敗，仍然可以對所付出的努力感到欣喜。

《薛西弗斯的神話》是人生在世的參考手冊，它嘗試描述並克服我們面對死亡時所感到的恐懼。卡繆寫信給他的老師柯尼葉說，他放棄了把《薛西弗斯的神話》寫成系統性論文，它將會是個人化的散文。書中充滿了引錄自哲學家的話，但卡繆堅持認為沒有所謂荒謬的哲學，我們只能感受到荒謬。我們忘掉自己將會死亡而活下去，因為沒有人曾有死亡的經驗。但無可避免地，到了某一刻我們就體會到，世界對我們的存在是漠然的。卡繆把這一刻描述為「怪異感」（strangeness），這是可怕的一刻；儘管當我們觀看世界並看到它如何徹底地漠視我們和我們對理性的需要，我們還是會獲得某種美感和崇高感：

從另一個層面來說，則是怪異感：察覺這世界「晦澀難懂」，窺見一塊石頭是如此怪異，我們無法撼動，意識到大自然或一處風景強烈地否定我們。一切「美」的深處，都藏著某種非人性的東西，這些山丘、溫柔的天空、樹木森林，剎那間失去了我們所賦予的虛幻意義，自此比失樂園還要遙不可及。這個世界原始的敵意，穿越幾千年時光朝我們撲來。[19]

荒謬意識可以在任何一刻來襲，即使當自然界跟我們遠離：當你看著一個人在講電話、在一個玻璃隔間裡，或看到鏡中的自己有如陌生人（像沙特《嘔吐》中的羅岡丹）。在一系列有關荒謬主題的演繹中，卡繆把荒謬感擴展到包含了登徒浪子唐璜（Don Juan）對愛的無休止追求，還有作家在無意義可言的世界中尋求意義的不可能任務。

卡繆在十月寫了《薛西弗斯的神話》其中一章的草稿，那是《阿爾及爾共和報》變成了《共和

---

18 *Carnets, Œuvres complètes* 2:885；英譯本：*Notebooks*, trans. Thody, 139。

19 *Le Mythe de Sisyphe, Œuvres complètes* 1:229；英譯本：*The Myth of Sisyphus and Other Essays*, trans. Justin O'Brien (New York: Vintage, 1991), 14。茱莉亞．克莉斯蒂娃（Julia Kristeva）的《自我的陌生者》（英譯本：*Strangers to Ourselves*, trans. Leon Roudiez et al.）書名來自《薛西弗斯的神話》的一句：「我將永遠是自我的陌生者」，該書探索文學和哲學中陌生者或局外人的景況，包括了莫梭。

晚報》之後的一個月，但他在十一月底寫信跟法蘭桑說，他試著推演出長長的論辯時遇上了困阻，到了十二月初他在信中告訴她，已暫時把《薛西弗斯的神話》擱置了。[20]身邊發生的一切過於動盪，令他無法寫作，他的散文也沒有前進動力。對荒謬提出論辯是一種沉重負擔。他愛描述多於解釋，愛圖像多於哲學。他在一九三六年的筆記本裡所說的一番話持續困擾著他：「我們只透過圖像思考。如果你想成為哲學家，那就寫小說吧。」[21]

隨著一九四〇年來臨，卡繆可能仍然在哲學散文的寫作上跌跌撞撞，但他這時的注意力就集中到《異鄉人》的圖像了。他在筆記裡，在「小說」的標題下寫道：「這個故事的開頭發生在一個灼熱的藍色海灘上，在兩個被曬成古銅色的年輕人身上——他們泡在海中，在大海和陽光裡嬉戲。」[22]

他已準備好動筆了。當然生活和工作不會總是同步。他在「世界之上的房子」裡，當生活那麼美好，不是無法寫成《快樂的死》嗎？如今他跟《異鄉人》走得愈來愈近，他的寫作變得更有把握，他的生活卻更是艱困。他在二月繼續找尋工作，卻毫無收穫。一家本地出版社想請他規劃一本新的雜誌，卻被身為它最大顧客的政府官員告知，如果雇用卡繆的話就會取消他們的業務合約。[23]換句話說，卡繆已被殖民政府列入黑名單。

一九四〇年三月，當阿爾及爾再沒有什麼能挽留他，卡繆就移居奧蘭，在那裡講授私人哲學課和歷史課。因為他跟海赫還沒有辦妥離婚，他也還沒有跟法蘭桑結婚，但他們已是夫婦一樣了，他在生活上仰賴法蘭桑家人支持。當他情緒太緊張無法工作或寫作，他就跑到海灘去，譬如豪爾・賓素森曾跟一個阿拉伯人在那裡發生爭執的布伊色維爾（Bouisseville），還有特魯維爾（Trouville）。他筆下描述了那些海灘上的小房子，有綠色和白色的籬笆和陽台，還有湛藍的天空、太陽下漫長的時光，以及置身於生與死之間的美和哀傷。[24]

---

20 給法蘭桑的信，引錄於：Todd, *Une vie*, 292–93。

21 *Carnets, Œuvres complètes* 2:800；英譯本：*Notebooks*, trans. Thody, 10（經編輯整理）。

22 以「羅馬人」（小說）為標題的筆記，見：*Carnets, Œuvres complètes* 2:902; *Notebooks*, trans. Thody, 164（經編輯整理）。

23 “Questionnaire de Carl A. Viggiani (janvier–juin 1958),” *Œuvres complètes* 4:647。另見：Roger Grenier, *Albert Camus: Soleil et ombre* (Paris: Gallimard, 1987), 96–97；Macha Séry, *Albert Camus à 20 ans*, 140 (Paris: Au Diable Vauvert, 2011), 140。

24 *Carnets, Œuvres complètes* 2:907；英譯本：*Notebooks*, trans. Thody, 170。

8 第一章

卡繆對未婚妻法蘭桑居住的奧蘭並無好感，卻正是在這個乏味、令人委靡不振的城市，在一九四〇年最初的幾個月裡，《異鄉人》開始成形。[1]

阿爾及爾的海港應有盡有：舞廳、游泳池、海鮮餐廳、改建為劇場的倉庫。奧蘭同樣位於阿爾及利亞的北海岸，同樣面向地中海，在阿爾及爾西面二百五十英里，但這裡完全沒有海邊的休閒地方，只是陡峭的海堤下面有個商用港口，漫步的市民無法進入。這裡原有一個供市民使用的海灘就是舊日的聖泰瑞莎廣場（place Sainte Thérèse），但在一九三六年被港口占用了，成為這個城市重商意識的犧牲品。在阿爾及爾，卡繆喜歡的話可以隨時「泡個海浴」（*se taper un bain*）——他喜愛這個本土用語，意思大概是「泡它一下」，但在奧蘭做同樣的事，他要搭公車到城外五公里的地方，前去凱比爾港（Mers-el-Kébir）、布伊色維爾或特魯維爾，又或在心情好的時候騎單車前去。一旦他到了那裡，對奧蘭的厭煩態度便消失於無形，他放開胸懷面對大海：「在奧蘭省這些海灘上，每個夏天的早上都像是世界上來得最早的。每個黃昏則是全世界來得最晚的，在日落之際宣告莊嚴的死亡，以最後的光芒讓每道陰影更加深沉。海是藍綠色的，路是乾涸血液的顏色，海灘是黃色的。」[2]

奧蘭可說是最歐洲化的阿爾及利亞城市。跟阿爾及爾不一樣，在那裡，大量阿拉伯人聚居的卡斯巴是城市的核心；在奧蘭，「本地人」隔絕集中於高地一個名為「黑人村」（village nègre）的地區。在一九三六年，奧蘭百分之七十六的人口是歐洲人（包括猶太人），只有百分之十四是穆斯林；戲劇性地不同於全國「本地人」占百分之八十六而歐洲人占百分之十四的比例。[3]法蘭桑住在達爾澤路（rue d'Arzew），相當於巴黎中心地區的商業大街里沃利路（rue de Rivoli），這裡有連續幾個街區的商店，

---

1 這方面的詳細分析見討論《異鄉人》創作歷程的以下一文：Yosei Matsumoto, "Le Processus d'élaboration de L'Étranger," *Études camusiennes: Société japonaise des Études camusiennes* 12 (2015): 72–86。

2 "Le Minotaure ou la Halte d'Oran," *Œuvres complètes*, ed. Raymond Gay-Crosier, vol. 3, 1949–1956 (Paris: Gallimard, Bibliothèque de la Pléiade, 2008), 582–83；英譯本："The Minotaur, or Stopping in Oran," *Lyrical and Critical Essays*, trans. Ellen Conroy Kennedy (New York: Vintage, 1970), 129（經編輯整理）。

3 歐洲人或非穆斯林的人數，除了法國人以外，還包括在一八七〇年獲法國公民資格的猶太人和很多西班牙血統的人；參見：Kamel Kateb, *Européens, "indigènes" et juifs en Algérie, 1830–1962* (Paris: Presses Universitaires de France, 2001), 286。以下一書對勒內．雷斯裴（René Lespès）的殖民主義人口統計資料有出色的分析：David Carroll, *Camus the Algerian: Colonialism, Terrorism, Justice*, (New York: Columbia University Press, 2007), 45–50。

在連成一氣的石拱廊之下是寬敞的人行道。法蘭桑的祖父曾開發拱廊下面的一系列商業建築，但家族風光日子不再。法蘭桑的父親像卡繆的父親呂西安一樣死於馬恩河戰役。法蘭桑守寡的母親回到職場，在郵政局的公務員職位上逐步高升。法蘭桑最愛彈鋼琴，她的職業則是在奧蘭的女子高中教授數學。她的姊姊克莉絲蒂安（Christiane）是文學教授，畢業於巴黎鼎鼎大名的高等師範學院（École Normale Supérieure），盛氣凌人，跟法蘭桑的嬌弱羞怯是兩個極端。卡繆感覺到，自己在這個家庭裡，在這些有才華又有教養的女子的視線下被端詳。克莉絲蒂安並不認為來自阿爾及爾這個失業而有病的男人是妹妹的合適對象。她跟法蘭桑說卡繆就像一隻猴子。「猴子是跟人類最接近的哺乳動物，」據說法蘭桑這樣回應；當她把這件事告訴卡繆，這位男朋友對她的愛意就更深了。[4]

一九四〇年冬天，卡繆從法蘭桑一家人居住的公寓裡收信。他寫信跟朋友說感到窒息。為了分散自己的注意力，他繼續寫作那篇諷刺文章〈牛頭怪——奧蘭行腳〉。他開頭的概念就是，奧蘭面對大海掉頭就跑，像一隻蝸牛縮進自己的殼。這座城市是個迷宮，裡面的牛頭怪代表了無聊。市中心的軍事廣場（place d'Armes）有蹲著的雄獅銅像：坊間傳聞說晚上這些獅子在廣場上撒尿。廣場上慶祝殖民一百周年而建的像個大盒子的「殖民大樓」（Maison du Colon），糅合了拜占庭、埃及和日耳曼宏偉風格的最惡劣一面。卡繆眼中的奧蘭代表了歐洲和東方最惡劣品味的結合，是塵土與石塊之都。[5]

一九四〇年代早期，卡繆在奧蘭和阿爾及爾之間往返，他在阿爾及爾碰上一個名叫伊凡・杜凱拉（Yvonne Ducailar）的年輕女子，令他對於應否跟法蘭桑結婚猶豫了起來。他為小說的一些未來角色寫了好些筆記：「一個老人和他的狗，八年的恨意」——莫梭的鄰居薩朗瑪諾（Salamano）和他那頭邋遢的狗，意念就從這裡萌生。他想像中的另一個人物，總是禁不住每個句子都加上「還不只這樣呢」，譬如：「他很有吸引力，還不只這樣呢，很討人喜歡。」他讓這個怪癖出現在雷蒙的朋友馬松（Masson）身上。[6]當他面對其他問題都帶著猶豫，構思《異鄉人》開頭的那些內容卻是樂事，也是意料之外的滿有把握。筆記裡的寫作過程日記，提到了「灼熱的藍色海灘」和兩個在水中嬉戲的人。這個圖像存留在他的記憶中，卻沒有成為故事的開頭。《異鄉人》的開頭還是他在一九三八年八月記下的一段文字：「今天，媽媽死了。也或許是昨天。我不知道。我收到養老院的電報：『母

---

4 Olivier Todd, *Albert Camus: Une vie* (Paris: Gallimard, 1999), 305.

5 〈牛頭怪——奧蘭行腳〉見卡繆作品全集：*Œuvres complètes* 3:567–85；又收錄於以下英譯文集：*Lyrical and Critical Essays*, trans. Kennedy, 109–33。文中提到：「奧蘭的街道是為塵土、石塊和熱力而設」，又說：「歐洲和東方的所有惡劣品味匯聚在奧蘭。」

6 Albert Camus, *Carnets 1935–1948*, *Œuvres complètes*, ed. Jacqueline Lévi-Valensi, vol. 2, 1944–1948 (Paris: Gallimard, Bibliothèque de la Pléiade, 2006), 905；英譯本：*Notebooks: 1935–1942*, trans. Philip Thody (New York: Knopf, 1963, rpt. New York: Rowman & Littlefield, 2010), 168（經編輯整理）。

殁。明日下葬。致哀。』這完全看不出所以然。或許是昨天吧。」[7]

從筆記到出版的小說，開頭這些令人困惑的句子沒改過一個字。他知道這就是他要的開頭，也就保留不變。

這第一段決定了小說第一章的整體動向，也決定了中心人物莫梭的性格。卡繆把這個角色置入的背景，就是他記憶中馬恆溝那家老人院，他曾前往當地與哥哥呂西安一起參加葬禮。小說中第一個說出主角敘事者姓氏的，是老人院的院長：「莫梭太太三年前來到我們這裡。」

《異鄉人》今天唯一存留下來的手稿，收藏在普羅旺斯地區艾克斯市（Aix-en-Provence）的卡繆文獻中心，從中可見卡繆仍然把敘事者叫作「默梭」（Mersault），跟《快樂的死》故事主人公的姓氏一樣。後來他才做出區別，把它改為「莫梭」（Meursault）。「默梭」念起來像西班牙語的Merso——它可能來自奧蘭歐洲移民中眾多的西班牙裔，也可能來自卡繆西班牙裔母親凱瑟琳·桑德斯（Catherine Sintès）有親屬關係的人。主角的姓氏是怎樣改變過來的？一些研究卡繆的專家聲稱，卡繆是在一次晚宴中想到了怎樣做出這項改變，宴會上供應的是美味而昂貴的勃艮地白葡萄酒，正好就叫做「莫梭」。不管有關這次巴黎晚宴的故事是否真確，對於說法語的人來說，「莫梭」聽起來比「默梭」有更多內涵，這種巧合現象可能正合乎卡繆心意，因為「莫梭」前半的meur（死亡之意）切合他在小說裡的種種意圖。這就是為什麼在後來的寫作過程中，聽起來帶有西班牙或阿爾及利亞味道的「默梭」，變成了典型法國味的「莫梭」。

小說的開頭定下整體的調子，《異鄉人》的開頭令人不安地糅合了現在、過去和未來（「今天，媽媽死了……我搭兩點的巴士」）。[8] 敘事者不知道，看來也不在乎知不知道，母親是在今天還是昨天過世。在開頭這一段之後，他用單調、事實就如此的語調敘述他搭公車到市中心，在謝列斯特（Céleste）餐廳吃飯，幾乎錯過了前去馬恆溝的公車，終於到了老人院，跟院長見面，參加了守靈，在炙熱的陽光下隨著送殯隊伍行進。當他坐在母親的棺木旁，他認定母親的屍體躺在那裡，對他身邊那些老人來說不代表什麼。然後他又補充：「現在回想起來，我想那是個錯誤的感覺。」他更正自己的看法時是在哪裡？卡繆講述他的故事時，沒有解釋莫梭在何時何地。他在一頁之內，就解決

7 *L'Étranger, Œuvres complètes*, ed. Jacqueline Lévi-Valensi, vol. 1, 1931–1944 (Paris: Gallimard, Bibliothèque de la Pléiade, 2006), 141；英譯本：*The Stranger*, trans. Matthew Ward (New York: Knopf, 1988), 3（經編輯整理）。

8 萊恩．布盧姆（Ryan Bloom）很具說服力地辯稱《異鄉人》第一句的最佳英譯應該以「今天」開頭，跟法文原文一樣，因為它強調莫梭活在當下。馬修．華德（Matthew Ward）十分出色的《異鄉人》英譯我在其他所有引文裡都採用了，除了這句例外，他把「今天」放到這句後頭（Maman died today）。見 Ryan Bloom, "Lost in Translation: What the First Line of 'The Stranger' Should Be," *New Yorker*, May 11, 2011（本書作者二〇一五年九月一日參閱此文網上版：http:// www.newyorker.com/books/page-turner/lost-in-translation-what-the-first-line-of-the-stranger-should-be）。

了令《快樂的死》無法修正過來的難題：他以需要破解的懸疑，推動敘事前進。

為了把莫梭設定在某個時間上，卡繆採用了凱恩的《郵差總按兩次鈴》讀來令人十分不安的手法。凱恩小說的讀者最終發現錢伯斯是在死囚囚室裡講述他的故事，又或他可能在死後講故事，就像某些好萊塢電影由死人來敘述，卻沒有解釋為什麼死人能說話。這也成為了卡繆給莫梭設定的布局。而《異鄉人》開頭的特異表現，部分原因正在於故事同時是當下的敘述，像寫日記般，也是來自死後詭異的未來。在葬禮上，莫梭用現在時態談到天氣，就像在當下一刻：「今天，氾濫的陽光使周遭景物浮動，看起來無情且令人沮喪。」他又在回憶或嘗試回憶當天，彷彿那是遙遠的過去：「接下來的一切進行得匆忙、確實、自然，我什麼也不記得了。」書中有些句子暗示那個故事是敘事者過世前保留著的日記的一部分：「我還留著那天的幾個印象。」

凱恩的錢伯斯是個沒有真實內心的人，他敘述最令人震驚的事件，用的是單調而中性的語氣。當卡繆用這種單調的美國式腔調來敘述他在馬恆溝守靈和送殯的故事，讓莫梭比錢伯斯更精準地聚焦於他身邊的環境。莫梭以費力的銳利眼光觀看自己以外的世界：他看到兩隻黃蜂在停屍間的玻璃屋頂嗡嗡作響；他注意到那些男人藏在一圈圈皺紋中間的眼睛不過是一團銀光；他觀察到那些老女人都有一個大肚腩。

《郵差總按兩次鈴》對莫梭的語調有所啟發。但莫梭演化自一個更深層的源頭，那就是卡繆自己的人生景況。他自童年以至青少年的整個成長過程，直到他搬到舅舅居斯塔夫的家居住為止，與他同住的母親全部詞彙才四百個詞語左右，除了用手勢溝通外，很少跟他說話。由於他在溝通上最初的、最親近的嘗試有語言方面的欠缺，外在的實物世界就變得具重要意義。在創作莫梭時，卡繆取材自記憶中與失聰的母親和舅舅同住時的種種應對方式。那是一個實物世界，首先接觸到的是物體，最後才是概念，每一個意義都實實在在。在搭公車到馬恆溝途中，莫梭感覺到「行車的顛簸，汽油的氣味，還有天空和路面的刺眼強光」。在馬恆溝老人院裡，當莫梭伴著棺木坐在一個粉刷得白白的房間裡，他觀察到：「裡面擺了一些椅子和X型的腳架，正中央兩個X型腳架支撐著一具覆上棺蓋的棺材，閃閃發亮的螺絲釘鬆鬆地固定在褐色棺木上，十分顯眼。」

他沒有把棺木作為描寫的核心，不是說「棺材放在兩個X型腳架上」；卻是賦予兩個腳架一種奇異的主動作用——支撐著棺材（「兩個X型腳架支撐著一具覆上棺蓋的棺材」）。棺材的螺絲有沒有旋緊，莫梭也注意到了。[9]

卡繆也把自己母親失聰的某些特徵，加在莫梭母親身上：「媽媽住在家裡時，」莫梭回憶：「大

9 本身為醫生而專門研究失聰相關文化的尚．達格宏（Jean Dagron），討論了卡繆以物件為導向的寫作方式與他失聰的母親和舅舅的語言風格有何關係，文中把莫梭與世界的隔膜比作無聲世界的感知，見他下列著作：*Albert Camus, l'empreinte du silence* (Marseille: Éditions du Crilence, 2013)。

半時間都沉默地以眼光尾隨我。」在他第一部散文集《反與正》中，卡繆喚起了孩子對失聰母親的敏銳覺察力，而在他記錄寫作過程的筆記裡，他描述兒子對母親的怪異感覺，就是他個人的整體觀感。他相信作家只有很少的事情要表達，而最終他們在重複寫著同一本書。但他們**如何**寫這一本書，卻每次都不一樣。莫梭身上既包含著卡繆那個與世界隔絕的母親，也包含著這個母親的兒子——對他所聽極度專注，彷彿要代失聰的母親聆聽。

莫梭經常提到別人說話的腔調和說話方式。他注意到那個護士「她的聲音十分獨特，和她的長相並不搭配，是悅耳又帶點顫動的嗓音」。而當他感應著身邊的物件和自己的感官知覺，就會跟其他人隔絕開來，拒絕跟對方互動。在搭公車前去馬恆溝途中，他打起瞌睡來，醒來時倒在一個軍人身上，對方向他微笑，問他是否從很遠的地方來：「我說『是』，」莫梭記載：「避免繼續聊下去。」

透過莫梭這個敘事者絲毫不放鬆的目光，卡繆很精確地把送殯行列錯綜複雜的情況呈現出來。莫梭觀察身邊的人就像觀察自然界一樣，視之為純粹物質性的東西。可是這些人都有主觀性，卡繆觀察了他們的感情，卻跟他們沒有共通感覺。他母親的未婚夫湯瑪士．貝赫斯（Thomas Pérez）時而不見蹤影，時而重新現蹤，因為在這個灼熱的日子裡他懂得該走的捷徑；他陪伴莫梭母親散步時走過這些路很多次了。莫梭對貝赫斯的看法是不連貫的，給四周的景物和送殯的進程打斷了。每次對貝赫斯的一瞥，都突顯他不同的面貌：他隨著自己遠離或走近棺木，而把那頂寬邊軟氈帽時而戴上時而除下；他的褲管在膝蓋處扭作一團；他厚厚通紅的耳朵從細軟的頭髮之間伸出來；他有點兒瘸腿。

然後卡繆更往前跨出一步。他把貝赫斯最極端的描述留到後頭，並把它作為一項回憶：「我還留著那天的幾個印象：例如，快到村子時貝赫斯最後一次趕上我們時的臉，激動且悲痛的大顆淚珠淌流在雙頰上，因為皺紋太多，淚水並不是滴落，而是散開，分支又聚合，在那張被摧殘殆盡的臉上形成了一層水漆。」貝赫斯沮喪的表情呈現在他那個滿布皺紋卻又像塗了亮光漆般的臉上（法文寫「一層水漆」），這個圖像來自卡繆的「荒謬感」。

在一九四〇年夏天，卡繆的未來是不確定的，但《異鄉人》的第一章就有如一張期票：他知道他若要繼續下去，需要的就只是一處寫作的地方和時間。他在莫梭身上找到了一個代理人，可以把他對世界最早期的看法轉化過來，並讓他能實現為自己設定的挑戰：「真正的藝術作品是說得最少的。」[10]依循著這項發現，他不需要文筆上的修飾就能夠成為作家，他可以用「我」的第一人稱敘述而不必坦白交代，他已經掌握了把小說其餘部分寫成的所需元素。

文筆簡潔並不表示放棄抒情，那是拒絕加進世界原本沒有的意義，不要憑虛假的聯繫讓自己安心。卡繆把第一章最後一句寫得幾乎有半頁那麼長，像長長的音樂演奏把荒謬景況呈現出來，鮮花、

10 Camus, *Carnets, Œuvres complètes* 2:862；英譯本：*Notebooks*, trans. Thody, 103。

泥土、軀體和聲音雜陳，而在無預警之下筆鋒一轉寫到莫梭從馬恆溝回到阿爾及爾，在疲倦中鬆了一口氣：「另外還有教堂、人行道上的村民、墓園墳上的紅色天竺葵、昏厥的貝赫斯（就像一個解體的木偶）、滾落在媽媽棺木上的血色紅土、混在土裡的白色根莖、人群、人聲、村子、在咖啡館前的等待、轟隆不止的引擎聲，以及當巴士駛入阿爾及爾那片燈海時我的喜悅，我想要躺下睡上十二個鐘頭。」

卡繆找到了他的節奏。當他接受一位法國教授的訪問談到什麼令《異鄉人》得以寫成，他記起了那是怎麼一回事：「一旦我發現了其中的竅妙，我只要執筆寫作就是了。」[11]

11 一九五九年的訪問在該教授以下一文有提及：Alfred Noyer-Weidner, "Structure et Sens de 'L'Étranger,'" *Albert Camus 1980*, ed. Raymond Gay-Crosier (Gainesville: University Press of Florida), 72。

9 他帶著些什麼

在一九四〇年卡繆花了兩個月在兩個阿爾及利亞城市找工作，讓他僅堪餬口的，是當哲學導師的微薄收入，還有來自法蘭桑家庭的一些補助，但他在未婚妻家人眼中是個懶惰而不負責任的人。然後他搭船遠去。法蘭桑對這位未婚夫有點疑慮，而且不管怎樣，在卡繆沒有完全辦妥離婚之前，她不想陪他前往巴黎。可是卡繆不能再留在奧蘭。他這次能負擔前往巴黎的旅費，是因為當地有一份工作等著他：拜皮亞所賜，他在發行量龐大的日報《巴黎晚報》當版面編輯。這不過是他第二次踏足這個法國首都，這個名副其實的「大都會」。

他花了三十八小時從奧蘭搭船到馬賽；再花了九小時從馬賽搭火車到巴黎。法國一九四〇年的冬天格外嚴寒；三月十五日卡繆離開奧蘭當天，《巴黎晚報》頭版報導，像颶風般猛烈的強風吹倒了巴黎西區一座教堂的尖塔。強風帶來了清新空氣，當卡繆在三月十六日抵達巴黎，氣溫上升到華氏七十度，但跟他往日習慣的環境比較，巴黎看來又冷又灰暗。他隨身帶著筆記本和《異鄉人》第一章的手稿。他是否也帶著《阿爾及爾共和報》的剪報——萬一他要找另一份工作時需要它？有沒有一些心愛的書不能留下？不管他把什麼放進了行李，都不可能有很多東西。跟他所愛的每個人分隔異地的感覺，既讓他內心痛苦也令他發憤向上。

*

皮亞在蒙馬特區（Montmartre）哈維農路（rue Ravignan）的普瓦里耶飯店（L'Hôtel du Poirier）給卡繆訂了一個房間。對一個浪漫文人來說，巴黎沒有其他地方比這裡美得更像圖畫：這家小飯店其中一邊是鵝卵石鋪成的廣場，還有一座噴泉，對面是名叫洗衣坊（Bateau-Lavoir）的一幢建築，眾多藝術家的工作室像蜂巢般聚集在這裡，又像一艘船那樣延伸開去。這是現代主義高級藝術的溫床，畢卡索（Pablo Picasso）的名作《亞維農的少女》（*Demoiselles d'Avignon*）就是一九〇七年在這裡繪畫而成。洗衣坊的光榮日子在第一次世界大戰後就結束了，但它仍然散發著波希米亞的放浪不羈風情。蒙馬特是巴黎其中一座小山丘，山頂上是宏偉的聖心大教堂（Basilique du Sacré-Cœur）；這裡空氣較清新，租金又較低。對這個社區的欣賞需要培養而來的品味，它不乏死忠喜愛者，其中包括了皮條客和流氓、無政府主義者和詩人，起碼傳說如此。由於遠離商業區，蒙馬特在一九四〇年代仍然是不名一文的藝術家和作家可以在其中過活的社區，它實際上像一個與世隔絕的村莊。山丘上有台階，就像阿爾及爾的高地區，在狡兔酒吧（Lapin Agile cabaret）隔壁甚至有一片葡萄園。

也許皮亞認為蒙馬特對卡繆來說是個熟悉而感到自在的地方，事實恰好相反，對這位遠離家鄉而精疲力竭的年輕人來說，從巴黎中心區羅浮宮路（rue du Louvre）的《巴黎晚報》報社乘坐捷運長途跋涉前去北面的阿貝斯站（Abbesses），再擠上狹小的電梯才能從深藏地底的捷運升上地面，還要在濕滑的三月天氣踏上迂迴山路，這一切只會令他想到自己處境如何疏離。他在巴黎最初寫的幾則筆記，跟他在阿爾及利亞所寫的相比，更多自白性質而文學內容較少：「這樣突然醒過來代表什麼意思——在這個暗室裡響起一個突然變得陌生的城市的聲音？對我來說一切都陌生，毫無例外，沒有一個屬於我的人，沒有地方讓這個傷口癒合。我在這裡做什麼，這些微笑和姿勢是什麼意思？我並不是來自這裡——也不是來自任何其他地方。世界變成了不過是一個我不認識的景象，我的心無依無靠。」然後他加上一個關鍵句子：「一個陌生人（étranger），他知道這個詞語是什麼意思。」這個詞語，在法文裡就如在英文一樣，可以表示一個外國人、一個局外人，或一個陌生的旅客。[1]他在奧蘭已感到自己是一個異鄉人；巴黎只是加強了這種自一月以來就一直纏擾著他的感覺。在接下來的一則筆記，他描述了自己對絕望的反應，這種感覺看來最能激發他寫作最好的文章，他在開頭用上了那個有力的、多種意義的詞語：「陌生，承認對我來說一切都陌生。如今一切都清晰可辨了，等一下，不要錯失任何東西。起碼要寫出一些什麼，同時包含靜默和創作。其餘一切，其餘一切，不管什麼發生了，都不重要。」[2]

他有一個空蕩而昏暗的飯店房間，一張可以寫字的桌子，白天還有一份每月賺得三千法郎的工作而每天只要工作五小時，全都是在一個不熟識的城市。

當他不在寫作，他負責《巴黎晚報》第四頁的編輯工作。在這份走通俗路線的日報當版面編輯，跟他和皮亞在《阿爾及爾共和報》所做的政治和文化新聞報導完全不一樣，他覺得報紙的內容品味十分惡劣。但他只是編務祕書，負責把第四頁的報導組合起來，報紙的這個內頁看似拼圖遊戲，短小的文章在大小不同的方框內，糅合了各種表現風格和字體，全都擠進這個名為〈最後一分鐘〉的版面。譬如一九四〇年四月十日第四頁一則報導說，一位名叫伯特蘭・羅素（Bertrand Russell）的哲

---

1 以下一文簡要地分析了法文 “*étranger*” 一詞包含了「局外人」和「陌生人」兩方面意義的重疊（但兩方面的意義不完全相同）：Susan Suleiman, “Choosing French: Language, Foreignness, and the Canon (Beckett/Némirovsky),” *French Global: A New Approach to Literary History*, ed. Christie McDonald & Susan Rubin Suleiman (New York: Columbia University Press, 2011), 473–74。

2 Albert Camus, *Carnets 1935–1948, Œuvres complètes*, ed. Jacqueline Lévi-Valensi, vol. 2, 1944–1948 (Paris: Gallimard, Bibliothèque de la Pléiade, 2006). 906；英譯本：*Notebooks 1935–1942*, trans. Philip Thody (New York: Knopf, 1963, rpt. New York: Rowman & Littlefield, 2010), 170（經編輯整理）。

學家不獲紐約市立大學（City University of New York）聘雇，因為他曾經管理一個裸體主義者群體。最後一分鐘的新聞往往是可笑的，或沒有什麼值得記住的。

這份工作卻不是沒有回報的。卡繆在羅浮宮道三十七號的報社裡，每天工作的終點站就在報社那幢裝飾風藝術（Art Deco）的九層大樓的三樓，他負責監督鉛字在版塊上（俗稱「石板」）排列組合和更正的過程，這是版面送上鑄排機前的工序。他校對每個句子的每個字，檢查各個框欄，直到一整頁準備好付印。他喜愛團隊工作，包括童年時在足球隊裡，剛成年時在劇團裡；如今跟隸屬工會的印刷工人合作，參與管理每天印數達一百六十萬份的報紙的生產，他處身一個具集體樂趣的世界。他並不知道，當他面對將要來臨的災難，這是他最可貴的準備。

《巴黎晚報》並不是巴黎最具知識分子品味的報紙，但也不是卡繆在筆記裡所慨歎只是女店員的花邊新聞。[3]隨著戰爭日趨緊張，報紙的篇幅愈來愈多被歐洲的政治情勢占據了：墨索里尼（Benito Mussolini）與希特勒的結盟、德國侵略挪威和丹麥，法國總理愛德華・達拉第（Édouard Daladier）下台，由據信較強硬的保羅・雷諾（Paul Reynaud）接任。卡繆感覺到戰爭的狂熱在升溫，猜測自己即使有病是否也會被徵召入伍，占去了他的時間。但這並未發生。他寫信告訴柯尼葉，對他影響最大的不是死亡的可能，而是眼前所見的仇恨——同時在平民生活和軍事行動中可以見到。[4]

他幾乎馬上開始寫作《異鄉人》第二章，對書名已再無懸念，他的巴黎日記顯示《異鄉人》已穩固地在他腦海確立下來。

第二章的心境完全改變過來：在母親的葬禮後，莫梭星期五回到阿爾及爾，剛好趕上度周末。他一睡就是十二小時。星期六早上他刮過鬍子就決定到公眾海灘游泳：「我在水裡遇到瑪莉．卡東娜（Marie Cardona），她是以前我們辦公室的打字小姐，那時我曾想追她，我想她對我也有意思，但是她沒久就離職了，我們沒來得及發展。我幫她爬上浮板，做這個動作時輕觸到她的胸部。」他們在波浪裡嬉戲，就像卡繆在筆記裡想像在灼熱的陽光下把身體曬成古銅色。當瑪莉從浮板起來，莫梭把頭靠在她肚子上。在寫作這個情景時，卡繆利用了他一年前出版的散文集《婚禮》中最具狂想風格的一篇文章的描述，那是以濃重筆觸描寫提帕薩這個美妙的海濱羅馬遺跡所見陽光和天空的斑斕色彩：「這個太陽，這個大海，我的心帶著青春在躍動，我身體的鹽味，還有這一望無際的景象——當中溫柔與光榮融會成為黃色和藍色。」[5]只不過在小說裡，提帕薩散文的熱情宣示縮減成為

3 *Carnets 1935–1948, Œuvres complètes* 2:913；英譯本：*Notebooks 1935–1942*, trans. Thody, 179。

4 卡繆一九四〇年春天寫給柯尼葉的信，見：*Albert Camus–Jean Grenier, Correspondance 1932–1960*, ed. Marguerite Dobrenn (Paris: Gallimard, 1981), 39；英譯本：*Albert Camus and Jean Grenier Correspondence*, trans. Jan F. Rigaud (Lincoln: University of Nebraska Press, 2003), 25（經編輯整理）。

5 Albert Camus, *Noces, Œuvres complètes*, ed. Jacqueline Lévi-Valensi, vol. 1, 1931–1944 (Paris: Gallimard, Bibliothèque de la Pléiade, 2006), 108；英譯本："Nuptials," *Lyrical and Critical Essays*, trans. Ellen Conroy Kennedy (New York: Vintage, 1970), 69。

電報般簡短。莫梭在半睡半醒中望向天際說道：「長空如洗映滿我眼簾，蔚藍且帶著金光的天空。」

卡繆面對一項挑戰：他想讓莫梭這個角色與世界有感性聯繫，卻與人欠缺聯繫。感性描述幾個字就足夠了。至於與人欠缺聯繫，他發現了完美的一刻，就在對話裡；瑪莉向莫梭建議去看一部費南代爾的喜劇（她沒有說哪一部），然後她發現莫梭衣袖上披著傳統帶孝的黑色布條：「我說媽媽死了。她問我是什麼時候的事，我回答：『昨天。』她稍稍往後退，但什麼也沒說。我本想跟她說這不是我的錯，但想到這話我已經和老闆說過了，就忍住沒說。這沒什麼意義。無論如何，人總是多多少少有錯。」

這裡用三個句子就把莫梭的基本人格特質表達出來：在真相面前的無力感，即使在歡樂中也帶著罪咎。至於那部費南代爾的喜劇，莫梭覺得它「有些地方很好笑，情節實在很蠢」。卡繆透過最不起眼、最普通的細節，在為莫梭命運的「成因」埋下伏筆。

卡繆來到巴黎才一個禮拜就寫信給法蘭桑，確定她還保留著《快樂的死》的手稿。他沒有把稿子帶著，現在卻需要它。他覺得其中幾頁可以在《異鄉人》第二章拿來再用：默梭和艾曼紐（Emmanuel）在碼頭追趕一輛卡車的場景，還有默梭星期天在母親公寓的陽台往外望，全神貫注追蹤每個過路人。

沒有了母親而顯得太大的公寓，陽台上看風景的椅子擺放方式像對面街上菸草店老闆的椅子一樣，過路人，空蕩蕩的電車，有一個大蝴蝶結穿著漆亮黑皮鞋的女孩——這些細節用第一人稱表述出來，對莫梭所見和注意到的一切外界事物呈現一種延續感知。最重要的是，從《快樂的死》借來的文字傳達了莫梭那個世界裡時間的緩慢行進：「我心想，好歹又一個星期天過了，現在媽媽下葬了，我也要重新回去上班，總之，什麼都沒改變。」[6]

*

《快樂的死》的手稿安全地從奧蘭寄來了，卡繆也把《異鄉人》的第二章寫完了。他寫作上很愜意，但他在哈維農路上那個空蕩蕩的房間裡滿懷鄉愁。當他跟文盲的母親在一起，他的溝通是在自己內心：回憶母子之間交換的眼神，體味彼此交換的片言隻語。法蘭桑如今是他的文藝女神，是他能訴說自己雄心壯志和疑慮的對象。他和法蘭桑初次邂逅後就告訴她，《快樂的死》失敗的其中一個原因在於他斷斷續續寫作，而且總是在煩惱心境下寫作。雖然有蓋林多替他打字，在「世界之

---

6 卡繆在《瘟疫》（*La Peste, Œuvres complètes* 2:51–52）重新使用了類似的一個場景，小說的人物塔魯（Tarrou）在奧蘭，其中提到從一個陽台倦怠地外望，還有一個什麼都沒發生的星期大；這本身是一個必需的場景，就跟斷頭台的場景一樣。

上的房子」裡有朋友圍繞在身邊，但他告訴法蘭桑，他想找個對象聽聽自己唸出作品的一兩句也無法如願。[7]他選擇了法蘭桑作為這樣的對象，希望她感覺到她是被看中的。他在巴黎更是孤獨，但報社的工作完全不用心智上的投入，下班後回到家裡，那部小說就像一個好朋友在等著他。他跟法蘭桑談到，他對於自己的成就以及心中的刺激和疑惑，感覺總是搖擺不定：「我一邊寫著一邊感到內心極大的喜悅，」他在巴黎住了一個月後，在四月十八日寫道：「我從來沒有這樣的投入工作。這個房間令人傷感；我獨自一人，我累了，但我不知道我的煩惱是疲倦的起因還是後果。我寫下一切想寫的，不久之後可以判斷我所做的有多大價值而來做出取捨。」[8]

他報社裡的工作從上午六點半到上午十一點半，白天餘下來的時間和晚上就可以寫作。他也可以上夜班而整個白天寫作。

但他也有分心的時刻。四月，在《巴黎晚報》當編輯而任務比他稍微繁重的皮亞，帶他去參加一項特別活動。馬爾侯有關西班牙內戰的電影《希望——特魯埃爾的山》（*Espoir: Sierra de Teruel*）拍攝完畢，舉行私人放映會，其後卻遭政府禁止公映。放映會後，卡繆、皮亞和馬爾侯一起外出吃飯。卡繆寫信給弗赫敏維爾和杜凱拉這兩位朋友，談到跟馬爾侯一起度過的美妙一小時，說對方是「充滿怪癖、狂熱而欠缺組織的人，但心智上令人讚歎」。[9]自從馬爾侯這位作家暨冒險者一九三五年七月在貝爾柯跟群眾談到法西斯的危險之後，卡繆寄託在他身上的信念沒有動搖過。柯尼葉在馬爾侯來訪那個星期也曾跟他見面，但沒有把他介紹給自己這位年輕學生。如今拜精神上至為慷慨的皮亞之賜，卡繆建立起了實在聯繫。馬爾侯會記得皮亞這位優雅的年輕朋友。

7 卡繆一九三八年二月十日寫給法蘭桑的信，引錄於：Olivier Todd, *Albert Camus: Une vie* (Paris: Gallimard, 1999), 226。

8 卡繆一九四〇年四月十三及十八日寫給法蘭桑的信；同前引書，頁三三五。

9 卡繆一九四〇年四月十九日寫給杜凱拉的信；同前引書，頁三二七—八。

10 寫成小說第一部

兩個月以來，卡繆一直在寫作，忠於他所體會到的靜默和創作的理想。他的筆記是他的良伴：「為什麼一年來在巴黎一個淒苦的房間裡體會到如何孤獨自處，對一個人的教益勝於一百個文學雅集聚會和四十年的『巴黎人生活』經驗？它是艱困、恐怖而有時極度痛苦的經驗，總是跟發瘋十分接近。但孤獨無伴，一個人的才能就必然受到考驗而獲得確認——要不然就是滅亡。如果結果是滅亡，那就表示這個人的才能不夠強，不足以存活。」[1]

一九四〇年四月，普瓦里耶飯店一個女房客跳樓自殺，她就住在卡繆房間上一層，從窗子躍下掉到飯店後面的庭院，前額破裂。卡繆記錄了這件事。死者三十一歲，只比卡繆年長五年。[2]在一九三六年，當卡繆與海赫分手後獨自停留在布拉格，一個房客在飯店的大廳暴斃，死於自然原因。那種死亡的感覺存留在卡繆內心，他的文集《反與正》有關布拉格的一章就以〈靈魂之死〉為標題，如今加上這個年輕女人的自殺，這種感覺就更深刻了。[3]《薛西弗斯的神話》開頭的一個概念可能就是因這個自殺者而受到啟發或獲得確認：到底應該自殺還是該活下去，是唯一真正的嚴肅哲學問題。

卡繆繼續活下去，因為寫作支撐著他。他喜歡找尋簡單的真理以及它的正確表述方式。在筆記裡，他練習每一種寫作。他寫到黑色的樹與襯托著它的灰色天空，還有顏色跟天空一樣的鴿子，寫到從蒙馬特山頂所見的巴黎：「在雨的背後是巨大一片迷霧」。他寫到天主教在法國的情況，它怎樣對藝術和社會氣氛起著支配作用。[4]在他前往《巴黎晚報》上班途中，在羅浮宮路上，就在中央市場巴黎大堂區（Les Halles）隔壁，他透過商店霧氣迷濛的玻璃窗外望，看著送貨工人喝下他們早上那一口攙進熱咖啡裡的卡巴度斯蘋果酒（calvados）。

---

1 Albert Camus, *Carnets 1935–1948, Œuvres complètes*, ed. Jacqueline Lévi-Valensi, vol. 2, 1944–1948 (Paris: Gallimard, Bibliothèque de la Pléiade, 2006), 909；英譯本：*Notebooks 1935–1942*, trans. Philip Thody (New York: Knopf, 1963, rpt. New York: Rowman & Littlefield, 2010), 174（經編輯整理）。

2 他在一九四〇年三月的筆記裡描述了這次自殺：*Carnets, Œuvres complètes* 2:910。

3 "La mort dans l'âme," *L'envers et l'endroit, Œuvres complètes*, ed. Jacqueline Lévi-Valensi, vol. 1, 1931–1944 (Paris: Gallimard, Bibliothèque de la Pléiade, 2006), 55–63；英譯本："Death in the Soul," *Lyrical and Critical Essays*, trans. Ellen Conroy Kennedy (New York: Vintage, 1970), 40–51。《快樂的死》一個發生在布拉格的片段裡，默梭發現了一個血淋淋的死屍躺在街頭，見：*La mort heureuse, Œuvres complètes* 1:1145–47；英譯本：*A Happy Death*, trans. Richard Howard (New York: Knopf, 1972), 69。

4 *Carnets, Œuvres complètes* 2:910 (March 1940).

他繼續為《薛西弗斯的神話》收集各種思緒和詞句，這方面的工作在奧蘭時曾經中斷。一九四○年三月在波拿巴路（rue Bonaparte）的五月藝廊（Galerie Mai）有個畫展，其中的畫作啟發了卡繆，他因而在手稿加上一段文字，談到顏色創造了物質的形而上學。[5]這一種繪畫的洞見，對於他在《阿爾及爾共和報》專欄裡曾磨練的有關小說和戲劇的思維，是有用的補充，也補足了他在筆記裡開始稱之為「荒謬的創作」等等思想：這一切以各種方式成為了《薛西弗斯的神話》的拼補內容。另一方面，正在寫的那部小說在他想像裡有鮮明輪廓，他可以完全不用筆記繼續寫下去。

持續兩個月，他每天白天以至每個晚上部分時間都在寫作《異鄉人》。他發覺他可以寫到一個段落中間，停下來前去《巴黎晚報》上班，回到飯店房間又在原來停下的地方繼續寫下去，沒有什麼困難。在《阿爾及爾共和報》他發展出記者寫作新聞的速度和靈活性，但他以往從來沒有在文學創作上來得那麼輕易，小說寫作更肯定從未如此輕鬆。[6]

他已有了一個結構，不久也找到了一種模式，可以把收集而來的內容灌注進去。小說將有兩部分，第一部有六章，第二部有五章。全書的關鍵在第一部最後一章，莫梭就在這時干犯了令他被判死刑的罪行——海灘上的謀殺。到了一九四○年四月，就是他在普瓦里耶飯店住了兩星期之後，卡繆已經完成了第一和第二章，開始寫第三章了。

這三章開頭他借用了法蘭桑寄給他的《快樂的死》手稿的更多內容，這一系列內容包括了默梭和他的朋友在港口跳上一輛卡車後頭，在貝爾柯跳下車來，然後在謝列斯特開設的小餐館吃飯。有一個大肚皮和白色小鬍子並穿上圍裙的謝列斯特，跟卡繆在米樹勒路（rue Michelet）經營肉店的舅舅居斯塔夫十分相似。

吃過午飯後，莫梭回去工作，下班後回到家裡煮了一些馬鈴薯，但就在回到自己房間之前，碰上了年邁的薩朗瑪諾在樓梯間咒罵他那頭邋遢的狗，然後又碰到據聞是皮條客卻自稱是倉庫看守員的雷蒙・桑德斯。

雷蒙邀請莫梭一起吃晚飯。你不能說莫梭決定跟雷蒙吃飯，就像你不能說他決定跟瑪莉做愛。他只是順著雷蒙的意思。餐桌放著兩盤香腸，每人有一整瓶葡萄酒；那是一個骯髒的公寓房間，床頭有白色粉紅色相間的仿大理石天使塑像，牆上有知名運動員和裸女的圖片。雷蒙是有所求而來。

5例如，卡繆談到畫家雷捷（Fernand Léger）、物質和顏色的一段筆記，稍經修改後在《薛西弗斯的神話》有關荒謬的創作一章中出現在腳註裡：「很奇怪，我們看到一些最智識的畫作——那些企圖將現實簡化為一些基本元素的畫作，到最後只剩下視覺的愉悅，保存的只是世界的顏色。」見：*Œuvres complètes* 2:910；英譯本：*Notebooks 1935–1942*, trans. Philip Thody (New York: Knopf, 1963, rpt. New York: Rowman & Littlefield, 2010), 176。另見“Création absurde,” *Œuvres complètes* 1:287；英譯本：“Absurd Creation,” *The Myth of Sisyphus and Other Essays*, trans. Justin O'Brien (New York: Vintage, 1991), 99。

6卡繆一九四〇年四月三十日寫給法蘭桑的信，引錄於：Bernard Pingaud, *L'Étranger d'Albert Camus* (Paris: Gallimard/Foliothèque, 1992), 147–48。

他想莫梭替他寫一封信，幫他對情婦更進一步報復；他已經狠狠揍了她一頓，因為他相信對方在欺騙他。

雷蒙的計畫是用這封信把她誘騙回來並跟他上床，「就在辦完事的時候」往她臉上吐痰，然後把她趕出去。

莫梭一邊聽著這位鄰居的話，一邊喝下愈來愈多的紅酒，直到他感到太陽穴快要爆破了。他同意雷蒙所說的一切，認為他的復仇計畫行得通；更重要的是，莫梭表示願意幫雷蒙寫信。

「他一跟我說那個女人的姓名，我就知道她是摩爾人。」當莫梭坐下來拿起雷蒙提供的筆墨，他才了解到雷蒙那個情婦的一項重要事實：她是「摩爾人」（*Mauresque*），在法文裡這個詞語暗示異國情調的性愛，聯想到殖民地穆斯林後宮的宮女；它也是「阿拉伯人」的高雅委婉說法。莫梭肩負起為朋友代筆寫信的新任務時說話很有禮貌。

自從卡繆在筆記裡最初試著塑造雷蒙的語調（「我認識一位女士」）並以小字加註那人「是個阿拉伯人」，至今已有兩年。這兩年裡他在想，該讓這個阿拉伯女人有怎樣的遭遇，他的選項很多。他決定不要說出她的名字。代筆寫信給她的莫梭知道她的名字，因為雷蒙告訴了他，但卡繆在小說裡就是不說出來，而只交代他不會說。[7]這樣她就代表某一類人（一個摩爾人）而不是一個人，對她是一種奚落，在一個破敗背景下，這看似是異國情調的筆觸卻毫無異國情調可言。

還有從破敗到破敗的一面：第三章的背景是貝爾柯，但卡繆寫作期間處身的蒙馬特飯店給他那種骯髒感覺，就讓他能捕捉莫梭的世界。跟雷蒙吃過飯後，這一章結尾一連串簡單的句子顯示莫梭在無自主力並在宿醉的情況下，不知道自己的命運已被決定：「整棟樓靜悄悄，從樓梯底處湧上來一股陰鬱潮濕的氣息。我只聽間耳底嗡嗡作響的脈搏聲。我站著不動。老薩朗瑪諾的房間裡，狗正在低聲呻吟。」

在第四章，雷蒙把信寄出了。莫梭帶瑪莉到海灘，然後他們回到公寓做愛。在第三和第四章雷蒙和薩朗瑪諾的行動交錯在一起：薩朗瑪諾虐打他的狗，雷蒙暴虐地對待他的情婦。一個鄰居察覺有人被毆打，召來一個警察制止雷蒙。瑪莉離開了。在雷蒙回答了警察的問話之後，他和莫梭外出喝了點東西。回家時他們發現薩朗瑪諾十分傷心，因為他的狗在市集掙脫項圈跑掉了。這是令人內心很難受的一章，短短幾分鐘內，愛變成了恨又變成了哀傷。雖然小說的推動力是要把莫梭送上斷頭台，但卡繆知道他的情節不能像釣魚線一樣：不要讓每條線索都直接引導到莫梭的犯罪行動。[8]因此他把薩朗瑪諾和狗的故事交織進去。在人與獸的這一幕客串演出中，卡繆在把玩著他這本書的所有主題：

7「他一跟我說那個女人的姓名，我就知道她是摩爾人。」見：*The Stranger*, trans. Matthew Ward (New York: Knopf, 1988), 32。

8 有關直線敘事方式，見本書第20章所討論的卡繆談小說的文章〈心智與斷頭台〉（L'intelligence et l'échafaud）。

生命、死亡和矛盾的愛。薩朗瑪諾面對那頭年老的狗的沮喪，他的暴虐，然後是失去了狗之後難以抑制的失落感，在這一連串狂暴戲劇性場面的反襯下，莫梭的冷漠態度顯得十分脆弱。「我不知為何想到了媽媽」，他聽著薩朗瑪諾在床上哭泣而這樣表白。這是卡繆在小說第一部讓莫梭稍稍有點內心感覺的寥寥幾處地方之一，但接著一種突如其來的想法令莫梭回復冷漠：「但是隔天還得早起。我不餓，沒吃晚餐就睡了。」

在第五章，瑪莉問莫梭是否愛她，還有他是否想結婚，莫梭告訴她，不管是與否事實上都沒有分別，但如果那是她的意願他也可以讓她如願。這是他在《快樂的死》裡嘗試寫過的，發生在瑪特和默梭之間的對話攻防戰。[9]這裡它跟莫梭的性格和命運比較搭配。

接著，卡繆加插了一個角色，她的出現看來完全出於偶然。這個機器人般的女人在謝列斯特餐廳裡跟卡繆同坐一桌，她唯一的作用，就是顯示莫梭很容易因人生裡可笑的事而分神。她把帳單上的項目加起來並掏出了所需的錢，翻查雜誌裡一個禮拜的電台廣播節目，重新穿上外套時動作忽動忽停就像脫下外套時一樣。莫梭跟在她後頭走出餐廳，只見「她以難以置信的速度和篤定筆直往前」，但一旦她從視線消失，莫梭就把她忘得一乾二淨。她並不代表任何事，只是提供了一頁令人分神的事，與小說快要開展的中心戲劇毫不相干。我們該怎麼說卡繆到底在這裡想做什麼？只好說他相信最好的小說家依著本能寫作。[10]不過也可以肯定的說他發現了加插薩朗瑪諾和這個餐廳裡的女人，他可以控制說故事的速度。他不想莫梭太快掉進命運的羅網。

第六章是橫梗在《異鄉人》中間的一章，是正午的太陽。卡繆借用了布伊色維爾鬥毆事件的元素：莫梭和瑪莉跟雷蒙和他的朋友馬松在海灘消磨了一天；馬松就是卡繆在筆記裡想像每個句子都加上「還不只這樣呢」的那個人。當他們在水邊漫步，雷蒙和莫梭碰上了雷蒙那個情婦的兄弟，他拿著一把刀要尋仇。雷蒙被他刺傷，撤退到海濱的小屋。午飯後，莫梭帶著雷蒙的槍回到海灘上。他聽到蘆笛聲。他幾乎看不到那個阿拉伯人，但他注意到陽光從他手上那把刀閃亮起來。卡繆全心聽從了安東·契訶夫（Anton Chekhov）那句有名的忠告：「一把上膛的槍要是不會開火，就不要把它放到舞台上。」當他想像那個阿拉伯人正把刀拔出來刺向他，他就開了一槍，再補了四槍。卡繆用了《異鄉人》裡罕見的隱喻來結束小說第一部：「就好像我在厄運之門上短促地敲了四下。」他像是鼓勵讀者與莫梭一起停住片刻，站在他這個被摧毀的人生的門檻上。

*

9 *La mort heureuse, Œuvres complètes* 1:1123；英譯本：*A Happy Death*, trans. Howard, 31。

10 卡繆一九五九年十二月接受訪問時（他最後一次的訪問），提到評論家過於迫切地想給他的小說掛上哲學標籤，而從來沒有考慮到他的作品源於本能的特質，見：*Œuvres complètes*, ed. Raymond Gay-Crosier, vol. 4, 1957–1959 (Paris: Gallimard, Bibliothèque de la Pléiade, 2008), 661。

卡繆在飯店房間的靜默裡寫作，不光看到還聽到他的故事：雷蒙向他的情婦叫喊，薩朗瑪諾對他的狗叫喊。在海灘的場景裡，他描述「在寂靜與燠熱之中」的水聲和長笛聲，當然還有那些致命的槍響：「在一聲乾澀卻又縈繞不絕的聲響中」，靜默一下被打破了。

卡繆緊跟著他的計畫，把莫梭的注意力集中在外在世界。就像莫梭注意到支撐著他母親棺木的架子，現在他的注意力集中在那個阿拉伯人在陽光下閃亮的刀子。這就是那個沒有內心世界的敘事者的美麗一面：外在世界取代了沉思、分析和感覺。

*

卡繆在狹小的飯店房間裡所做的這一切將會改變小說的歷史。對於小說這種已存在多個世紀的體裁，卡繆賦予它一種新能量：他把小說引向外在世界，簡化了它的表達方式，深化了它的目的。當然，如果他稍稍能察覺到這就是他正取得的成就，浮誇的想法就可能破壞了這方面的努力。他所知的就只是他已找到了寫作的節奏，像一個長程泳者在波浪中翻過去。

弗朗哥．莫瑞提（Franco Moretti）在《遠距閱讀》（*Distant Reading*）中提出，小說是透過背離而演化：不同的形式互相競爭，經過挑選，最強、最新的形式會被創造成為新的品種，或次級體裁。

莫瑞提的宏觀文學史充斥著生物演化科學的類比，雖然他沒有提到卡繆，但《異鄉人》是他這套理論的極佳例子。莫瑞提指出，能存留在大家記憶中的小說萬中無一，但某些作品能把小說帶到新的出路。

一九三〇和一九四〇年代的小說家很是焦躁不安，覺得歐洲的小說作為一種典範已窮盡了可能性，需要新的刺激。這種感覺的最佳表述可見於西里爾・康諾利（Cyril Connolly），這位有愛爾蘭血統的卓越英國文學評論家暨雜誌編輯，特別喜歡對作家和文學提出機靈而令人會心微笑的格言。他在一九四四年的文集《不平靜的墳墓》（*The Unquiet Grave*）中全面審視了小說的文學園地，發現它無法令人滿意。「福樓拜（Gustave Flaubert）、亨利・詹姆斯、普魯斯特、詹姆斯・喬伊斯（James Joyce）和吳爾芙（Virginia Woolf）已把小說帶到了終點，」他寫道，因此「小說家……不能再發展出什麼角色、處境或情節」。在他看來，太多的實驗使得這種寫作形式陷入混亂，讓小說變得難以卒讀。他斷言，一切得重新發明。[11]

他所表達的，是很多作家當時的感覺，尤其是法國的作家。沙特在《嘔吐》裡嘗試發明一種新形式，把哲學思考跟冷硬派（hard-boiled）偵探故事結合起來。但卡繆把阿爾及利亞背景和美國黑色

11 Cyril Connolly, *The Unquiet Grave* (New York: Persea Books, 1981), 21.

作品的冷硬風格獨特地糅合起來，寫出來的故事沒那麼造作，比較忠於自己。他們的同時代人，從紀德以至蒙泰朗等歐洲作家，出於他們對道德的批判態度和他們在異國情調中的自我認同，北非背景對他們都很有吸引力。在通俗文學裡，阿爾及利亞產生了一個民間故事傳統，其中的主角名叫「卡格由」（Cagayous）。卡繆對於這些民間故事和現代主義作家的異國情調取向十分熟悉，但他在《異鄉人》裡跟這兩者都保持距離。他感到興趣的是勞工階層歐洲人聚居的阿爾及爾，這個地方跟民間故事或異國情調的風格都沾不上邊，而美國作家像海明威和約翰·史坦貝克（John Steinbeck）的技巧對他來說十分合適。卡繆就是高興見到細節，一如奧蘭市民從細節上認定那些在大街上招搖過市的花俏年輕人酷似電影明星克拉克·蓋博（Clark Gable）而把他們稱為「克拉克一族」（Clarques），這可不是出於偶然。[12]

*

《異鄉人》不是卡繆的自傳。倒不妨說卡繆所寫的是他人生故事的反面：卡繆對失聰母親的孺慕之情變成了莫梭的冷漠。他在其中長大的靜默世界變成了莫梭無法逃避任何一種聲音的嘈雜地方。

卡繆對殖民地暴力的憎惡透過莫梭殺死一個阿拉伯人的行動表現出來。在巴黎的昏暗中，這位作者喚起了他曾經歷的每一種提升人格的高尚感情，卻淨化了它隱藏著的粗糙冷酷一面。卡爾・榮格（Carl Jung）對這方面的探索有一個名稱和一套理論：卡繆是在尋索自己的陰暗面從而讓自己獲得自由——但是從什麼獲得自由？從巴黎的昏暗、阿爾及利亞刺眼的陽光，還是從輕率的暴力和冷漠的愛？這是一位人文主義者怪異的文學起步點。

卡繆在五月寫信給柯尼葉談到巴黎的新生活。他給法蘭桑的信強調自己如何孤獨，給柯尼葉的信則對巴黎社會生活的徒勞無益表示鄙視。他覺得巴黎十分討厭，可是這個首都城市卻正好切合他的目的。他在這裡看到很多花俏的人，大部分是他厭惡的。他在《新法蘭西評論》注意到柯尼葉將會出版一本有關地中海的書：他認為有這樣一本跟戰爭完全無關的書是件好事。他努力寫作，如果他願意，不久之後就會有一份新的書稿讓柯尼葉閱讀。[13]

---

12 見〈牛頭怪——奧蘭行腳〉一文："Le Minotaure ou la Halte d'Oran," *Œuvres complètes*, ed. Raymond Gay-Crosier, vol. 3, 1949–1956 (Paris: Gallimard, Bibliothèque de la Pléiade, 2008), 567–89；英譯本："The Minotaur, or Stopping in Oran," *Lyrical and Critical Essays*, trans. Ellen Conroy Kennedy (New York: Vintage, 1970), 114–15。文中提到：「在每個細節上都試著模仿克拉克．蓋博的風格、莽撞無禮和自以為高人一等的表現。城裡愛批評的人，在相當粗疏的發音方式下，因此給這些年輕人取了『克拉克一族』這個綽號。」

13 卡繆一九四〇年五月寫給柯尼葉的信，見：*Albert Camus–Jean Grenier, Correspondance 1932–1960*, ed. Marguerite Dobrenn (Paris: Gallimard, 1981), 40–41；英譯本：*Albert Camus and Jean Grenier Correspondence, 1932–1960*, trans. Jan F. Rigaud (Lincoln: University of Nebraska Press), 25–27。

11 從內心發現了它

在小說的第二部，卡繆轉換了調色板，從藍色和黃色換成了灰色，從灼熱的海灘轉移到陰冷的牢房。如果說第一部因為阿爾及爾街道和海灘的記憶而活了起來，第二部就是由蒙馬特孤寂而灰暗的氛圍在支撐著。如果他是在拍電影，第一部是彩色電影，第二部就是黑白片了。

《異鄉人》第二部是在牢房裡講述的故事。莫梭被逮捕、被關押並接受審判；他面對的司法系統，對於曾在《阿爾及爾共和報》多個月報導法庭案件的卡繆來說，早就熟悉其中的規矩習慣。

卡繆還記得在奧克比的審訊中，可笑的華朗法官向阿拉伯人阿卡查解釋耶穌基督的事蹟，這個神經兮兮的法官最後的下場就是提早退休。[1]當然阿卡查拒絕跟他玩這個遊戲，他談到自己的信仰而反駁：「我不信上帝。他太老了。他需要改變。」[2]在小說裡，卡繆從莫梭的觀點寫了類似的一段對話。阿卡查語帶諷刺而表現乖戾，莫梭則態度被動而令人動怒。法官向莫梭揮動一個銀製的耶穌受難十字架，莫梭不大聽到法官在說什麼，因為他被一隻停在他臉上的蒼蠅分了神。但他還是能夠向法官表明他不信上帝。法官驚慌起來，告訴莫梭，每個人都信上帝。他補充說，要不是這樣，他自己的生命就毫無意義。

莫梭試著表明法官的信仰問題只是他個人的事：「但他已經隔著桌子把耶穌受難十字架舉到我眼前，以失去理性的態度大喊：『我是基督徒。我請求祂原諒你的錯誤。你怎能不相信祂為你受苦呢？』我注意到他親密地以『你』相稱，但我實在受不了了。屋裡愈來愈熱。」[3]

在小說裡，卡繆把華朗在法庭上的行為轉化到超出了一般期望。奧克比審訊的法官緊張不安而表現稍有不當。《異鄉人》的法官卻像一個瘋狂的傳教士。

---

1 卡繆的朋友沙克．赫干認為法官揮動十字架的場景相當難以置信，卡繆寫給他的一封信強調其中的細節是真實的：「那個審案的法官就住在阿爾及爾。我聽到他的刑事法庭裡講述十字架的故事，我又看到他在審案期間因這一番努力的失敗而高聲叫喊。我不需要補充說，他由於神經緊張而自此退休了。」見卡繆一九四二年七月三十一日寫給沙克．赫干的信：*Camus: Cahier de l'Herne*, ed. Raymond Gay-Crosier & Agnès Spiquel-Courdille (Paris: Éditions de l'Herne, 2013), 164。事實上，華朗只是轉到塞提夫（Sétif）繼續當法官（見本書第26章）。

2 《阿爾及爾共和報》一九三九年六月二十四日的報導："Le Christ devant les juges"（"L'assassinat du Muphti"系列報導其中一篇），收錄於卡繆作品全集：*Œuvres complètes*, ed. Jacqueline Lévi-Valensi, vol. 1, 1931–1944 (Paris: Gallimard, Bibliothèque de la Pléiade, 2006), 701。

3 *L'Étranger, Œuvres complètes* 1:181；英譯本：*The Stranger*, trans. Matthew Ward (New York: Knopf, 1988), 69。

*

在這部充滿聲音的小說裡，瑪莉到監獄探望莫梭的場景最為吵鬧。沙特的《嘔吐》也有一個類似場景：在餐廳吃飯的羅岡丹因周圍可笑的對話而分神。這是福樓拜在《包法利夫人》（*Madame Bovary*）鄉村市集場景裡使用的老招式：把農業官員的致詞跟一對戀人的連篇妙語交錯呈現，讓綿綿情話跟官式講話形成對立，同時對兩種說話方式加以嘲弄。莫梭和瑪莉從來不是很善於辭令，現在他們身邊響起那麼多衝突的聲音，他們根本聽不到對方在說什麼。莫梭在分隔牆另一邊只覺得對面發出無用的聲音。卡繆用了《薛西弗斯的神話》的同樣情景，這是眾多荒謬景況的日常呈現：熟悉的戀人突然變得陌生；只見電話亭裡玻璃隔板後講電話的人愚蠢、無意義的比手畫腳姿態。[4]

卡繆要在短短幾頁裡，表現出莫梭在監獄裡經驗著時間逝去的無盡空虛。他從飯店房間寫信跟法蘭桑說，他沉溺在阿爾及爾的記憶中，尤其在巴黎那些「黏答答的春雨連綿的晚上」。[5] 鄉愁帶來了有力的靈感，他因而寫到莫梭臥在牢房裡把每個角落的每樣東西一一羅列出來。

為了給空洞的監獄生涯劃分段落，卡繆加入了莫梭在牢房裡找到的一樣物件：那是撕破的、發黃的剪報，裡面提到某個不知名國家的男人（莫梭想像那是捷克），離家多年後回到了母親經營的旅館，卻遭到認不出他的母親和姊妹搶劫並謀殺。卡繆一九三五年實際上在阿爾及爾的報紙上看過這個故事，沒有把它忘掉。他在《異鄉人》此處用上了它，後來又讓它成為劇作《誤會》（*The Misunderstanding*）的中心內容。[6]這個故事刺痛了卡繆的心，既因為他對流浪生涯的特殊恐懼，也因為他把母親留在阿爾及爾而前往巴黎的罪咎感。但他要讓小說角色合乎原來的性格。莫梭既要對這個故事著迷，同時又要冷漠對待。一個兒子因為母親認不得他而被殺死，這個處境對任何讀者來說充滿了心理上的意義，對卡繆尤其如此。他曾寫到，像自己這樣的一個孩子，人生「整個觀感」都由他與母親的關係而界定。但對莫梭來說，這個故事必然只不過是令他分神的事，用來消磨時間。他把這份剪報讀了起碼一千次，結論是：「我認為那個旅人有點活該，玩笑不能亂開。」卡繆創造了一個毫無移情作用的主角。

4 *Le Mythe de Sisyphe, Œuvres complètes* 1:229；英譯本：*The Myth of Sisyphus and Other Essays*, trans. Justin O'Brien (New York: Vintage, 1991), 14–15。

5 卡繆一九四〇年四月三十日寫給法蘭桑的信，引錄於：Bernard Pingaud, *L'Étranger d'Albert Camus* (Paris: Gallimard/Foliothèque, 1992), 151。

6 實際的故事一九三五年一月六日刊於《阿爾及爾回聲報》（*L'Écho d'Alger*），發生在南斯拉夫一個男人身上。報導收錄於：Raymond Gay-Crosier, *The Stranger*, Gale Study Guides to Great Literature: Literary Masterpieces, vol. 8 (Detroit, MI: The Gale Group, 2002), 44。

在小說第二部第三章，隨著審訊展開，卡繆讓莫梭愈來愈從內心往外轉移。面對審訊，彷彿那是發生在另一人身上的事：「某方面來說，我對親眼見識一場審判饒有興趣，我這輩子還沒有過這個機會。」

在法庭裡，莫梭看見一個記者有一張稍微不對稱的臉孔，產生了一種怪異感覺，覺得被對方注視。卡繆喜歡說自己像費南代爾有一張不對稱的臉孔，他利用這個詭異時刻顯示自己身為作者跟小說主角有一種連為一體的關係。他和莫梭有著家族成員的相似性，可能是兄弟。就像文藝復興時期有些藝術家會在畫作一角繪畫贊助人的肖像，卡繆輕輕地表明莫梭在他掌控中。他在操作著對方的命運。

*

事實上，卡繆可能就是那個記者，坐在檢察官下方的法律記者座，負起報導審訊的任務。他確切地知道阿爾及爾的刑事法庭是怎樣的。但為了讓故事讀來可信，他要忘記他所知的，而從莫梭的角度描述那個情景，這個被告是首次看到法庭的模樣：

我聽到左手邊椅子往後拉的聲音，看見一個高大瘦長的男人，穿著紅袍，戴著夾鼻眼鏡，仔細地摺妥袍子後坐下。那是檢察官。一名執事人員宣告法官進場。同時，兩架巨大的風扇開始隆隆作響。三位法官——兩位穿黑袍，一位穿紅袍——拿著卷宗走進來，快速走上俯視大廳的法官席。穿紅袍那位在中間的扶手椅坐下，拿下法官帽放在面前，用手帕擦擦小禿頂，宣布開庭。[7]

當卡繆為《阿爾及爾共和報》報導奧克比的審訊，他在宣判時聽到聖奧斯丁堂的鐘聲響起。在《異鄉人》那個荒謬、無神的宇宙裡，令莫梭從律師乏味的辯護說詞分神的是一輛冰淇淋車響起的喇叭聲。這項細節很能說明卡繆的藝術技巧。它不是世界的反映，而是世界的轉化，從教堂鐘聲轉化為冰淇淋車的喇叭聲，卡繆這種轉化也界定了他所說的荒謬。

*

7 *L'Étranger, Œuvres complètes* 1:190；英譯本：*The Stranger*, trans. Ward, 85。

第二部第五章是《異鄉人》最後一章，它開頭出現一項時間的移轉。被法庭判處死刑的莫梭，不再是在回憶證人和法官說了什麼，又或「往日」他試著在牢房入睡想到將要發生什麼。突然間他用現在時態說話，就是當下一刻，這是讀者在整部小說裡一直等待出現的時刻：「我已經三次拒絕神父的探視。我沒有話對他說。」由於他不再在回憶或記述，而是在此處此刻說話，感覺上他十分接近。他不光接近，而且充滿感情——他意識到自己失去的一切，帶著生存的欲望，知道自己快要死亡。整個第五章不再見到小說其他部分那種平直的美國式調子，取而代之的是悲劇的強烈感覺。在當下此刻的這幾句話之後，莫梭又從死亡之後和之前的未來敘述他生命的最後日子。

不久後他就會被送上斷頭台。他記得在報紙上見過一座斷頭台，那是「一樁轟動一時的處決」。卡繆沒有忘記《阿爾及爾共和報》上刊登的維德曼照片，在這裡它就派上用場了，他可以透過它讓莫梭想像將要把自己處死的機器「精密、完善，有著亮閃閃的外觀」。[8]

神父來訪是莫梭與欠缺真誠的宗教世界最後一次交手。莫梭憤怒回應神父的安慰言語。他把神父趕走後，怒氣就消除了，他記起母親找到一位未婚夫：「如此接近死亡的媽媽，應該覺得解脫了，準備一切重新活過。」莫梭也準備好了，但若要活下去就太遲了。當他因為一個地方官員責備他沒有在母親葬禮上哭泣而勃然大怒，他對母親的愛終於顯現出來了：「沒有人，沒有人有權利為她哭泣。」

卡繆在手稿上仍然把小說主人公寫成「默梭」，這個姓氏聽起來像西班牙文：「如果瑪莉讓一個新的默梭來吻她又有什麼關係？」新的姓氏「莫梭」在法文裡包含著「死亡」的意思。現在唯一存留下來的小說手稿，故事主人公還是「默梭」，這一樁事實正好提醒文學評論家，小說的藝術往往有些令人難明的地方。

故事就這樣走完一個循環。「剛才爆發的怒氣好似排除了痛苦，抽離了希望，面對這充滿徵象與星子的夜晚，我第一次對這世界柔靜的冷漠敞開自身。我發現這冷漠和我如此相像、如手足般親切，我感覺自己曾經幸福，現在也依然幸福。」在沒有希望下活著，融入自然，這就表示，在卡繆的道德宇宙裡，這是真誠地活著。莫梭已獲得了啟迪，再沒有什麼留待他去做，他就只是迎向死亡：「為了讓一切完整，為了讓自己感到不那麼孤獨，我只期望行刑那天有很多觀眾，以怨恨的吶喊迎接我。」[9]

《異鄉人》最後一段帶著活生生噩夢的所有恐怖感。卡繆讓小說這麼快就完結，這是否即是他

8 *L'Étranger, Œuvres complètes* 1:206；英譯本：*The Stranger*, trans. Ward, 112。有關〈斷頭台的反思〉一文所述維德曼行刑的情況，見本書第6章註15。

9 *L'Étranger, Œuvres complètes* 1:212–13；英譯本：*The Stranger*, trans. Ward, 122–23（經編輯整理）。（本書中文版編按：書中引自《異鄉人》的文句，皆由卡繆法文原作直接翻譯成中文，以求逼近原作，而非從華德所譯的美國版再轉譯。根據：卡繆，《異鄉人》，嚴慧瑩譯。台北：大塊文化，二〇二〇。）

自己的惡夢或恐懼，他害怕這部最終可能成功的小說令他受到懲罰？[10]又或他在慶幸，那個最好是遺留在阿爾及利亞、遺棄在貝爾柯街頭的自我的前身，終於宣告死亡？在一九三五年，當他正在阿爾及爾大學完成哲學學位，他曾帶著羨慕口吻寫信給一個成功前往巴黎的中學朋友：「我現在活著只為了兩件事：期待一個月後可以全心寫我的書；寄望一年後可以甩掉小阿爾及爾身分，讓自己沉醉在巴黎。」[11]卡繆送走了莫梭，但《異鄉人》活下去，這位來自北非街頭的男孩，如今可以讓自己安全置身書中。

「……以怨恨的吶喊迎接我。」在他小說最後一句下面，卡繆用黑色墨水畫了一道橫槓，前後各有一個句號。時間過了午夜。他簽上自己的名字阿爾貝·卡繆，再加上「巴黎，一九四〇年五月」。

*

在最後一頁簽名後，卡繆試著停止寫作。但他有太多過剩的腦力，於是他開始給法蘭桑寫一封長信。信裡包含著他對這部小說的所有夢想和疑惑：

> 我在半夜寫信給你。我剛寫完了我的小說，衰弱無力，連睡覺也無力去想。也許我的作品

還沒有完成。有些事情要回頭處理，有些事情要補充。但事實是我已經寫完了，我已經勾勒出最後一句……這份手稿放在我面前，我在思索它花了我多少力氣和意志——我需要怎樣投入其中，犧牲其他想法、其他欲望，讓自己停留在它的氛圍中。我不知道它有多大價值。在某些時刻，在這些日子，它的一些語句、語調、真理，像閃電般從我穿透過去。我為此十分自豪。但在其他時間，我看到的只是蒼白和粗陋的表現。這個故事把我銷磨得太厲害。我要把這些稿子放進抽屜，開始撰寫我的散文。兩星期後我會把一切拿出來，再對這部小說下工夫。然後我會讀它一遍。我不想再花太多時間在它上面，因為事實上我一直把它帶在身邊兩年了，從我的寫作方式可見，我完全是從內心發現了它。[12]

令他疲累的不是《巴黎晚報》的工作，而是這部小說。他感覺中寫來輕易只是假象，因為《異

---

10 拿俄米．傑克森（Naomi Jackson）的第一部小說《鳥丘星光閃爍的一面》（*The Star Side of Bird Hill* [New York: Penguin, 2015]）正付梓即將出版之際，她和我一起在法國卡西斯（Cassis）的卡馬戈基金會（Camargo Foundation）當研究員；她幫助我探討作家完成了一部小說之後的感覺。想像自己的頭顱被砍下來並非不尋常的反應。

11 卡繆一九三五年（沒確切日期）寫給弗赫敏維爾的信，收藏於：Centre de Documentation Albert Camus. Cité du livre. Bibliothèque Méjanes, Aix-en-Provence。

鄉人》的誘惑太強烈了，令他不停付出努力，聚精會神，以致精疲力竭。當他更年輕時，從來沒有感到「從內心發現」一本書。我們可以說，跟《反與正》、《婚禮》和《快樂的死》等他在一九三〇年代所寫的其他書比較，《異鄉人》是他在自己內心找到的書，而不是他寫到自己的書。所謂一部小說存在於創作者內心而等待被發現的這種想法，一般來說是現代主義者很重要的信念，也是卡繆藝術價值觀的重要一部分。在其他很多方面跟卡繆截然對立的普魯斯特，在《追憶逝水年華》第七卷《重現的時光》（*Time Regained*）很清楚地解釋了這個意念，他辯稱藝術作品所表現的並不是作者的人生，而是更深層的東西：作品原就在那裡，在作者內心，等待被發現。「我們唯一擁有的那本書，書中人物不是由我們描繪，而是在我們內心打造而成。」13

*

雖然卡繆有一種近乎魔幻的感覺，覺得《異鄉人》在他寫作之前就已經存在，他對於自己取得了怎樣的成就卻不大確定。在這內心熱烈的一刻寫信給法蘭桑，他把自己滿意和不滿的地方拿來比較。他知道自己做了某種重要的事，但他只有二十六歲，像一般年輕人充滿了猶豫和疑問：

有趣的是我甚至不知道自己是否快樂。可是這是唯一能令我超越自己的一件事，我相信我會原諒巴黎的一切，因為它讓我在封閉中投入所做的事。即使作品沒有價值，寫作本身的快樂卻具備了沒有人能摧毀的價值，如果今晚不是那麼累，這就是我該感到的快樂。我仍然想像這

---

12 卡繆一九四〇年四月三十日寫給法蘭桑的信，收錄於：Pingaud, *L'Étranger d'Albert Camus*, 147–51；英譯本：Raymond Gay-Crosier, trans., *The Stranger*, Gale Study Guides vol. 8, 55 & 57（經編輯整理）。這封信讓我們罕有地瞥見卡繆在寫作生涯一個關鍵時刻同時表現出的焦慮和自豪。信件的日期（四月三十日）跟書稿上的日期不符：卡繆可能在午夜前開始寫信給法蘭桑，卻在凌晨才把信寫完，技術上來說那是五月一日。卡繆四月寫給杜凱拉的一封信提到他完成了《異鄉人》，他寫給杜凱拉的其他信件取笑她把他說成是異鄉人，又反過來說杜凱拉才是異鄉人。不管這些互相逗弄的信件是否對該小說的命名扮演了某種角色，它們是又一項證明顯示「異鄉人」一詞在卡繆腦海中占了相當地位。卡繆那個時期寫給杜凱拉的信件收藏於：The Raymond Gay-Crosier Albert Camus collection, Smathers Libraries, the University of Florida at Gainesville。這些信件的分析見：Raymond Gay-Crosier, "Encore une correspondance inédite: Albert Camus–Yvonne Ducailar 1939–1946," *Textes, Intertextes, Contextes. Autour de la Chute. Albert Camus* 15, ed. Raymond Gay-Crosier (Paris: Lettres Modernes/Minard, 1993), 183–96。在此感謝本文作者雷蒙・蓋克羅謝教授與我分享他對這些信件的觀感及其中所反映卡繆在巴黎的心境。

13 Marcel Proust, *Finding Time Again*, trans. Ian Patterson (London: Penguin Books, 2002), 188–89。普魯斯特在《重現的時光》蓋爾芒特親王夫人（Princesse de Guermantes）下午派對的場景裡，闡述了作品源於內心的概念：「因此我獲得的結論就是，面對藝術作品我們沒有任何自由，我們不能根據自己的意願來塑造它，而是它早在我們之前就存在，這既因為它是必然而隱祕的，也因為它可說就是自然的法則，我們要去發現它。」

份書稿的讀者起碼會像我一樣疲累，我不曉得作品裡持續感到的張力會不會令很多人喪氣。但這不是問題。這種張力是我想要的，我試著把它傳遞出來。我知道它在那裡。我不知道它美不美。[14]

✕

他跟法蘭桑談到一個實際的想法。曾因為《婚禮》一書寫信向他鼓勵一番的蒙泰朗，再次在柯尼葉面前提起了卡繆，問他正在做什麼。蒙泰朗在巴黎是有名的時髦男士，在摩洛哥和阿爾及利亞被視為詩人，是個追求完美風格的作家。他也是殖民主義的批判者。他一九三八年出版的《秋分》（*The September Equinox*）嚴斥法國面對納粹的軟弱。[15]卡繆猜想，有多方面人脈的蒙泰朗會否幫助他安排作品出版，包括了《異鄉人》和日後寫成的《薛西弗斯的神話》。[16]

他有所不知的是，到了一九四〇年五月一日大家在政治上就要選邊站，政治上的分歧不久後將會令他跟這位他一度仰慕的作家分道揚鑣。《異鄉人》的出版就要靠其他朋友了。

14 Pingaud, *L'Étranger d'Albert Camus*, 151，引錄卡繆一九四〇年四月三十日寫給法蘭桑的信；本書作者英譯。

15 卡繆一九三九年二月五日在《阿爾及爾共和報》的〈閱讀室〉專欄給《秋分》寫了正面的書評，收錄於卡繆作品全集：*Œuvres complètes* 1:817–19。

16 卡繆一九四〇年五月一日寫給法蘭桑的信，引錄於：Olivier Todd, *Albert Camus: Une vie* (Paris: Gallimard, 1999), 338；英譯本：*Albert Camus: A Life*, trans. Benjamin Ivry (New York: Knopf, 1997), 110。

12 流亡

一九四〇年五月一日，經過無眠的一晚後，卡繆在筆記寫道：「《異鄉人》完成了。」[1]一頁頁的書稿堆在桌子上，這是一份有待重讀和修改的書稿。卡繆提到這本書時用上書名，就賦予這部作品更實在的真實性。

十分恰當的，五月一日是法國的勞動節，這位二十六歲的作家正好精疲力竭了。卡繆在一九四〇年五月可說活出了自己的薛西弗斯的神話——把巨石推上山，看著它又掉到山下。他在十七歲時經歷了威脅性命的疾病，二十三歲經歷痛苦的婚姻失敗，然後是《阿爾及爾共和報》結束，他流亡到巴黎，一九三〇年代一直加強的政治危機感界定了他的世界。在政治和人生方面，綏靖政策都失敗了。

*

自九月以來，他的國家處於高度戒備狀態。人生一直在教導卡繆，世界可以在幾天內完全改觀。

隨著希特勒入侵挪威和丹麥，一直處於待命狀態的戰爭在四月可怕地轉移為行動。一九四〇年五月十日，德國軍隊向比利時和荷蘭挺進，更接近法國了。五月二十四日，卡繆寫信給在阿爾及爾的朋友伊凡・杜凱拉，提到他準備在巴黎投入志願救護服務；他沒有被徵召入伍，但他想出一份力，結果卻無功而返。比利時五月二十七日向納粹投降，六月三日巴黎經歷了宣戰以來首次空襲。幾個月後當作家依蕾娜・內米洛夫斯基（Irene Némirovsky）描繪法國戰敗的景象，就是從這次空襲開始。[2]她描述堆起的沙包足足有重要紀念碑一半那麼高，父母在手電筒照明下給孩子穿好衣服準備出城逃亡，小販把賣花的手推車丟棄在街頭。超過兩百萬巴黎居民逃出城外，加入了法國北部大批逃亡難

---

1 Albert Camus, *Carnets 1935–1948, Œuvres complètes*, ed. Jacqueline Lévi-Valensi, vol. 2, 1944–1948 (Paris: Gallimard, Bibliothèque de la Pléiade, 2006), 914；英譯本：*Notebooks 1935–1942*, trans. Philip Thody (New York: Knopf, 1963, rpt. New York: Rowman & Littlefield, 2010), 181。

2 Irène Némirovsky, "Storm in June," *Suite Française*, trans. Sandra Smith (New York: Knopf, 2006)。內米洛夫斯基對逃亡潮的虛構描述，不凡之處在於其寫作幾乎與實際發生的事件同步。在她被驅逐出境並在奧斯威辛（Auschwitz）集中營被謀殺之後，她的書稿到了二〇〇四年方才出版。學者蘇姍・蘇雷曼（Susan Suleiman）指出，內米洛夫斯基能在歷史開展的同時撰寫一部歷史小說是多麼令人驚異，也就是把正在發生的事寫得像是歷史，見：Susan Suleiman, 'Irène Némirovsky and the 'Jewish Question' in Interwar France,' *Yale French Studies* 121 (2012): 8–33。

民的行列，當時有人貼切地把這個逃亡潮跟《聖經》的〈出埃及記〉（Exodus）相提並論。

逃亡潮的第一天，一件開心的事發生在卡繆身上。[3]六月四日，他終於離開了陰鬱的普瓦里耶飯店，搬到梅迪桑飯店（Hotel Madison），這是巴黎出版業匯聚的地區裡比較體面的旅館。令人疑惑的是當天的捷運是個什麼狀況，又或卡繆怎麼能夠從巴黎十八區的蒙馬特山丘前去塞納河左岸的聖日耳曼大道（boulevard Saint-Germain）。住進梅迪桑飯店後，他可以看到窗外密密麻麻列隊行進的汽車、運貨小車和單車等沿著聖日耳曼大道前進到奧德翁廣場（place de l'Odéon），然後往南前去巴黎老城門之一的義大利門（Porte d'Italie）。在六月的新聞影片裡，沿途拍到的鏡頭可見摩肩接踵的流亡者向著鄉間道路逃跑，竭盡所能把家當帶在身上。這次逃亡潮是法國歷史上最重大的一次群眾遷徙，也是最長途跋涉的遷徙旅程。

*

卡繆從他在《巴黎晚報》賺得的工資省下幾千法郎才能住進梅迪桑飯店，而這份報紙暫時仍能運作。「這裡的瘋狂延續下去，」卡繆寫信告訴在軍中服役的皮亞：「過去三天我就在兩個沒打開的行李箱之間過活，因為《巴黎晚報》通知，我要離開前去南特（Nantes），部分職員已轉移到那裡為各省編製一份報紙。每天我都預期次日就要出發。今天終於做出了決定，計畫確定不做任何改變！——我將會留在巴黎。」4

梅迪桑飯店比普瓦里耶飯店多一點陽光氣息，租金也更貴。它位於聖日耳曼德佩修道院（Saint-Germain-des-Prés）社區最適中的地點，就在修道院對面。如果蒙馬特和洗衣坊是一九〇〇年到第一次世界大戰之間所謂美好年代（Belle Époque）的藝術活動中心，而蒙帕納斯（Montparnasse）是一九二〇年代爵士樂時代的大本營，聖日曼德佩修道院區則迅速成為了卡繆這一代人的根據地。沙特和西蒙・波娃（Simone de Beauvoir）屬於從蒙帕納斯移居聖日耳曼的最早一批知識分子。到了一九三九年，他倆就每天待在花神咖啡館（Café de Flore）。在可見的將來，這是他們吃喝、寫作、論辯和取暖的地方。波娃在她的回憶錄《鼎盛人生》（*The Prime of Life*）中以深情筆觸描繪了聚集在花神咖啡館的作家、電影製作人和攝影師。她回憶，某天可見到畢卡索和朵拉・瑪爾（Dora Maar）帶著他們的阿富汗獵犬在那裡調情，某天又可見到詩人暨歌曲作者雅克・普萊維爾（Jacques

---

3 卡繆與法蘭桑互通的書信顯示他在六月四日搬到梅迪桑飯店，並在本書作者查詢下由卡繆的女兒凱瑟琳（Catherine）確認。

4 卡繆寫給皮亞信的（沒有日期），見：*Correspondance, 1939–1947*, ed. Yves-Marc Ajchenbaum (Paris: Fayard/Gallimard, 2000), 21。以下引錄的所有皮亞與卡繆的通信由本書作者英譯。

Prévert）在他的桌子誇誇其談，另一天又可看到一群電影製作人大聲爭辯。在一九四〇年六月的一片混亂中，沙特淪為戰俘，花神咖啡館只剩下往日繁華的影子。

卡繆在《巴黎晚報》的組版室裡，追蹤一直在轉變的頭條新聞，這是虛假希望裡的每日課程。六月七日的頭條是：「我軍在戰場據點抵禦敵軍入侵。」六月八日：「德軍動用二千輛坦克，我軍以新戰術抵擋。」六月九日的訊息就有點憂慮：「敵軍遭到折損，卻派遣大批新軍趕赴戰場。」這個星期，所有十四歲以下的巴黎居民被命令從市內疏散。《巴黎晚報》不可能不受影響。到了六月八日，它縮減為兩頁的新聞快報。六月十日，德法兩軍的戰事延伸到阿爾岡林（Argonne Forest）。十一日，《巴黎晚報》的頭條聲稱：「我軍英勇激昂對抗。」戰事持續下去。

自從一九三九年九月宣戰以來，與德軍對峙的法軍在馬奇諾防線上保住了邊界的安全。法國軍事戰略家相信法國與比利時邊界上的阿登森林（Ardennes Forest）是攻不破的，沒有做什麼去保護與盧森堡和比利時的邊界。當法國軍隊在馬奇諾防線上等候，大無畏的德國坦克闖過了不設防的比利時邊界。事實證明，只要有適當的運載工具，阿登森林是可以通過的。希特勒的軍隊占領了荷蘭，然後是比利時。他們在一九四〇年六月十四日抵達巴黎。

在六月十八日，《巴黎晚報》面對戰敗仍在尋索一絲希望。報紙的頭條說：「希特勒會過去。法蘭西會留下。」竭盡所能帶著家當逃離巴黎的兩百萬法國人，面對德國俯衝轟炸機無情的砲火，沒有什麼是更無法確定的了。

*

《巴黎晚報》對德軍來襲的應對辦法，就是命令核心員工追隨法國內閣官員的步伐。這不是容易的任務，因為內閣要找棲身之地也遇上困難。總理雷諾帶領的內閣先逃到圖爾（Tours），然後是波爾多（Bordeaux）。雷諾從總理職位退下來，接任的菲利普．貝當（Philippe Pétain）成為法蘭西第三共和國最後一任總理，這位年邁的一戰凡爾登戰役（Battle of Verdun）英雄，與德國談判休戰。一旦知道納粹將會占領波爾多之後，又要再次逃亡了。貝當帶著內閣成員到了法國中部的克萊蒙費朗（Clermont-Ferrand）。他們在那裡停留二十四小時後，有一個更好的主意，於是他們搬到附近的城市維琪（Vichy）。這個溫泉度假區的眾多旅館，很容易改造成這個聲稱不受占領軍控制的政府各廳處辦公室。簽訂休戰協定後，維琪成為了樂觀來說所謂「自由區」的首都，不樂觀地說這就是「未被占領區」了，貝當成為了國家領導人。

《巴黎晚報》大體上跟隨著政府。疲憊不堪的卡繆寫信跟柯尼葉說，他像所有其他人一樣，經歷兩次撤退和逃亡：從巴黎到克萊蒙費朗，再到波爾多：「這是你不會忘記的事，但我不想談它。

我又回到克萊蒙費朗了。」[5] 在一片動盪中，《巴黎晚報》的東家尚．普華斯特（Jean Prouvost）被任命為維琪政府的情報部長；當《巴黎晚報》開始在克萊蒙費朗出版，它對貝當慷慨地大加誇讚，一九四〇年七月十日在維琪賭場舉行的國會會議，經投票表決讓貝當取得全面權力。[6] 這位國家領導人廢除了憲法，建立起一個專制政權，它的格言是「工作，家庭，祖國」，用以取代法國大革命以來界定三個法蘭西共和國立國精神的「自由，友愛，平等」口號。在巴黎，德國占領者推出他們的《巴黎晚報》，跟克萊蒙費朗的報紙沒有半點關係。因此，《巴黎晚報》成為了國家分裂為兩個不對等部分的完美寫照：一者被反動的維琪政府控制，一者被納粹控制。讀著《異鄉人》冷酷、毫無感情的第一章，很容易就會把卡繆的小說跟「假戰爭」的焦慮枯燥景況聯繫起來，而不是接著而來的混亂和動盪。

*

自從卡繆離開了母親的公寓住到舅舅家，他就是個精神自由的人，住所也經常改變；現在他的動向卻是由政治危機決定。六月十日，他住進梅迪桑飯店不到一星期，就奉命與《巴黎晚報》縮編後的員工前往克萊蒙費朗，並負責駕駛報社其中一輛汽車。報社另一位編輯丹尼爾．雷涅夫（Daniel

Lenief）回憶：「我們每個人都假定要駕駛分配到的汽車前往克萊蒙費朗，因為原來的司機都徵召入伍了。我和卡繆是最先抵達的，我仍然能夠記起當時的情景：卡繆在焦德廣場（place de Jaude）從一輛耗盡了汽油、機油和水的車走下來，引擎在冒煙。他面色蒼白，走回那輛卡車，取出他的寶藏，那是一份他隨即塞進口袋的手稿。」[7]

為了逃避空襲，卡繆在夜間開車，他載著兩個乘客：他的朋友希赫特．梅托桑（Rirette Maîtrejean），是報社的審稿編輯，有一段令人神往的無政府主義個人歷史；另一人是編務主任，他那冗長乏味的對話令開車的人很難不打瞌睡。[8]經過令人焦慮不安的兩天後，他們在一九四〇年六月十二日抵達克萊蒙費朗。如果那輛冒著煙並在噴濺的汽車一旦爆炸，卡繆就會失掉《異鄉人》唯一

---

5 卡繆一九四〇年九月三日寫給柯尼葉的信，見：*Albert Camus–Jean Grenier, Correspondance 1932–1960*, ed. Marguerite Dobrenn (Paris: Gallimard, 1981), 42；英譯本：*Albert Camus and Jean Grenier Correspondence*, trans. Jan F. Rigaud (Lincoln: University of Nebraska Press, 2003), 27（經編輯整理）。

6 《巴黎晚報》跟法國未被占領地區的新政府有緊密聯繫：在它位於克萊蒙費朗的新總部裡，報社租用的印刷機屬於維琪政府的總理皮耶．賴伐爾（Pierre Laval），這位來自奧文尼大區（Auvergne）的狡猾政客，所推行的政策和他本人的人格代表了與納粹的最黑暗通敵協作關係。

7 Daniel Lanief et al., *À Albert Camus, ses amis du livre* (Paris: Gallimard, 1962), 31–32.

8 梅托桑是大名鼎鼎的俄羅斯無政府主義者維克托．塞爾日（Victor Serge）的前任伴侶。傳統上，報紙的審校人員多來自無政府主義者圈子。

的一份手稿。

卡繆從一九四〇年六月十二日到九月十五日住在克萊蒙費朗。他跟朋友在一個狹小房間一起吃飯；他經常被派去雜貨店，總是碰上長長的購物人龍，回去後就跟同事分享所見所聞。[9]他跟總編輯皮耶・拉薩雷夫（Pierre Lazareff）的祕書詹寧・托瑪瑟（Janine Thomasset）成為了好朋友。詹寧記得卡繆所吸的是用玉米紙捲成的香菸，他又曾在商店櫥窗前欣賞花呢外套。卡繆有時在晚間聚會上向朋友唸出《異鄉人》一些段落。報紙的外交記者喬治・艾楚勒（Georges Altschuler）還記得卡繆的低調唸法，刻意跟戲劇性唸法截然對立。[10]

卡繆的旅館靠近一家精神病院，晚上睡覺時聽到病人叫喊，他認為這是當前現實的真確寫照：「在這個街區不停喊叫的那個瘋子是地球的縮影。」[11]卡繆心情灰暗，甚至瀕臨絕望。他不能回到阿爾及利亞，不能回到法蘭桑身邊，因為這時再沒有民用交通服務。在他與海赫的離婚還沒有辦妥之前，法蘭桑都不願意到法國本土跟他團聚。他領養了一隻狗，取名布萊士・布拉坦（Blaise Blatin）：「布萊士」來自哲學家布萊士・巴斯卡（Blaise Pascal）的名字，「布拉坦」則是他的旅館和《巴黎晚報》報社在克萊蒙費朗的所在街道。當年八月他沒有外出度假，而是重新執筆寫作《薛西弗斯的神話》，那是跟《異鄉人》和《卡里古拉》組成「荒謬三部曲」的第二部作品。卡繆為〈荒謬的自由〉一章寫了一個較長段落的草稿，手稿就寫在《巴黎晚報》印有克萊蒙費朗地址的信箋上。[12]

他有關荒謬的想法正在演變。在辯稱人生並無意義之後，他準備踏出正面的另一步，認定一旦明白並接受了人生的毫無意義，就可以更好地活下去。這本書最令人感動的內容就在這一章，句子有時像散文詩，有時像布道：「如果我是樹林中的一棵樹，動物界裡的一隻貓，此生可能有意義，或者這個問題根本不會出現，因為我就屬於這世界的一部分。我會是我現在以全然意識、我對熟悉的要求而對立的世界。」[13]關鍵在於，一旦你對人生的毫無意義有了完整意識，你就只能在「無法上訴」的情況下活下去。在《異鄉人》裡，卡繆在小說結局讓莫梭陷入不能上訴的處境，他在阿爾及

---

9 *À Albert Camus*, 32.

10 Georges Altschuler, "Albert Camus journaliste," *L'École et la Vie* (February 6, 1960)。引錄於：Herbert Lottman, *Albert Camus* (Corte Madera, California: Gingko Press, 1997), 226。

11 *Carnets, Œuvres complètes* 2:915 (September 1940)；英譯本：*Notebooks 1935–1942*, trans. Philip Thody (New York: Knopf, 1963, rpt. New York: Rowman & Littlefield, 2010), 182（經編輯整理）。

12 《薛西弗斯的神話》手稿可看到《巴黎晚報》信箋的信頭，收藏於耶魯大學拜尼克（Beineke）珍本暨手稿圖書館。

13 *Le Mythe de Sisyphe, Œuvres complètes*, ed. Jacqueline Lévi-Valensi, vol. 1, 1931–1944 (Paris: Gallimard, Bibliothèque de la Pléiade, 2006), 254；英譯本：*The Myth of Sisyphus and Other Essays*, trans. Justin O'Brien (New York: Vintage, 1991), 51。

爾的監獄等待斷頭台行刑。只有必死無疑的景況讓莫梭最後體會到「世界柔靜的冷漠」，經驗到真正的感情。「無法上訴」表示沒有宗教或思想體系的助力，沒有權威或導師。在《薛西弗斯的神話》裡，在發現了如何在無意義之下活下去之後，就能獲得一種欣喜，同時還有對被動對待的抗拒，這是被判死刑的囚犯莫梭在最後獲得救贖的一刻所經驗的：「坦然面對壓迫著人的命運，卻不因而向它妥協。」[14]我們全都像是被判死刑，只是有些人能活較多的時間。

在卡繆的筆記裡，對德國占領行動的描述開始被賦予一種寓言意義。他六月寫信告訴柯尼葉，他無意對正在發生的事說些什麼，而隨著法國戰敗的影響加劇，他尋求一種間接的寫作方式。他沒有開始重新修改《異鄉人》，但在一九四〇年夏天，他已開始慢慢走近他另一部小說《瘟疫》的主題：「那個人把房子夷平，把田燒掉並把鹽覆蓋在上面，就為了不要把它們拱手奉上。」[15]當時他寫到一個被調派到克萊蒙費朗法國銀行的小人物「試著維持同樣的習慣，幾乎成功了，卻差了那麼一點點」，[16]也許他在想著自己。

時間每星期、每天以至每小時的數算著，日益緊湊，在十月，報社又展開最後一次遷移，這次是到里昂。通訊條件十分糟糕，卡繆不能確定他的信有沒有寄到阿爾及利亞法蘭桑那裡。有傳聞說唯一的通訊方式就是使用電報。突然變得那麼遙遠的阿爾及利亞，成為了卡繆的理想世界，他寫給法蘭桑的信把他的老家稱為「法國最後一片仍然自由的土地（沒有所謂「占領」的恥辱）」。[17]但他不久之後就知道並非如此。

---

14 同前引書，頁二五六；同前引英譯本，頁五四。

15 *Carnets, Œuvres complètes* 2:915.

16 同前引書，頁九一五；同前引英譯本，頁一八二。卡繆的筆記本沒有具體說明，但事實上法國銀行遷移到克萊蒙費朗市郊的沙馬列爾（Chamalières）。

17 卡繆一九四〇年七月八日寫給法蘭桑的信，引錄於：Olivier Todd, *Albert Camus: Une vie* (Paris: Gallimard, 1999), 350–51；英譯本：*Albert Camus: A Life*, trans. Benjamin Ivry (New York: Knopf, 1997), 115。

13 達爾澤路

四個月以來，《異鄉人》的手稿伴隨卡繆從巴黎到克萊蒙費朗，接著到了波爾多，又再回到克萊蒙費朗，最後去了里昂。《巴黎晚報》一九四〇年九月底在里昂設立的辦事處，一直延續到德國結束法國的占領行動。在報紙遷徙不定的這幾個月，分裂的法國處境日益惡劣。卡繆在里昂繼續寫作《薛西弗斯的神話》，《異鄉人》的書稿則隨著他住進不同旅館或宿舍的房間，被丟進抽屜封塵。他還沒有準備好展開修改。

卡繆六月匆匆離開巴黎時，留下了一些衣物和文件在梅迪桑飯店。當皮亞從軍隊退役經巴黎前往里昂，他打算把卡繆留下的東西帶去。但當他從聖日耳曼大道一路走下去，就察覺到那家小飯店已經被納粹徵用了。根據傳聞，當卡繆後來拿到一個進入占領區的跨區通行證能夠前去巴黎時，飯店職員告訴他，他留下的東西全被丟棄了，包括了他寫作《異鄉人》參考的草稿和文件。[1] 卡繆一如既往，可以憑著最基本的條件做到他要做的事。

卡繆抵達里昂兩星期後，維琪政府通過了一項法案，為其後來臨的恐怖情況定調。一九四〇年十月三日，兩項反猶太法令的第一項生效。這些法令禁止猶太人從事各種專業工作，只有少數配額獲得豁免；同時所有猶太人被禁止成為公務員，包括不能當教師。這些法令在所謂自由區（即維琪法國），包括了阿爾及利亞和占領區都即時被採納。維琪政府急於處理「猶太人問題」，比占領者更早一步立法，認定把法國「淨化」，去除猶太人的影響，就可以確保這個戰敗國在道德上的復原。這當然然是德國人所樂見的了。

一九四〇年十月二十日，在里昂編印的《巴黎晚報》在頭版刊出一篇文章，還附上一個系譜圖表，幫助讀者判定他們是否是法律上定義的猶太人。卡繆當時擔任版面編輯，他一直以來就鄙視這份報紙，現在更要默許一件悍然有違公義的事：這方面的法令在未來四年會導致七萬五千個法國猶太人被歸類並驅逐出境。只要祖父母和外祖父母四人中有三人是猶太裔，便在法律上歸類為猶太人，祖父母輩有兩人為猶太裔再加上配偶是猶太裔也同樣符合定義。如果只有祖父母輩兩人是猶太裔，不管同屬祖父母或外祖父母，抑或一者屬祖父母一者屬外祖父母，都仍然屬於非猶太人。法蘭桑有

---

1 根據本書作者二〇一四年十月對安德烈．阿布所做電話訪問。阿布是卡繆作品全集中的《異鄉人》學者審訂版的編輯：*Œuvres complètes*, ed Jacqueline Lévi-Valensi, vol. 1, 1931–1944 (Paris: Gallimard, Bibliothèque de la Pléiade, 2006)。卡繆在一九四三年一月終於取得前往巴黎的通行證。

一個猶太裔外祖母——克拉拉．杜布爾（Clara Touboul），但這不足以令她在維琪法國的法令下被定義為猶太人。

在里昂，卡繆繼續受雇於《巴黎晚報》，住在舊日一家妓院裡，裡面有紅色天鵝絨的裝飾，牆上有裸女的圖畫。他跟海赫的離婚手續終於辦妥了，法蘭桑願意前來團聚。她在十一月底到了這個處境詭異的地方，十二月三日他們在市政廳成婚，觀禮的人包括皮亞和跟卡繆同為編輯祕書的雷涅夫，還有四個組版室的同事。《巴黎晚報》的環境正在改變。很多在一九三九年秋天奉召入伍的員工現在回到工作崗位，而報紙現在則縮減到四頁，也因為各樣資源短缺而受到掣肘。在十二月底卡繆被裁員了。他在《巴黎晚報》只做了十個月。

卡繆再度失業，還要肩負結婚後的新責任，他需要收入和住所；在這個不穩的大環境下他需要穩定。他和法蘭桑只看到一個解決辦法：回到阿爾及利亞免費住在法蘭桑家人位於奧蘭達爾澤路的房子，然而奧蘭對卡繆來說，是一個令人至為厭倦的城市。

*

在先前寫給法蘭桑的信裡，卡繆曾想像阿爾及利亞絲毫沒有受到德國占領行動影響，是唯一仍然自由的地方。不錯，阿爾及利亞三個省正式來說屬於自由區，區內也看不到納粹人員，可是維琪政府讓阿爾及利亞最壞的右翼意識形態鼓吹者恣意妄為，他們是自德雷福斯事件以來就肆行反猶太主義的法國法西斯分子，很高興看到反猶太法令的推行。雖然在阿爾及利亞從來沒有人被送到集中營處死，阿爾及利亞的猶太人也不用佩戴黃星標誌，反猶太法令的一項延伸措施卻打擊到阿爾及利亞猶太人的要害。一八七〇年的克雷米厄法案賦予阿爾及利亞猶太人法國公民資格，使得他們跟同樣遠在法國一八三〇年殖民占領前就住在當地的阿拉伯人和柏柏爾人區別開來。然而就在首項反猶太法令通過之後翌日，一項附加措施廢除了克雷米厄法案，褫奪了所有阿爾及利亞猶太人的公民資格。[2]在法國都會地區猶太人失去了工作和公民權利，阿爾及利亞的猶太人則失去了法國公民資格，再度與阿拉伯人一樣變成「本地人」。阿爾及利亞民族主義者費哈特・阿巴斯（Ferhat Abbas）強烈抗議這種「與下層等同的平等」，一般來說，阿爾及利亞的穆斯林對相關法令也感到沮喪，因為這使得他們獲得公民資格的機會更是遙不可及。[3]法國軍隊裡尤其可以看到戲劇性的後果：到了十月，阿爾及利亞的猶太裔軍官都遭到撤職。

---

2 莎拉・史坦（Sarah Stein）曾研究過一種有趣的例外情況——撒哈拉南部地區姆札卜（Mzab）的猶太人，他們根本從未取得法國籍，見：*Saharan Jews and the Fate of French Algeria* (Chicago: University of Chicago Press, 2014)。

布伊色維爾海灘衝突事件的主角豪爾．賓素森就是一個好例子。他在一九三九年奉召加入空軍，戰敗後在一九四〇年七月退役。他因為在一九四〇年十月被褫奪公民身分，就失去了再度入伍的資格。[4] 盟軍一九四二年十一月進攻北非，但統領解放地區的法軍將領亨利．吉羅（Henri Giraud）將軍拒絕恢復阿爾及利亞猶太人的公民身分，聲稱這是為了維持本地人之間的「平等」。[5] 這就進一步促成了一些人參與地下抵抗運動的意願，以平民身分扮演愛國者角色。一九四三年春天，豪爾前往倫敦為自由法國空軍擔任志願工作。他的兄弟艾德格也加入了自由法國軍隊。

當卡繆在一九四一年一月回到奧蘭，他身邊的人都因為反猶太法令和公民身分的喪失而陷於翻轉的生活中。在阿爾及爾和奧蘭長大的法國作家敘述了當時的很多故事：愛蓮．西蘇（Hélène Cixous）的父親原是醫生，只能改以修趾甲維生。在一九四〇年才十歲的雅克．德希達（Jacques Derrida）被迫離開學校。[6]

卡繆因為肺結核而無法參加國家教職考試，早就對排除禁令知之甚深。他在阿爾及爾和奧蘭的朋友圈，都有猶太教師和學生，現在這些學生都不能繼續攻讀高級學位，高中和大學的猶太教員則被下令一九四〇年十二月前離職。像德希達這樣的猶太裔中小學生全體被迫輟學。

曾與卡繆一起在阿爾及爾念書的安德烈．本尼楚（André Bénichou）原本在奧蘭的拉莫利西埃高中（Lycée Lamoricière）教授哲學，現在遭到撤職。卡繆去巴黎之前，在一九四〇年有幾個月曾在奧蘭教授私人歷史課和地理課，現在本尼楚開辦了一所私立學校，讓被排拒於公立高中和大學的猶太學生就讀，卡繆也就開始在這裡任教。他們在奧蘭各地的公寓設立的臨時教室上課，每堂課只有幾個學生。其中一個學生保羅・貝納伊姆（Paul Benaïm）後來回憶，當時在艾提安尤金路（rue Etienne Eugène）一家餐廳上課，老師是一位臉色蒼白、不苟言笑的男人，平日可見到他穿著破舊的軍裝式大衣，踏著憂鬱的步態在奧蘭街頭漫步。[7]

卡繆被迫與岳父母同住並只能做零工，卻一直沒放棄寫作，他把正在撰寫的三部作品稱為「我

---

3 引錄於：Pierre-Jean Le Foll-Luciani, *Les juifs algériens dans la lutte anticoloniale: Trajectoires dissidentes, 1931–1965* (Rennes: Presses Universitaires de Rennes, 2015), 101。

4 參見文森市（Vincennes）國防歷史資訊部門（Service Historique de la Défense）抵抗運動檔案（dossier de résistant）編號 GR16P 中的豪爾・賓素森資料。

5 《克雷米厄法案》到了一九四三年十月六日重新生效。

6 有關西蘇的父親，見：Hélène Cixous, “Pieds nus,” *Une enfance algérienne* (Paris: Gallimard, 1997), 53–64；有關德希達，見：Catherine Malabou & Jacques Derrida, “De l’Algérie,” *La Contre-allée* (Paris: La Quinzaine Littéraire, 1999), 78–94; Jacques Derrida, *Monolingualism of the Other; or, The Prosthesis of Origin*, trans. Patrick Mensah (Stanford, CA: Stanford University Press, 1998)。

7 Paul Benaïm, “Quand Albert Camus enseignait le français à Oran”，二〇一五年九月十五日參閱網頁：http://www.judaicalgeria .com/pages/quand-albert-camus-enseignait-le-francais-a-oran.htm。

的三部荒謬之作」。他寫好了《卡里古拉》的一個新版本，並把它送去打字。他也終於完成了《薛西弗斯的神話》，用上了來自筆記的材料，還有他在《阿爾及爾共和報》所寫的評論文章，以及由《異鄉人》所衍生的意念。

在《薛西弗斯的神話》名為〈荒謬的創作〉的最後一部分，卡繆對於身為小說家而以荒謬作為寫作主題代表了什麼意思，進行了一番反思。「荒謬的創作」帶著《異鄉人》的印記，卻沒有提到這部小說。他開始寫作《薛西弗斯的神話》時，《異鄉人》才只露出了一點曙光，但在完成這部哲學散文集時，他寫完了《異鄉人》全部草稿的愉快心情仍是鮮活的。他仍然感到驚訝的是，怎麼幾乎不費力就把小說寫成了。這種經驗正是他所謂「荒謬的創作」要表達的意思：藝術家被置放在作品面前，那是具體而實在的；而藝術家對於作品沒有怎麼做出理性思考，而只是「在作品中實現了自我」。[8]

他在筆記裡為此做了一項紀錄，小心地註明完整日期——「一九四一年二月二十一日」——並加上罕見的勝利宣言：「寫完了《薛西弗斯的神話》。荒謬三部曲完成了。自由的開端。」[9]

完成三份書稿後，他十分興奮。但所謂「自由的開端」，是指創作的自由，而不是個人的自由。卡繆再一次精疲力竭——事實上，他三月寫信告訴皮亞，從奧蘭到阿爾及爾的十一小時火車旅程看來太難忍受了。[10]皮亞由此知道這位朋友的健康正在轉壞。當卡繆完成了《薛西弗斯的神話》並準備把

《異鄉人》的稿子送給可靠的讀者看看是否值得出版，他的肺結核又復發了。他的醫生亨利・柯恩（Henri Cohen）是猶太人而被禁止執業，因此卡繆要祕密讓他看診，地點是配額內獲准執業的一位醫生同業的診所。卡繆第一次發病時，給他提供可貴的紅肉的舅舅艾柯遠在阿爾及爾。現在要由法蘭桑到奧蘭各處的菜市場和商店為他搜尋這方面的物資。

---

8 *Le Mythe de Sisphe, Œuvres complètes* 1:285；英譯本：*The Myth of Sisyphus and Other Essays*, trans. Justin O'Brien (New York, Vintage, 1991), 96。

9 Albert Camus, *Carnets 1935–1948, Œuvres complètes*, ed. Jacqueline Lévi-Valensi, vol. 2, 1944–1948 (Paris: Gallimard, Bibliothèque de la Pléiade, 2006), 920；英譯本：*Notebooks: 1935–1942*, trans. Philip Thody (New York: Knopf, 1963, rpt. New York: Rowman & Littlefield, 2010), 189（經編輯整理）。

10 卡繆的信沒有保存下來，皮亞一九四一年三月十六日的回信提到：「你很少談到你的健康，令我十分擔心。你對於從奧蘭搭火車到阿爾及爾要花十一小時有所猶疑，看來令人擔憂：你一如往常更堅忍不拔了。」卡繆與皮亞的通信收錄於：*Correspondance, 1939–1947*, ed. Yves-Marc Ajchenbaum (Paris: Fayard/Gallimard, 2000), 33。

14 嫉妒的老師與慷慨的同道人

一九四一年四月第一個禮拜，正在發燒而體衰力弱的卡繆從奧蘭把四份書稿寄到法國本土未被占領地區的兩個地址。可以想像他走到郵局是多麼痛苦，全身冒汗而面容憔悴，要跟一直作為他身邊伴侶的小說和戲劇書稿痛別，把它們寄出，期望納粹侵略前夕他在巴黎飯店房間裡孕育出的成就感不是一場虛幻。

他給仍在里昂當《巴黎晚報》編輯的皮亞寄去《卡里古拉》和《異鄉人》，也就是「荒謬」三部曲的其中兩部作品。他把同樣兩份書稿的複製本寄給柯尼葉，這位昔日的老師當時在普羅旺斯山區高處的西斯特宏（Sisteron）鄉間度假。柯尼葉、皮亞和卡繆都住在官方所稱的「自由區」內，這是一件好事。任何越過分隔線進入法國占領區的郵件，只限於供家庭互通消息的填充式「跨區」明信片：「X回到了＿＿＿」；「我健康良好／很疲累／受了傷」；「我沒有＿＿＿的消息」；「X需要你提供＿＿＿、＿＿＿、金錢」。當年一月，卡繆曾寄這種跨區明信片到巴黎市郊的旺夫（Vanves）給柯尼葉，但沒有收到回覆。柯尼葉後來終於寫信告知卡繆，他從旺夫轉到蒙彼里耶（Montpellier）一所高中任教，在未被占領地區內，這表示卡繆可以如常寫信給他。當時的情況就是這樣聽天由命：如果柯尼葉沒有由旺夫轉到蒙彼里耶，他就不可能讀到《異鄉人》的書稿。可是巴黎仍然是法國書籍出版的中心，如果卡繆要在阿爾及利亞以外把書出版，他最終還是要想辦法把書稿送到巴黎。

暫時來說，在未被占領地區，也就是阿爾及利亞和法國南部大片地區，郵遞服務能滿足卡繆的需要，也運作暢順，甚至在地中海兩岸有大型渡輪每天往返幾次。

*

卡繆寄給皮亞和柯尼葉的《異鄉人》書稿沒有存留下來，我們無法確定那些書稿是怎麼樣的。它到底是手寫還是打字的，也有不同看法。「如果它們是打字的，那就把你上一封信答應寄來的三

1皮亞一九四一年三月九日寫給卡繆的信，見：*Correspondance 1939–1947*, ed. Yves-Marc Ajchenbaum (Paris: Fayard/Gallimard, 2000), 29。

份稿件寄給我，但為了安全起見，用掛號郵件寄來。」皮亞一九四一年三月寫給卡繆的信這樣說。[1]在「世界之上的房子」裡，克莉斯蒂安．蓋林多曾為《快樂的死》打字。在奧蘭的達爾澤路住所，法蘭桑負責準備好《異鄉人》的打字稿，她有可能為柯尼葉和皮亞各準備了一份稿子，卡繆也可能把手寫稿寄給這些最初的讀者，而把打字稿留下來日後利用。今天，沒有作家會考慮送出手寫稿供人閱讀，書寫藝術也趨於式微。但在一九四一年，卡繆那種打圈圈的草寫體並非不尋常，而皮亞和柯尼葉都習慣了閱讀他手寫的文字。

卡繆把《異鄉人》和《卡里古拉》的書稿寄給柯尼葉和皮亞，是尋求智性上他最看重其意見的兩個人的認同和鼓勵，而這兩個人在文學和政治上的感受能力都很不同。比卡繆大十五歲的柯尼葉，是他的高中和大學老師，一直希望他賞識的這個學生能追隨他走同一生涯之路。他對卡繆寫作《快樂的死》的缺點提出嚴厲批評，他的批評很大程度上導致卡繆把這部小說擱置一旁。他給卡繆的信持續以博學的批判傳達令人沮喪的看法。皮亞比卡繆大十歲，彼此是同事，卡繆一度經常與他在深夜裡編製報紙。他們曾一起為掙扎求存的《阿爾及爾共和報》努力，當他們失敗了，就一起在規模龐大的《巴黎晚報》之下獲得庇蔭。皮亞是同道中人。

當卡繆被《巴黎晚報》裁撤而從里昂退避到奧蘭，皮亞繼續留在里昂；這兩位朋友經常互通書信。皮亞因為正考慮推出一本文學雜誌而非常激動。他把它命名為《普羅米修斯》（*Prométhée*），寫了一系列言之甚詳的書信尋求卡繆幫忙，希望他當第二把手。他的想法是找一家以里昂為根據地的出版社，期望它比仍在巴黎營運的任何一家文學及文化雜誌更具自主性。在那些巴黎雜誌中，皮亞首先想到的，就是被視為伽利瑪出版社旗艦刊物的《新法蘭西評論》，出版社透過巧妙的談判得以繼續營運之後，這本雜誌是在支持納粹的知識分子皮耶・迪利由・拉何榭（Pierre Drieu la Rochelle）掌管下運作。

卡繆對《普羅米修斯》的計畫是熱心的，它有潛力在這個被政治毒害的世界裡建立一個文學的避難所。對卡繆來說，文學總是代表了超越政治的自由，代表了往更深處探索；如果這本文學雜誌能夠成功，就有機會在最有這種需要的時候，在破碎的世界建立一個文學社群。一九四一年一月三十日，就在卡繆回到奧蘭後幾個星期，他就請求柯尼葉提供一篇文章給籌劃中的《普羅米修斯》刊登，為了吸引他參與，還羅列了所有答應供稿的知名作家，包括雷蒙・格諾（Raymond Queneau）、尚・波朗（Jean Paulhan）和馬爾侯等。這是一次角色互換，因為現在是由卡繆對老師的作品做出判斷。柯尼葉三月十一日寄了一篇文稿給卡繆，同月三十日他再寫信告訴卡繆，很高興知道卡繆喜歡他的投稿。

他加上自己的一個要求：請卡繆寄給他阿爾及利亞的鮮椰棗，那比在法國買的便宜得多，即使加上了郵費還是划得來。柯尼葉有年幼的孩子，他的孩子正在挨餓。整個法國，不管是占領區還是未被占領區，民眾都求助於國內各地的朋友和親戚，希望能獲得奶油、糖、肉類和新鮮蔬果的供應，這些日常食品在商店裡供應短缺，只在特定日子可憑特別的配給券取得：「有供應」和「沒供應」的日子，成為了日常生活中經常面對的現象。儲存起一些阿爾及利亞椰棗是個好主意，可以讓孩子補充一些卡路里。

柯尼葉也補充提到，請卡繆寄出稿子時用掛號郵件。那是三月三十日。二十天後，到了四月十九日，柯尼葉把從卡繆所收到的小說和戲劇書稿都讀過了，並寫好了回覆寄了出去。

*

柯尼葉對《異鄉人》初稿的回覆，成為了文學史上對一項文學成就產生最大誤解的例子之一。他這封一九四一年四月十九日的回信，談到了他對小說認同和不認同的地方，它也引發卡繆做出重要回應，值得詳加引錄。柯尼葉在信中反反覆覆時而熱切讚許，時而不表認同：

> 我讀了你的稿子。《異鄉人》非常成功——尤其是第二部，儘管其中見到卡夫卡的影響，令我有點困惑；有一些難忘的片段：其一是在監獄裡；第一部十分有趣，但我們的注意力跟不

上來——其中穿插的人物倒是很不錯（那個男人和他的狗、那個店員，尤其是瑪莉十分動人）——那是由於欠缺了統一性而句子又太短，這種風格從開頭一路下來變得可以預測：譬如，「我很高興……」。但給人的印象總是很強烈。其中的意念與卡夫卡是共通的：世界的荒謬，反抗的無用——雖然對於那些指責小說人物沒有什麼**內心**的批評者，你在小說裡已開始表現出反抗。[2]

柯尼葉不是在閱讀卡繆的作品，而是給它打分數，高分和低分交替出現，並突顯自己對卡夫卡的認識。他認定卡繆只是在追隨偉大作家卡夫卡的步伐，沒有什麼令卡繆更為喪氣了！柯尼葉又把風格上的創新說成是可預測的筆法——他是說這只是一種怪癖嗎？既說跟不上，怎麼又說句子太短？在此同時，又認為稿子「非常成功」而給他的印象很「強烈」。

至於《卡里古拉》，柯尼葉認為它很生動，卻難以想像它怎麼在舞台上演出。信中對卡繆造成

---

2 柯尼葉一九四一年四月十九日寫給卡繆的信，見：*Albert Camus–Jean Grenier, Correspondance 1932–1960*, ed. Marguerite Dobrenn (Paris: Gallimard, 1981), 50–51；英譯本：*Correspondence*, trans. Jan Rigaud (Lincoln: University of Nebraska Press, 2003), 34–35（經編輯整理）。

打擊的，還有一種至為卑下的看法。柯尼葉告訴卡繆，在兩份書稿中女性胸部都成為了「佛洛伊德式（Freudian）迷戀」，又說：「這不是流於濫情和虛假嗎？」（整部小說有四處提及瑪莉的胸部，但全都與佛洛伊德的觀念毫無關係。）[3]最後，他無法判定《卡里古拉》所有的動作到底是優點還是缺點。

卡繆這位老師又回頭評價《異鄉人》。他對卡繆用上了「世界的冷漠」這種說法表示驚訝。他指的是小說最後美麗的一句，它在初稿裡就已出現，當時莫梭在等待執行死刑時做出自白，他敞開自我「面對世界柔靜的冷漠」。柯尼葉對卡繆最早期的散文有很好的認知，他對這個句子可說的話其實很多。卡繆在〈提帕薩的婚禮〉裡在很愉快的心境下寫了類似的句子：「我張開眼睛敞開心靈，面對沉浸在熱力中的天空那種令人無法承受的壯麗。」敞開自我，對卡繆來說是一種基本動作，代表人在原始狀態下面對物質世界；這把他跟沙特那一類存在主義者區別開來：沙特的意念扎根於社會世界，是自我面對他人的問題。

柯尼葉卻從這個句子想起了**自己**的作品：「我原應該寄給你我在這個課題上所寫的那二十頁論述，徵求你的意見，又或把整份相當短的文稿都寄給你，它聚焦於『絕對』的意念和**冷漠**的感覺。」這是虛假的自謙，說徵求卡繆的意見，實際在暗示他是對冷漠這一類問題的專家，他的學生可不是。

信件的結尾在讚賞之餘也帶著高傲：「衷心感謝你把這兩份稿件寄給我。它們表明了迄今為止你所做的**確實**有進步。你也知道對於你最初的某些成果我曾相當嚴厲的看待。」[4]

「相當嚴厲的看待」，事實上是那麼嚴厲，以致當時，也就是《快樂的死》寫作的失敗之後，卡繆問柯尼葉自己應否繼續寫作。[5]卡繆這部小說裡最美的、代表了感情巔峰的這個句子，就只是令柯尼葉想到了自己的作品，這種反應肯定是心存較量之意，是自戀的一個標誌：柯尼葉對卡繆作品的反應，就是請對方把眼光移放到他自己的作品上。

四月二十八日，柯尼葉又給卡繆寫了另一封信，說明其他朋友有寄給他物資，卡繆就不用再寄椰棗給他了。他建議卡繆可以把書稿送交他經常有聯繫的出版人加斯東·伽利瑪（Gaston Gallimard）。這是慷慨的建議，尤其是在他提出一番疑慮之後。他解釋，伽利瑪經常往訪坎城的卡文迪許飯店（Hotel Cavendish），那在未被占領區內。稿子可以寄到那裡。

皮亞也有意扮演中介角色，但他對這部小說的反應和他採取的行動就很不一樣。柯尼葉請卡繆

---

3 瑪莉在水裡：「輕觸到她的胸部」（頁十九）；瑪莉在戲院裡：「我撫摸著她的胸部」（頁二〇）；瑪莉拜訪莫梭：「堅挺的胸部若隱若現」（頁三四）；瑪莉在證人席上：「從我坐的地方，我想像著她輕盈的酥胸」（頁九三）。本書英譯據以下版本：*The Stranger*, trans. Matthew Ward (New York: Knopf, 1988)。

4 柯尼葉一九四一年四月十九日寫給卡繆的信，見：*Correspondance*, 50–51；英譯本：*Correspondence*, trans. Rigaud, 34–35（經編輯整理）。

5 柯尼葉寫給卡繆的信，同前引書，頁三二；同前引英譯本，頁一六。另見本書第4章註2。

放心把稿件寄到坎城給伽利瑪，皮亞則扮演了小說代理人角色，等同於充當文學經紀人，而且十分稱職。皮亞向來善於建立人脈，而當他要為《異鄉人》出力，他為卡繆所付出的，在策略與努力上都超出了他原來的表現。

皮亞一九四一年三月十六日寫信給卡繆，一方面為他的健康擔憂，也很迫切想閱讀《卡里古拉》和《異鄉人》。他建議這部小說可以分五次或六次在《普羅米修斯》雜誌最初的幾期刊登。換句話說，他還沒有讀過這部作品就對卡繆所寫小說的品質有信心；這表示他可能是曾在里昂聽卡繆把作品朗讀出來的朋友之一，也可能卡繆曾讓他看過部分內容。

皮亞在四月八日寫信表示收到了稿件，兩星期後又詳細回應。當皮亞後一封信寄到奧蘭卡繆手上，卡繆面對柯尼葉那封有欠熱情的信已有一個星期了。

這部小說令皮亞大表驚異：

> 很坦白的，我很長一段時間沒讀過這樣品質的作品了。我相信《異鄉人》早晚會占有它一席之地，而那將是在頂端的。小說第二部——調查、審訊、監獄，把荒謬演示了出來，它的構成就像完美的機器，卻沒有讓技巧外露。最後的十五頁令人激賞。它們比得上卡夫卡或魯多夫．卡斯納（Rudolf Kassner）最好的作品片段。我完全有理由相信馬爾侯會欣賞這部作品，我在重

讀之後，就會把你的兩份書稿（《異鄉人》和《卡里古拉》）寄給他。對於任何知道你曾研究荒謬哲學的人來說，你走的這條路是明顯的。可惜，巴黎大學和索邦學院（Sorbonne）絕少產生這樣的出色作品……坦白說，我仰慕你的熟練技巧，你憑著它探索莫梭的犯罪故事，並寫出《卡里古拉》那些精神失常的獨白。

令我驚奇的還有《異鄉人》語調一路下來那麼精確，與此相關還有圖像的完美，就像你談到年老的貝赫斯臉上的汗和淚水：「散開，分支又聚合，在那張被摧殘殆盡的臉上形成了一層水漆。」[6]這當然只是細節，卻是不可忽視的，因為一般來說那些「道德主義者」——如果我可以大膽用上這個名稱——也許除了馬爾侯之外，要不是文字去除一切潤飾（像沃維納格侯爵〔marquis de Vauvenargues〕、薩德侯爵〔marquis de Sade〕、本傑明・康斯坦〔Benjamin Constant〕），就是相反的淹沒在花巧修辭中，像上次大戰前的紀德。[7]

皮亞提到索邦學院很少產生這樣的出色作品，是否就在攻擊卡繆的哲學老師循著傳統學術軌跡

---

6 對佩雷斯的描述，見：*L'Étranger, Œuvres complètes*, ed. Jacqueline Lévi-Valensi, vol. 1, 1931–1944 (Paris: Gallimard, Bibliothèque de la Pléiade, 2006), 150；英譯本：*The Stranger*, trans. Matthew Ward (New York: Knopf, 1988), 18。

7 皮亞一九四一年四月二十五日寫給卡繆的信，見：*Correspondance*, 58。

行進？抑或這只是他對所知文學世界的觀察？

不管皮亞對卡繆另一位導師的個人觀感如何，他對《異鄉人》的反應是慷慨解讀、鼓勵有加的美好例子，與柯尼葉的反應形成強烈對比。柯尼葉因為察覺到卡夫卡的回響而感到「困惑」，皮亞則發現《異鄉人》比得上卡夫卡作品的最好片段。除了都提及卡夫卡，他們兩人所讀的看似是完全不同的兩本書：柯尼葉認為欠缺統一性，風格太明顯可見（可以預測的短句風格）；皮亞看到完美的構造而技巧沒有外露。皮亞欣賞其中的語調和焦點，並提出了一個具體例子——卡繆對莫梭母親葬禮上貝赫斯臉部的描寫。柯尼葉只引述了一句——「柔靜的冷漠」，而這只是為了引回他自己的作品。

因此，雖然柯尼葉在挑剔一番之後也提出可以把書稿送交伽利瑪，皮亞卻有具體計畫。在一九四一年五月，安德烈．馬爾侯的弟弟羅蘭（Roland）途經里昂，皮亞把《卡里古拉》和《異鄉人》的書稿交給他，他答應轉交他的哥哥。皮亞創辦《普羅米修斯》雜誌的夢想始終未能實現；他無法從嚴格控制一切出版的維琪政府取得必需的許可。但《異鄉人》卻踏上出版之路了。

15 決心

卡繆從來沒有喪失對柯尼葉的愛慕之情，正是這位老師誘發了他獻身文學的夢想。但就在卡繆自立成為作家的一刻，這份愛慕之情受到了嚴峻考驗。一九四一年五月五日，也是柯尼葉在四月十九日對《異鄉人》做出令人沮喪的反應兩個半星期之後，又或皮亞四月二十五日表達了熱情反應一個半星期之後，卡繆寫信回覆柯尼葉，一方面表現對這位老師的尊敬，一方面也表明跟他保持距離：「我很高興你看到了《異鄉人》有它好的一面，可是我感覺到整體來說你並不完全喜歡我寄給你的稿子。這令我有點不太確定。但對於我正在做的一切我會毫不猶豫繼續下去。我等了很久才能寫出這些你讀過的以及還要繼續下去的其他作品。兩三年前，看來我可以開始了。即使現在做得不好或不如我預期的好，我仍然知道如今它是屬於我的，我願意按著它本身的優劣接受判斷。」1

這是有禮貌卻堅定的回應。在一九三八年，也就是柯尼葉上一次提出批評後，他把《快樂的死》的稿子擱置一旁，甚至曾考慮放棄成為作家的抱負，但這次他不準備放棄《異鄉人》。「它是屬於我的」：這是一躍而臻於成熟，斷然擺脫在五月時仍在纏擾著他的焦慮和疑惑。

卡繆創作《異鄉人》有三個關鍵時刻，三個轉捩點容許他的小說最終取得成果。第一，是一九三九年十月把舊日的信件燒掉那天，他在阿爾及利亞往日經歷的重要人生一頁隨之化為灰燼，然後他在一九四〇年三月前往巴黎，感覺上那是一個沒有負擔的新起點（「兩三年前，看來我可以開始了」）。第二，是一九四〇年四月最後一個晚上，也是納粹揮軍踏上香榭麗舍大道六個星期之前，他在蒙馬特的普瓦里耶飯店完成了小說的初稿，體會到這部作品跟他之前的創作完全不一樣。而現在就是最重要的一刻了，柯尼葉對他作品的誤解引發了他溫和的抗拒，隨之而來的，是他確信自己有權在沒有這位老師的同意下繼續進行，能夠成為他在《薛西弗斯的神話》所描述的「一個荒謬的創作者」，在不能上訴的情況下寫作。[2]

卡繆的父親在他一歲時過世，他曾與好些具父親形象的人物十分親近：鼓勵他繼續念書的小學老師路易．傑曼；在他患病以至他二十多歲時一直照顧他的舅舅艾柯；還有讀過了他所寫的一切的柯尼葉。如今二十七歲的卡繆有信心他值得為自己所寫的辯護，在他最親密最尊敬的批評者面前清晰地辯護。

柯尼葉批評他太大程度上演化自卡夫卡作品，引起了最強烈的反應，因為卡繆有關罪咎和荒謬的思想，核心就在這裡。一九四一年二月的《薛西弗斯的神話》初稿，包含了題為〈法蘭茲．卡夫卡作品中的希望與荒謬〉（Hope and the Absurd in the Work of Franz Kafka）的一整章。可是他並不認為自己的小說是由卡夫卡作品演化而來。他在五月五日的信裡解釋：

> 我曾經問自己，用上了（卡夫卡作品）《審判》（*The Trial*）這個主題究竟對不對。我認為它跟卡夫卡相去頗遠，儘管表面上看來不是這樣。可是，這是我知之甚詳、感覺很強的一種經驗（你知道我在刑事法庭曾追蹤很多審訊，包括一些重大審訊）。我不能放棄它而代之以任何其他經驗沒那麼深的概念。因此我決定冒險採用同一主題。但如果容許我自行判斷我所受的影響，《異鄉人》裡的人物和情節太過個人化，太過日常化，恐怕不能跟卡夫卡的象徵相提並論。

換句話說，《異鄉人》並非像《審判》那樣是一個寓言。它的背景是阿爾及爾普通的、極易辨

---

1 卡繆一九四一年五月五日寫給柯尼葉的信，見：*Albert Camus–Jean Grenier, Correspondance 1932–1960*, ed. Marguerite Dobrenn (Paris: Gallimard, 1981), 53；英譯本：*Albert Camus and Jean Grenier Correspondence*, trans. Jan F. Rigaud (Lincoln: University of Nebraska Press, 2003), 36（經編輯整理）。

2 據羅傑．柯尼葉（跟卡繆的老師尚．柯尼葉並無關係）的分析，卡繆對尚．柯尼葉的強烈反應，是卡繆成為作家的重要里程碑，見：Roger Grenier, *Albert Camus: Soleil et ombre* (Paris: Gallimard, 1987), 118。

認的街道。下班後回家煮馬鈴薯的莫梭，跟卡夫卡的象徵世界沒有什麼關聯，只跟平庸和古怪的事有關。

卡繆保持心平氣和。他樂於在柯尼葉需要時寄給他無花果和棗子，也樂於閱讀他有關「絕對」的文章。只有回信的結尾一段，傳達了他決心背後的哀傷：

對，你對於我所做的總是嚴厲看待。但我來沒有期望你採取其他態度。你曾幫助我，對我來說沒多少其他人能比得上。可是這次你的意見令我有點沮喪。我對這部作品寄予厚望。我的希望還能寄託在其他什麼地方呢？

柯尼葉對《異鄉人》的疑慮，對卡繆來說可能正是一份禮物，讓卡繆能擺脫這位老師的影響。但自由也往往同時帶來遺憾；而為自己寫作，跟尋求他人認同而寫作，是很不一樣的一回事，要慢慢習慣。

經過幾次互通書信，兩人終於找到了新的平衡點。柯尼葉在五月十一日寫信說，他對卡繆五月五日所寫的信感到愕然，因為他認為他清晰地表明了兩份書稿十分成功，而卡繆的理解恰好相反。（卡繆可能認為這是再一次的侮辱：難道他連信也讀不懂嗎？）柯尼葉要消除一切誤解。他強調，

《異鄉人》實在寫得很好，表達了深刻而個人化的內容：「我提出意見時有點弦外之音，這是自然的，要不然我的意見就沒有任何價值了。」

柯尼葉也回應了卡繆所稱他的人物遠比卡夫卡的貼近日常生活：「你的人物有一種抽象吸引力」，柯尼葉強調，那是建立在個人身上，卻轉化成為「演員而扮演一個他們不明白的角色」。他的回應更用上了他個人的文化參照，他說那就像印度神話裡的幻象之神「瑪耶」（Maya）「把他們（角色）推到絕望邊緣」。也許柯尼葉是談到了雷蒙．桑德斯和他的硬漢說話方式，他誇讚卡繆把角色寫得遠比卡格由有趣，那是阿爾及爾勞工階級的民間英雄，柯尼葉和卡繆的朋友蓋布里埃．奧迪修和艾德蒙．布魯阿（Edmond Brua）在一九三〇年代收集整理了他的故事。[3]

柯尼葉五月十一日的這封信表現得很奇怪；他撤回原來的意思而試著把先前的批評說成讚賞。他總是扮演教授角色，引用文化典故支持自己的論點。在信的結尾他再次鼓勵卡繆寫信聯絡伽利瑪。

卡繆初夏從奧蘭回信，反過來提出自己的道歉：「錯誤在我，請原諒我的誤解。」[4]在此同時，

---

3 Gabriel Audisio, *Cagayous, ses meilleures histoires* (Paris: Gallimard, 1931)。卡繆一九三八年十一月二十二日在《阿爾及爾共和報》曾對布魯阿同一體裁的作品《博內的寓言》（*Les Fables Bônoises*）寫過書評。

4 卡繆一九四一年五至六月寫給柯尼葉的信，見：*Correspondance*, May–June 1941, 56；英譯本：*Correspondence*, 39（經編輯整理）。

卡繆讓柯尼葉知道他的批評沒有對自己造成困擾（坦白說就是沒碰觸到他），他只是覺得它「有用而用得著」。然後他解釋皮亞另有計畫安排《異鄉人》和《卡里古拉》出版。這個訊息很清楚：他在另一處有他的支持者。他很巧妙地表達出來，避免柯尼葉感到冒犯。

這位年輕作家溫和地宣稱自己的獨立，究竟是在皮亞傳來令人驚喜的消息之前還是之後？皮亞寫信告訴卡繆，他從巴黎伽利瑪出版社的編輯尚．波朗收到兩封信。波朗在四月五日寫信說他想讀讀這部小說：「嘗試把它送來給我（送到巴黎），我會讓加斯東．伽利瑪把它出版。」然後在四月十四日，波朗又寫信告訴皮亞：「卡繆的事全都定下來了。加斯東．伽利瑪會採用並出版。」[5] 波朗和伽利瑪還沒有讀過其中任何一句，《異鄉人》就非正式地獲得接納了。

這些書信交流對卡繆的未來意義如此重大，以致有時很難令人回想起他在那些歲月裡過著的生活比信中所說的情況要多很多內容。卡繆經常往返於奧蘭和阿爾及爾之間，前去探望住在「世界之上的房子」的朋友。他也跟杜凱拉維持著熱烈但斷斷續續的戀情，曾有一個星期跟她在奧蘭以外的沙丘一起露營，令法蘭桑一心保護女兒的家人很是不安。他認識的每一個人都在試著把法國人所說的「D系統」（*système débrouillard*，「機靈系統」的簡稱）最好地實踐出來，也就是如何面對艱困的環境，不管是分享食物，因應反猶太法律為失業的朋友募款，教導被公立學校開除的學生，還是為難民提供庇護。

馬爾侯的一個朋友在四月來到阿爾及爾，他是義大利一位政治和文化分析家，名叫尼可拉・奇亞洛蒙提（Nicola Chiaromonte）。他在一九三四年面臨被監禁的威脅而逃離法西斯統治的義大利，曾在西班牙內戰中為馬爾侯的空軍中隊效力，一九四〇年逃離被占領的巴黎前往馬賽，一九四一年途經阿爾及爾前往美國。卡繆成為了他的庇護者和朋友。「世界之上的房子」是奇亞洛蒙提的避難所，後來他移居奧蘭，法蘭桑的媽媽讓他躲在達爾澤路的公寓裡。他和卡繆騎單車到凱比爾港以外的海灘，又或到布伊色維爾和特魯維爾。奇亞洛蒙提享受陽光和海水帶來的樂趣，也很珍惜他們靜默中的團結，只是因為希特勒侵略希臘的可怕消息深感不安——納粹黨徽在地中海對岸雅典衛城飄揚的影像令他困擾不已。當他離開阿爾及利亞取道摩洛哥前往美國，他感覺到跟卡繆的一種根本聯繫，那是經過時間考驗的異鄉人與主人家的關係。[6]在卡繆方面，他提供的庇護是積極投入抵抗運動的一步，這比貫串《異鄉人》的拒絕順服心態更進一步，邁向日漸成長的反抗意識。

---

5 引錄於皮亞一九四一年五月寫給卡繆的一封信，見：*Correspondance 1939–1947*, ed. Yves-Marc Ajchenbaum (Paris: Fayard/Gallimard, 2000), 61。皮亞只是說波朗會在五日及十五日寫信給卡繆，卻沒有提到是哪個月。那不可能是五月，因為當時波朗在監獄裡。

6 Nicola Chiaromonte, "Albert Camus," *Dissent* (Summer 1960): 266–70；本書作者二〇一五年七月一日參閱以下網頁：http://www.dissentmagazine.org/wp-content/files_mf/1410902856Albert_Camus_1960_Summer.pdf。

在巴黎，作家開始組織起來，也受到了折磨。一九四一年五月初，掌握著《異鄉人》命運的波朗被納粹祕密警察蓋世太保逮捕。他是人類博物館（Museum of Man）聯絡網的成員，那是由一群人種誌學者和作家組成。波朗在競技場路（rue des Arènes）的房子，藏著那個組織的雜誌《抵抗》（*Résistances*）的印刷設備。在近兩星期時間裡，他被拘押在桑特（Santé）監獄，然後又移送巴黎市郊的弗雷訥（Fresnes）監獄。他受到輕微懲罰後在五月二十日獲釋。這是拜納粹認可的《新法蘭西評論》編輯拉何榭介入所賜。

皮亞五月三十一日寫給卡繆的信提及波朗被逮捕的事：「波朗有五天被關在桑特監獄，我不知道原因。」[7]事實上他知道確切原因。《異鄉人》將會在一年後出版，那時的世界有愈來愈多的事是不能說的。

7 皮亞一九四一年五月三十一日寫給卡繆的信，見：*Correspondance*, 71–72。

16 馬爾侯因素

嘗試追蹤《異鄉人》的書稿從巴黎到阿爾及爾又再回到巴黎的曲折旅程，就像在迷宮裡追蹤幾頭牛頭怪——這個迷宮是被占領的法國。卡繆把兩份不同的稿件分別寄給柯尼葉和皮亞。身在普羅旺斯的柯尼葉提出一番不大熱切的批評後，把稿件寄回奧蘭給卡繆。在里昂的皮亞則把他那份稿件交給羅蘭・馬爾侯，羅蘭再轉交他的哥哥安德烈。安德烈在卡代（Cap d'Ail）看完稿件後，把它轉交羅傑・馬丁・卡德（Roger Martin du Gard），這位榮獲諾貝爾文學獎的小說家當時住在附近的尼斯（Nice）。在里昂，皮亞跟法蘭西斯・蓬熱（Francis Ponge）討論了《異鄉人》的謀殺場景，這位詩人當時正在撰寫他的詩集《萬物之聲》（*The Voice of Things*），對卵石、蝸牛、香菸和蠟燭有出人意表的描寫。皮亞敏銳地察覺到卡繆和蓬熱都愛把焦點放在事物之上，認為兩位作家有相似之處。

法國文學界是個很小的人際關係網，即使國家被占領陷入分裂，一份令人興奮書稿的消息還是不脛而走。很多對納粹占領者心懷敵意的作家撤退到未被占領地區，因此在那裡從里昂到坎城，形成

《異鄉人》書稿的動向：1940 至 1941 年

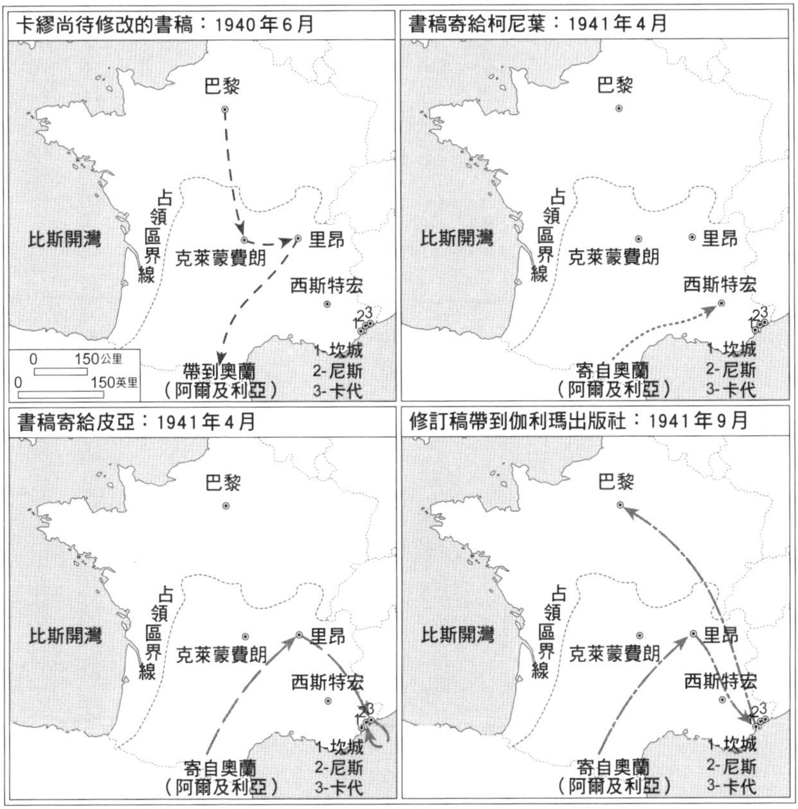

由肯塔基大學居拉．鮑華地圖製作暨地理資訊系統中心的吉爾布瑞斯提供。

了有分量的內行文學觀點，伽利瑪出版社在那裡設立了非正式的第二辦事處。在幾星期內，拜皮亞所賜，尚未出版的《異鄉人》就在伽利瑪出版社和《新法蘭西評論》的幾個主要作家之間掀起了我們今天所說的一陣「八卦」。這些作家之中，對《異鄉人》的命運有最重大影響的是安德烈·馬爾侯。

隨著《人的命運》的成功，馬爾侯現在跟一九三三年相比是更富魅力的人物了。西班牙內戰期間，他組織了一個法國人的空軍中隊支持西班牙共和軍，憑著這次經驗帶來的靈感，他寫了另一部有關人類景況的小說，名為《人的希望》（*Man's Hope*）。

馬爾侯一九四一年五月從他弟弟那裡拿到了卡繆的稿件，他對《異鄉人》的狂熱反應甚至比皮亞更勝一籌，不過這種熱情態度本來就是他性格的一部分。他上次乘坐水上飛機旋風式訪問阿爾及爾號召反法西斯行動而令二十二歲的卡繆為之著迷，已是六年前的事了，他眾所周知的那種活力，現在就用來閱讀《異鄉人》。

馬爾侯第一次閱讀《異鄉人》手稿時，住在卡代一幢名為山茶花別墅的新藝術（art nouveau）風格建築裡，那是法國東南角靠近摩納哥的海濱度假勝地。他把第一任妻子克拉拉（Clara）和女兒佛羅倫斯（Florence）留在巴黎，跟一九三〇年代曾令巴黎文學界驚豔的三十歲女記者茱瑟蒂·柯洛提（Josette Clotis）在此同居，她剛誕下了他們第一個兒子。

馬爾侯和皮亞自從年輕時為同一位珍本書書商工作時就是朋友。馬爾侯只是透過皮亞引薦而認識卡繆，他因此是跟皮亞通信而沒有直接寫信給卡繆。一九四一年五月二十七日皮亞寫給卡繆的信，一絲不苟地報告了馬爾侯來信的每個細節：「這是他跟我說的：『……《異鄉人》明顯是重要的。它寫來有力，手段簡單，最終讓讀者不得不接受主要角色的觀點，這一點尤其了不起，因為這本書的命運在於它是否具說服力。而卡繆在說服我們時所說的話絕不是不重要的。』」[1]

奇怪的是，為什麼皮亞要那麼費力轉述並總括馬爾侯來信的內容，而不直接把來信跟他自己五月二十七日的信一併寄給卡繆；但馬爾侯所寫的不是一封普通的信，身為收藏家的皮亞，一定體會到他手上這封信是文學史上的重要文獻。[2]

馬爾侯告訴皮亞，他無意對這部小說誇誇其談地提出什麼明智或深刻的想法，他只想提出有用的意見，如果他因此聽起來像教室裡的班長就太糟糕了。事實上馬爾侯是很令人讚歎的讀者，十分實際地透過皮亞的轉述提出修改小說的具體忠告，並指出這能帶來怎樣的不同結果。他先指出，卡

---

1 皮亞寫給卡繆的信，見：*Correspondance, 1939–1947*, ed. Yves-Marc Ajchenbaum (Paris: Fayard/Gallimard, 2000), 67–69。

2 馬爾侯寫給皮亞的信已無法看到。卡繆與皮亞通信集的編者伊夫馬克．艾申邦（Yves-Marc Ajchenbaum）二〇一五年七月八日寫給本書作者的信解釋，皮亞逃避納粹祕密警察之際，銷毀了他一九四三到一九四四年間的很多書信。

繆已經成功了。這是讓一個年輕作家做好心理準備接納批評的極佳策略，跟柯尼葉的做法恰好相反。馬爾侯所說的一切，無不向卡繆表明他手上有一部已把目的完全實現的作品。

「至於細節，」馬爾侯寫道：「一、也許句子結構有點太系統化了：主詞、動詞、受詞、句號。不時是這樣，太過可以預測了。很容易修正過來，偶爾把標點符號改一下就行了。」

這簡單來說就是柯尼葉和馬爾侯的分別了。柯尼葉也認為小說第一部句子太短，但他提出負面分析後就沒說下去：沒有建議處理辦法，也就是沒有解救之道。他的批評並不像卡繆言不由衷地所說的「有用而用得著」。馬爾侯把同一個問題放在整體透視下：那些可預測的短句子不是那麼重大的問題，也不難修改，只要把少數句子的標點改一下就行了。這裡那裡做一些節奏和結構上的小改變，文章就不會那麼重重複複。

馬爾侯繼續說：「二、跟神父見面的場景再下些工夫可以取得更佳效果。這裡意思不清楚。他們所說的話是清楚的，但卡繆在這裡只表達了部分意思。而這個場景很重要。我知道這是很難的。就像人家所說，要有更好的原因。三、謀殺場景也是同樣的評語。這寫得不錯，但跟書的其他部分相比，沒有同樣的說服力——且讓我再用這個詞語。」

再一次的，馬爾侯對如何改進場景有具體建議。他的理解跟最好的寫作導師一樣：修改最小的細節可帶來巨大分別，寥寥幾個字就可以令小說由平庸變得難忘。做得太多可能比什麼都不做來得更壞。就如馬爾侯建議，謀殺場景也許只要多加一段，強調太陽和阿拉伯人刀子的關聯。換句話說，卡繆要讓陽光在刀子上閃現。

從《異鄉人》存留下來幾份有日期的手稿可見，卡繆實際上在哪些地方有沒有遵從馬爾侯的忠告。在唯一可閱覽的手稿上，原來一九四〇年五月的日期給畫掉了，重新寫上一九四一年二月，那是馬爾侯來信之前兩個月，其中謀殺場景用較小的壓縮字體寫在沒有頁碼的幾張紙上，似乎卡繆是回應批評做出修改。[3]可以猜想這幾頁是一九四一年二月好一段日子後附加的替代內容，是把稿件送交打字員或審稿編輯前寫的。隨著占領行動持續，紙張愈來愈難取得，到了一九四一年夏天和秋天，卡繆察覺到紙張短缺而用較小的字體修改，文字比稿件其他部分更難辨認。

卡繆在謀殺場景上再下工夫，結果寫成這樣：

> 我知道這很蠢，往前一步並不能擺脫這烈陽。但我往前走了一步，僅僅一步。這一回，阿拉伯人還是沒起身，但抽出刀子亮在陽光下。光線迸射在鋼刃上，像閃耀的刀鋒刺上我的額頭。這一刻，眉毛上聚集的汗珠一股腦流到眼皮上，罩上一層溫熱厚重的簾幕。在這淚水和鹽水的

3 手稿影印本藏於普羅旺斯地區艾克斯市立圖書館的卡繆文獻中心，可供閱覽。

簾幕之下，我眼睛根本看不見了。我只感覺太陽像鐃鈸般敲擊著我的額頭，模模糊糊中，刀刃閃耀的反光一直在我面前晃動。這把灼熱的劍折磨著我的眼瞼，直刺到我疼痛的雙眼裡。這時一切都搖晃不定。[4]

他把原來沒有說服力的文字轉化為書中對實物描寫的最有力場景，這段文字冒著汗，然後在刺眼強光下燃燒。

馬爾侯的第四項建議關於莫梭的母親。卡繆要把相關段落寫得更緊湊。所有重點都正當地布置好了，也都是好的重點，但它們之間充塞著一些「棉花」。

馬爾侯提出的那些很好的建議，皮亞不光向卡繆傳達，還加以分析，並對馬爾侯這位老朋友的思想習慣，就他所知與卡繆分享：「A．M（安德烈．馬爾侯）不慣於寫這麼長的信，很明顯你的書稿激起了他的熱情。他遇上了喜愛的書稿總是這樣：他對書稿思考了很久，他又再多想了一下……然後提出了形式上的修改建議。」皮亞曾觀察馬爾侯怎樣在路易．紀佑（Louis Guilloux）撰寫《黑血》（*Le Sang noir*）一書時跟他緊密合作。這個例子對卡繆來說是一種恭維，因為這部以第一次世界大戰期間布列塔尼半島（Brittany）一個城鎮為背景的出色反戰小說，對法國人民陣線來說是一樁大事。

接著皮亞從馬爾侯後退一步，幫助卡繆體會到在他看來哪些建議最重要。他不大在意小說的乾澀風格，這是個人口味問題。他注意到有關神父那個場景並不完整，但他也不在乎。卡繆還會寫其他的書，不應該試著讓這本書窮盡一切可能性而失去平衡。他對馬爾侯有關謀殺場景的看法則完全贊同。至於莫梭的母親，他一路讀下來沒察覺有什麼問題，因此他會為此重讀一遍。

馬爾侯告訴皮亞，他接下來會把卡繆的稿子交給身在尼斯的卡德。卡德一九三七年因他的《蒂伯一家》（*Les Thibault*）獲得諾貝爾文學獎，這一系列小說講述第一次世界大戰期間兩兄弟的故事。他當時六十歲，比馬爾侯和皮亞大十歲，像紀德一樣，他是伽利瑪出版社作家名單上的台柱，是一位年長公職人員。

儘管馬爾侯很熱心，他仍然謹慎而有禮貌。他問皮亞，卡繆是否想卡德把書稿送交伽利瑪出版社。他補充，這樣尋求出版，唯一的風險就是編輯會把卡繆跟他很不喜歡的沙特比較；但他以典型的瀟灑口吻補充說，這根本不必在乎，再補上一句：「卡繆寫了這本書應該可以高興了。」[5] 馬爾侯這樣說表示，包括他自己在內的任何人都會因為寫了這樣一本書而高興。

皮亞報告馬爾侯的看法的這封信，結尾向卡繆解釋，馬爾侯顯然不了解伽利瑪因為他大力推薦

---

4 *L'Étranger, Œuvres complètes*, ed. Jacqueline Lévi-Valensi, vol. 1, 1931–1944 (Paris: Gallimard, Bibliothèque de la Pléiade, 2006), 175–76；英譯本：*The Stranger*, trans. Matthew Ward (New York: Knopf, 1988), 59。

5 皮亞寫給卡繆的信（引述馬爾侯），見：*Correspondance*, 67–69。

而已經採納《異鄉人》準備出版，事實上波朗已這樣跟他講過，還講了兩次。

馬爾侯、卡德、波朗、柯尼葉：圍繞著卡繆的這些作家都相信，一九三〇年代的伽利瑪出版社和《新法蘭西評論》雜誌是法國文學現代主義的最佳代表。其他出版社像格拉塞（Grasset）、法雅（Fayard）、史托克（Stock）和普隆（Plon）也有它們的作家群。羅勃·布哈斯雅克（Robert Brasillach）是在普隆；弗朗索瓦·莫里亞克（François Mauriac）和季侯杜在格拉塞；像蒙泰朗等幾個作家則游移於不同出版社之間。但對卡繆的幾位導師來說，沒有其他出版社、沒有其他文學園地比得上伽利瑪。

*

在成功為《異鄉人》找到出版管道後，皮亞的努力沒有放鬆下來。在波朗答應出版這部小說後，皮亞回信時又問他，伽利瑪是否願意同時出版「荒謬三部曲」。[6]對於皮亞這樣一個拒絕出版自己著作的人來說，他是對卡繆的作品投下極具信心的一票。換上另一個人，就可能認為這是操之過急，認為只要其中一本書成功，卡繆就該心滿意足了。皮亞卻告訴卡繆，如果馬爾侯和卡德對《卡里古拉》和《薛西弗斯的神話》同樣滿腔熱誠，三部著作肯定可以同時出版。[7]對於從來沒有在阿爾及利亞以外出書的卡繆來說，不光一本書而是「荒謬三部曲」能同時在巴黎出版，簡直就是一個奇蹟。

如今《異鄉人》的出版已經確定下來，只欠正式手續而已，其他兩部著作的出版也就不遠了，皮亞五月三十一日寫信請卡繆為《卡里古拉》和《異鄉人》準備好另一份新的書稿，連同《薛西弗斯的神話》的書稿寄到里昂給他。在當時那個還沒有影印機的世界，手寫或打字複製一份書稿要好幾個星期，皮亞要耐心地等到九月。

馬爾侯一九四一年十月底從皮亞取得了《薛西弗斯的神話》的書稿，這次他直接寫信給卡繆，談的不是卡繆的書稿或將要出版的書，而是他作為一位作家的代表作，卡繆在一九三八年許願時就用上了這個詞語：「在兩年裡創作自己的代表作」。這裡用來表示「代表作」（œuvre）的法文詞語，隱含近乎經典之作的意思，馬爾侯對一個二十八歲的作家用上這個詞語是非常刻意地表達某種意義；卡繆雖然曾有著作在阿爾及利亞出版，但從馬爾侯這類巴黎人的觀點來看，他是首次出書的作者。閱讀《薛西弗斯的神話》給《異鄉人》帶來全新啟迪，馬爾侯相信，「這些散文給那本書帶來完整意義，尤其是把看似單一色調而實際顯得貧乏的小說變成了具有正面意義的質樸之作，給它賦予一

6 據皮亞所述，同前引書。

7 同前引書。「如果加斯東．伽利瑪對所有三本書的即時反應是有所保留——該是正常的，馬爾侯和卡德一旦讀完之後肯定可以介入。」

種原始力量。」馬爾侯對文學有個基本信念：他在戰後的《想像博物館》（*The Imaginary Museum*）辯稱，文學作品並不是存在於真空之中，而是彼此帶來啟迪。他對《薛西弗斯的神話》開頭討論的自殺問題有所保留，認為有點站不住腳。但這沒什麼關係：「關乎重要的是，這兩本書合起來讓你躋身現有作家的行列，這些作家有他的聲音，不久之後就有讀者群和能見度。這樣的作家並不很多。他們的命運就隨之展開，這是另一個故事。」[8]

在此同時，他寫信到巴黎給伽利瑪：「你讀了卡繆的書稿了嗎？注意：在我看來這將會是一位重要作家。」[9]這是慎重其事地歡迎卡繆進入文人的共和國。

8 馬爾侯一九四一年十月三十日寫給卡繆的信，引錄於：*Camus: Cahiers de l'Herne*, ed. Raymond Gay-Crosier & Agnès Spiquel-Courdille (Paris: Éditions de l'Herne, 2013), 229。下文所有馬爾侯和卡繆的通信都是由本書作者英譯。

9 馬爾侯一九四一年十一月八日寫給加斯東．伽利瑪的信，引錄於：Alban Cerisier, *Brève histoire illustrée de la publication de L'Étranger d'Albert Camus* (Paris: Gallimard, 2013)。信件跟其他插圖一起刊於書中，沒有頁碼。

17 審讀報告

就如馬爾侯在一九四一年五月建議，卡繆著手修改謀殺場景以及跟神父見面的場景。到了九月，皮亞就可以把《異鄉人》書稿的新版本寄給在坎城的雷蒙．伽利瑪（Raymond Gallimard），請他轉交他的哥哥加斯東──這位出版人經常往來於坎城和巴黎之間。由於仍然無法從未被占領地區寄送郵件到占領區，最可信的猜測就是《異鄉人》的稿件最終是在一九四一年十月底由加斯東．伽利瑪開車帶進占領區。

加斯東十一月寫信告訴馬爾侯，他已讀過了卡繆這部小說，毫不猶豫願意出版。不過他不曉得合約該寄到哪裡，因為他不知道卡繆的地址。

到了這個階段，有那麼多正面意見，唯一會令卡繆寄予伽利瑪的希望受挫的人就是波朗，他是這家出版社旗下的散文家和深受信任的諮詢者。這位五十七歲的作家曾任《新法蘭西評論》的編輯，直到由拉何榭接任為止，他目前仍主管伽利瑪出版社的文學作品邀稿工作。他在一九四一年四月原則上接納了《異鄉人》的出版，可是這部小說的具體命運，包括對它的重視程度，以及對它和卡繆其他兩部作品的寄望，全都視乎他閱讀的結果。波朗不久之後就收到伽利瑪帶回來的書稿，他在一九四一年十一月十日寫信告訴皮亞，他一口氣讀完了《異鄉人》：「它很美，老實說真的很美……不錯，《異鄉人》實在很好。裡面的故事在特定時刻轉移到事件本身，做法出奇地自然而且認真。」他和他的妻子都覺得這部小說扣人心弦。[1]

當出版社的編輯委員會召開會議，撰寫會議紀錄的祕書詹寧・伽利瑪（Janine Gallimard）相信她認得這位曾與她一起在《巴黎晚報》工作的作者，這是她跟隨報社從巴黎先後遷移到克萊蒙費朗和里昂而認識的朋友。這是同一位阿爾貝・卡繆嗎？原來姓氏是托瑪瑟（Thomasset）的詹寧現在冠上夫姓伽利瑪了，他是加斯東姪兒的妻子。

波朗寫了正式的審讀報告：

> 默梭先生得悉住在老人院的母親過世。他感到哀傷（相當溫和）；他啟程前往老人院，參

1卡繆寫給皮亞的信，見：*Correspondance 1939–1947*, ed. Yves-Marc Ajchenbaum (Paris: Fayard/Gallimard, 2000), 74。皮亞一九四一年十二月一日寫給卡繆的信，引錄了波朗一九四一年十一月十日來信對《異鄉人》表達的讚賞。

加了葬禮，回到阿爾及爾，次日遇上瑪莉（又或跟她重遇），當天晚上跟她看完費南代爾的電影就跟她上床了。

默梭開始跟一個看似皮條客的鄰居交往，幫對方一個忙代寫了一封信，藉此讓那個鄰居的情婦落入圈套，結果成功了。情婦的兄弟前來報復，皮條客遇襲受傷；片刻之後默梭覺得自己受到威脅而在機械式反應下殺死了情婦的兄弟（他是個阿拉伯人）。

默梭被控告；公訴的檢察官認定莫梭品格上有違人性（他在母親葬禮上的冷漠態度）而求處他死刑。

他事實上是不具人性（因此有那樣一個書名）。他甚至對生死、情愛、社會慣例以至其他一切，不管怎樣都以同樣的漠不關心態度泰然處之，**不會站在任何一面**。

小說主題或多或少就是：「默梭被處死是因為他在母親過世後第二天就去看電影」，那是可信的，如果這還不足夠，那麼它令人著迷就該足夠了。這是一部一流的小說，開頭像沙特，結尾像彭松．杜泰拉伊（Ponson du Terrail）。毫不猶豫接受出版。[2]

「一部一流的小說」（*un roman de grande classe*）——這表示，它是世界級的小說。波朗身為作家愛用模稜兩可的表達法。他喜愛並擅長寫作帶有多種意義的迂迴曲折句子。他閱讀卡繆的書稿，就像他本身的風格，因為他強調了《異鄉人》對讀者引起的一切矛盾和不協調體會。漠不關心怎麼能令人著迷？他沒說的話，其實在背後揭示了一個屬於歐洲人和現代主義者的精神世界，在未來數十年將為《異鄉人》的讀者界定這個世界的條件。波朗自己對法國殖民地的情況並不陌生，他曾在馬達加斯加居住和教書，文學生涯的起點就是馬拉加斯語（Malagasy）詩作的翻譯，可是他關心的只是莫梭的心態。他的報告沒有提到小說的地方背景，不論是阿爾及爾這個城市還是它的海灘。陽光和海水是卡繆那個宇宙的必要元素，報告都沒有提及。謀殺案受害人只是在括弧裡提到他的身分：「（他是個阿拉伯人）」。波朗對《異鄉人》的閱讀偏重理智：他把小說的意義放在法庭的虛偽之上，也就是因莫梭在母親葬禮後去看電影而判他有罪，這是荒謬而不公正的。他又強調莫梭在愛惡上的平淡表現，表現出非人的冷漠。他插入的最後評語則像一支箭加上一個泡沫，不倫不類，原是為了表現他的評論「層次甚高」，他補充說卡繆這部小說「開頭像沙特，結尾像彭松・杜泰拉伊」。他要炫耀一番，為了讓編輯委員會高興，稀奇古怪地把沙特的《嘔吐》跟十九世紀通俗作家那些充滿動作的冒險行動相提並論。但他意識到小說第一部和第二部之間調子的戲劇性變化卻是確切的。

2 這篇審讀報告全文刊於伽利瑪出版社二〇一一年以下一項展覽的目錄：*Gallimard 1911–2011: un siècle d'édition*, ed. Alban Cerisier & Pascal Fouché (Paris: Bibliothèque nationale de France/Gallimard, 2011), 270。

對一些讀者來說，充滿感情的結尾顯示卡繆從堅定的冷漠脫身而出；對另一些讀者來說，這發揮了必需的滌淨心靈作用。

波朗的報告還有最後的一個詭祕問題，可能永遠無法破解。報告裡小說主人公的姓氏仍然是「默梭」而不是「莫梭」，就像小說唯一存留下來的、註明日期為「一九四〇年五月／一九四一年二月」的手稿一樣。這是否只是筆誤——他閱讀的稿件是否實際寫的是「莫梭」？不能排除的可能性就是，到了出版商看校樣時才做出這個攸關命運的修改，把姓氏改為包含死亡象徵意義的「莫梭」，並把一個聽來像西班牙文的名字改為法國美酒的名字。

研究《異鄉人》手稿的知名權威安德烈．阿布（André Abbou），發現一九三七年刊於《阿爾及爾回聲報》的一則廣告宣布，每年對歌頌阿爾及利亞壯麗河山的一本書頒發一項文學獎，獎品是三千瓶「莫梭」葡萄酒。卡繆可能是由此獲得一個新名字的靈感嗎？[3]包含七十二頁手寫稿和十四頁打字稿的現存《異鄉人》手稿，對於澄清這個問題毫無幫助。[4]它裡面有大小不同的手寫字體，也有修正的地方，看來代表幾個版本拼合起來，而不是波朗一九四二年審閱的最後定稿。謀殺場景那幾頁沒有頁碼，似是依從馬爾侯的建議重寫過而取代初稿的。第二十到三十頁的手稿不見蹤影：那是小說第一部第三章，開頭是從《快樂的死》借用的一個段落，並包含莫梭遇上薩朗瑪諾和雷蒙．桑德斯的場景。在手稿最後幾頁，主人公的姓氏仍然是「默梭」。[5]

3 有關這項文學獎，參見《異鄉人》以下版本的註釋：*L'Étranger, Œuvres complètes*, ed. Jacqueline Lévi-Valensi, vol. 1, 1931–1944 (Paris: Gallimard, Bibliothèque de la Pléiade, 2006), 1264。發布文學獎消息的是發自勃艮地第戎市（Dijon）的一份新聞稿，註明發稿日期和地點。卡繆可能在任何報紙看到類似的公布，時間是消息發布後的某個十一月，包括一九四〇年的十一月或一九四一年的十一月（這時他正在對小說做最後修改）。

4 原件影印本藏於普羅旺斯地區艾克斯市立圖書館的卡繆文獻中心，可供學者閱覽。

5 安德烈．阿布在卡繆作品全集《異鄉人》版本的註釋談到該書的手稿（*L'Étranger, Œuvres completes* 1:1261-62），他描述了三份不同的稿件，包括普羅旺斯地區艾克斯市立圖書館卡繆文獻中心收藏的卡繆手稿、卡繆在本書第21章所述情況下重新建構的米尤（Millot）手稿，以及半頁的殘存文稿——這看似是碩果僅存的小說早期草稿（其中雷蒙這個角色稱為「豪爾」，據信這是取材自豪爾．賓素森故事的線索。我無法在普羅旺斯地區艾克斯市立圖書館的卡繆館藏（Fonds Albert Camus）找到這份殘存文稿（見本書〈尾聲〉）。

18 伽利瑪的戰爭

從奧蘭一個沒沒無聞作家的書桌把他的手稿帶到巴黎一家出版社，這個過程有賴一系列有權力的讀者，波朗只是其中一人。從皮亞到馬爾侯，從馬爾侯到伽利瑪，再從伽利瑪到波朗和編輯委員會成員，卡繆的手稿很有效率地行進。在平常的日子，這樣的傳遞過程令人讚歎，卻不是聞所未聞。但以當時的戰爭和被占領環境來說，《異鄉人》的進程就表現非凡了，不過，巴黎也只是這段更具挑戰性的過程的第一站而已。對於困在被占領的法國裡面的作家和出版人來說，沒有什麼進程表可言。雖然很清楚的是在一九四〇年後法國的出版活動繼續下去，但出版過程卻無法預測，也有政治上的憂慮。默默認許審查制度，考慮能否獲得德國占領者允許而迴避某些問題，在自由區還是占領區出版，還是根本不出版——作家和出版社面對這些問題所做的妥協，終有一天是要負上責任的。卡繆被囚困在這個系統裡，伽利瑪也一樣。

一九四一年十二月八日，卡繆在奧蘭收到了伽利瑪採納出版的正式信件。伽利瑪曾出版普魯斯特、馬爾侯和紀德等人的作品，他認定《異鄉人》是出色的，很樂於盡早把它出版。他提出的是所謂標準版稅條件：首一萬冊的版稅是定價的百分之十，其後賣出的每一冊版稅提高到百分之十二，最初預付版稅五千法郎，在一九四一年相當於二百美元（皮亞提醒卡繆這樣的報酬不高，他應該慢慢考慮一下[1]）。伽利瑪又要求卡繆以後所寫的十本書他有優先考慮出版的權利，這項標準條款肯定讓卡繆這位年輕作家十分雀躍。

這些條件在字面上看是標準化的，但實際作業上並非如此。伽利瑪請求卡繆同意，在合約還沒有簽訂甚至沒有備妥前就把稿件先拿去製作。伽利瑪當時住在弟弟雷蒙位於坎城的家，在未被占領地區內，每月只前去被占領的巴黎一次；他告訴卡繆，合約要好幾個星期才能備妥。卡繆十二月十二日回信表示同意，在平常日子裡他絕不會這樣做：他在沒有簽訂合約前就預先授權《異鄉人》出版。他又提醒伽利瑪，希望《薛西弗斯的神話》也能出版。這部散文集的手稿在波朗那裡，他手上還有卡繆的劇作《卡里古拉》。[2]

1 皮亞十二月一日寫給卡繆的信：「對加斯東．伽利瑪可能提出的合約，不要焦急——除非他提出好得驚人的條件。他看錢看得很緊，你不應該沒設法要求改善就依從他的條件」，見：Albert Camus & Pascal Pia, *Correspondance 1939–1947*, ed. Yves-Marc Ajchenbaum (Paris: Fayard/Gallimard, 2000), 75。

2 Alban Cerisier, *Brève histoire illustrée de la publication de L'Étranger de Camus* (Paris: Gallimard, 2013).

＊

在伽利瑪看似不合情理的合約延誤說詞背後，是兩年前開始的一段冒險歷程，為此他從法國的一端走到另一端，出版社的命運受到了威脅，他被迫採取不得已的行動。當假戰爭在一九三九年爆發，伽利瑪暫時關閉了出版社位於巴黎塞巴斯蒂安博坦路（rue Sebastien Bottin）的辦公室，把職員和業務營運遷移到諾曼第地區靠近聖米歇爾山（Mont Saint-Michel）薩爾蒂利鎮（Sartilly）的家族大宅。法國經過六星期的災難性戰役後在一九四〇年六月淪陷，諾曼第和其他具戰略價值的海岸地區最早被德國占領。伽利瑪成為了從北往南流竄的數以百萬計逃難者之一。在卡繆跟《巴黎晚報》的員工一起從巴黎疏散之前，伽利瑪就已經從薩爾蒂利往南逃亡。

伽利瑪那群包含十三個親戚和雇員的逃亡者乘坐兩輛汽車上路——雪鐵龍（Citroen）車廠一輛靈巧的大型前驅轎車（Traction-Avant）和一輛卡車。波朗也是其中一員，還有卡繆青少年時期曾閱讀其作品的知名伽利瑪出版社作家紀德，此外又有散文家朱利安．班達（Julien Benda），他是反猶太極右主義者最愛攻擊的目標。他們朝西南方逃亡，前往築有中古城堡的卡爾卡松鎮（Carcassonne）。

我們可以想像在卡爾卡松必然進行過怎樣一番策劃，還有他們有多焦慮，這不光關乎出版事業，也關乎自己所愛的人在戰爭中未卜的命運。伽利瑪的兒子克洛德（Claude）仍然音訊全無，他是近二百萬名在六月戰爭中被德軍俘虜的戰俘之一。法國戰敗並被占領，沒有人曉得占領行動會延續多久，而在當前希特勒席捲歐洲的情況下法國的未來又將如何。當有人試著表明占領者對法國文化的態度，一句據說是德國駐法國大使歐托·阿貝茲（Otto Abetz）所說而似是杜撰的話常被引用：「有三個務必控制的機構：法國銀行、共產黨和《新法蘭西評論》。要從《新法蘭西評論》開始。」不管阿貝茲是否真的向同僚說過這句話，它的主旨卻是真確的，而它其實適用於整個伽利瑪出版社。這家出版社是那麼牢固地被視為與《新法蘭西評論》同為一體，很多人就把出版社直接稱為*NRF*（《新法蘭西評論》的縮寫），而不是用伽利瑪這個家族名稱，事實上所有伽利瑪出版的書都印有*NRF*的標誌。《新法蘭西評論》不光是伽利瑪的社內雜誌，也是法國文學現代主義的搖籃，而對阿貝茲和他的團隊來說，就屬於共產主義者或「猶太化」文化的類別。[3]

德國勢力當前，對所有法國文學造成直接而災難性的影響。審查、掠奪和「亞利安化」迅速成為這個國度裡的規矩：在占領區，所有英國、美國和猶太作家的書都從書店和圖書館下架。禁書名單稱為「歐托書單」，以阿貝茲的名字命名，他擔當法國被占領地區「大使」的可疑角色，是納粹

3 Alban Cerisier, *Une histoire de "La NRF"* (Paris: Gallimard, 2009), 419.

在法國的文化政治政策的執行者。書店受到嚴密監視，圖書館被勒令從目錄和書架移除某些藏書，七十萬冊的書被沒收，送到大軍團大道（avenue de la Grande Armée）靠近馬約門（Porte Maillot）的一個巨大倉庫；納粹針對文學的這些行動，跟搶掠猶太收藏家藝術品的做法類似。維琪政府一九四〇年十月通過的反猶太法律，對猶太人在商業上的角色有全面影響，包括了書籍出版業務。出版社被「亞利安化」，把一切非亞利安文化和文化機構所有權清除得一乾二淨。比方說，卡爾曼李維出版社（Éditions Calmann-Lévy）改稱巴爾札克出版社（Éditions Balzac），並有新的管理層。

伽利瑪從卡爾卡松回到巴黎後，開始跟占領者談判，讓業務能維持下去。他把《新法蘭西評論》的社內編輯權從波朗轉移到該社旗下的作家拉何榭，他是第一次世界大戰退伍軍人，一度是超現實主義者，如今變成了浮誇的法西斯主義者。拉何榭跟馬爾侯和路易·阿拉貢（Louis Aragon）有密切來往，但他在一九三〇年代中期鼓吹他的所謂「法西斯社會主義」。他一九三九年出版的小說《吉勒》（*Gilles*）就是一個法國年輕人變成法西斯主義者的自傳式描述，書中譴責法國的平庸和墮落。在他領導下，伽利瑪的《新法蘭西評論》獲准繼續出版，成為占領區第一本獲得認可的文學雜誌。在此同時，納粹占領者過度熱心的警力，不曉得德國宣傳機構裡的同僚已透過談判剛達成了協議，封鎖了伽利瑪出版社位於塞巴斯蒂安博坦路上的總部。剛宣布出任《新法蘭西評論》編輯的拉何榭要介入調解。[4]

在拉何榭主持下，《新法蘭西評論》開始發表贊同與納粹合作的評論。蒙泰朗是評論者之一；他在一九三六年曾批評法國對希特勒的反應太過軟弱，如今在法國戰敗後，他變本加厲猛烈抨擊法國的墮落，而把信賴對象轉移到剛健的德國軍隊。[5]這方面的轉變令卡繆感到困惑，他因為蒙泰朗曾寫信讚賞他的《婚禮》而心存感激。他從里昂寫信跟柯尼葉說：「蒙泰朗在發表很多著作，我不確定他的文章是否只是見機行事。我假設他有他的理由，但我想知道理由是什麼。」[6]

作家都小心翼翼彼此觀望才選定立場並出版著作，要不然就保持緘默。《新法蘭西評論》成為了試金石。拉何榭起碼在開頭時還能夠維繫雜誌原來的主要作家（像紀德和梵樂希），又帶進少數意料之外的人物，像來自布列塔尼的法國左翼陣營台柱紀佑。左右逢源的波朗有一部分的功勞。他每天在伽利瑪出版社裡《新法蘭西評論》辦事處隔壁的辦公室工作，為這份他不再擔任編輯的雜誌

---

4 艾爾本．瑟瑞西艾（Alban Cerisier）敘述《新法蘭西評論》的歷史時（見前引書），分別談到了拉何榭自一九四〇年起以至他一九四三年辭職為止，擔任《新法蘭西評論》編輯期間在伽利瑪出版社所扮演的實際角色，以及納粹宣傳部門所描述他在出版社的作用和權力，對兩者做出了重大區別。瑟瑞西艾辯稱，拉何榭是讓伽利瑪能保有其資金並繼續出版的門面裝飾。

5 他的〈夏至〉（Solstice de juin）一文在一九四一年十一月刊於《新法蘭西評論》。

6 卡繆一九四〇年九月二十七日寫給柯尼葉的信談到蒙泰朗，見：*Correspondance*, 43；英譯本：*Correspondence*, 29。

向作家邀稿，在此同時，他又暗中為人類博物館聯絡網抵抗組織的出版部門效力。波朗在一九四一年五月被納粹祕密警察蓋世太保逮捕，他與拉何榭的友情把他挽救回來。

伽利瑪出版社繼續出版小說，但印量很少，因為紙張嚴重短缺。但加斯東．伽利瑪的一項政策讓他跟其他出版人區別開來，在德國占領期間也發揮了良好作用。他一直以來拒絕把滯銷的書削價出售或把多餘的庫存銷毀。如今他的業務能挺下去，很大程度上就是透過出售庫存書籍，那包括了出版社自一九一一年成立以來在倉庫累積起來的小說和非小說著作，當時求書若渴的法國對這種書籍有新的需求。[7]

如果說《異鄉人》的存亡因戰爭的物資情況受到威脅，可不是誇大其詞，因為紙張供應變得愈來愈緊絀。一度看來卡繆要自己提供印刷的紙張！

馬爾侯一九四一年十二月十五日寫信給卡繆，那是在伽利瑪表示接納出版的信寄到奧蘭之後一個星期，也是卡繆答允出版之後三天。馬爾侯問道，用細莖針茅所造的這種需求若渴的紙，若從阿爾及利亞採購五噸運到巴黎要多少錢（細莖針茅在當地高地平原產量甚豐），包括先後用鐵路和貨輪運送的出口過程又有多複雜。卡繆在一九四二年一月六日回覆：一噸細莖針茅紙的價格在三百七十到四百法郎之間，可以在緊密卷狀形式下運送，一輛火車車卡可以載運六至十噸。如果不是緊急的話，船運沒有問題。但把商品從產地運送上船是另一回事，要耗用燃油和輪胎，兩者都必須透過阿爾及利亞總督對本地市長的特別授權方能取得。卡繆還是樂觀的：阿爾及利亞對紙張的必要基本成分有取之不竭的供應。「求助於我不用猶疑。我聯繫上了恰當的人。一方面來說，他們是相當和顏悅色的人；另一方面，我就是想幫得上忙。」[8]

卡繆當然很熱心地幫助他的出版人尋找出版《異鄉人》所需的原料。馬爾侯十分感激。他在一月鼓勵卡繆爭取更大筆的預付版稅，並願意擔任中間人。到了四月，馬爾侯通知卡繆，紙張供應不再是一個問題，卻沒有提出解釋，只是說伽利瑪對於卡繆尋找紙源的努力表示感激，對於他期望取得更大筆款項以助應付在奧蘭的艱困情況，也肯定會正面看待。在詢問紙張供應後，馬爾侯出人意表地在信中提出一個私人請求：他請卡繆代為探詢，從特萊姆森（Tlemcen）寄給他一塊手工地毯是否可能，花費多大。卡繆同樣用心回答了這個問題。結果花費遠比想像的大，每平方公尺要八百到一千法郎，而如果沒有進口商的許可證，出口便屬非法。當時通貨膨脹趨於失控。[9]馬爾侯欣然放棄了採購計畫。

7羅傑．柯尼葉二〇一五年二月十五日接受本書作者訪問。

8卡繆一九四二年一月六日寫給馬爾侯的信，收藏於巴黎雅克．杜塞圖書館（Bibliothèque Jacques Doucet）馬爾侯館藏（Fonds Malraux）。

9卡繆一九四二年五月四日寫給馬爾侯的信，收藏於杜塞圖書館。

＊

在經濟破裂黑市當道的環境裡，沒有任何事可以視為理所當然，出版社跟更明顯受影響的政治報紙和雜誌一樣容易遭受打擊。早在一九四〇年，看似是對新的親密關係發表宣言，格拉塞出版社出版了一部名為《尋找法國》（*À La Recherche de la France*）的爭議性日記式著作，呼籲法國的作家和編輯回到被占領的巴黎，聲稱在那裡善意的占領者容許法國真正的心聲表達出來。[10]德諾埃出版社（Éditions Denoël）推出一系列名為「猶太人在法國」的新書，成為反猶太著作的陣地。與占領者合作的出版社在向納粹意識形態獻媚的同時，取巧地採用一些他們堅稱代表法國的名字（例如法蘭西出版社〔Les Éditions de France〕或新法蘭西出版社〔Nouvelles Éditions Françaises〕）。伽利瑪從來沒有在意識形態上反猶太，也不是維琪政府的辯護者，但他對文化「亞利安化」的要求做出調適。在一九四〇年，他成功抵擋了把百分之五十一業務納入一家德國出版社旗下的企圖。新近任命為《新法蘭西評論》編輯的拉何榭領導這方面的談判。面對裁撤猶太雇員的要求，伽利瑪因應個別的人採取不同策略。譬如路易丹尼爾．希爾許（Louis-Daniel Hirsch）這位伽利瑪的好友暨業務經理，雖然被正式辭退，卻繼續暗中獲發薪水。朱利安．班達被告知不能再在《新法蘭西評論》發表文章。

最辛酸的故事發生在雅克·薛福林（Jacques Schiffrin）身上，他是伽利瑪的七星文庫（the Pléiade Collection）的創始人，一九四〇年一份突如其來的通知就把他裁撤了；他和家人逃到紐約，在那裡成立了一家新的出版社，名為萬神殿圖書公司（Pantheon Books）。七星文庫繼續在波朗主理下出版。戰爭結束後，薛福林從伽利瑪獲得授權，在紐約出版萬神殿版的《異鄉人》法文本。這個版本的《異鄉人》封面是黑色的，書名和作者名則是紅色和白色。它跟伽利瑪傳統的白色封面正好相反，這是藉著戰後哀悼的包裝，對《異鄉人》與生俱來的權利致敬。[11]

薛福林最終能出版他自己那個版本的《異鄉人》，在一九四一年看來這個未來前景卻是天方夜

---

10 格拉塞的《尋找法國》：Bernard Grasset, ed., *À La Recherche de la France: notes à leur date* (Paris: Grasset, 1940), 20–22。該出版社接著在一九四一年又出版了拉何榭的《莫再等待》（*Ne plus attendre*），封面的圖像跟《尋找法國》一樣：一張法國地圖，領土呈白色，有虛線的分隔線，「巴黎」以大字註明，也是地圖裡唯一標示的城市。有關法國被占領期間出版社取向的詳細歷史，參見：Gisèle Sapiro, *La Guerre des écrivains, 1940–1953* (Paris: Fayard, 1999)；英譯本：*The French Writers' War 1940–1953*, trans. Vanessa Doriott (Durham, NC: Duke University Press, 2014)。

11 Olivier Corpet & Claire Paulhan, *Collaboration and Resistance: French Literary Life under the Nazi Occupation*, trans. Jeffrey Mehlman, "Preface" by Robert O. Paxton (New York: Five Ties Publishing, 2009)：本書刊出了加斯東·伽利瑪一九四〇年十一月寫給薛福林的簡短信件，還有雷蒙·伽利瑪一九四五年寫給身在紐約的薛福林的一封措詞親切的信件，向他保證他的版稅已考量在內了，並已寄給他的岳父母，而伽利瑪正等待他返回巴黎。

譚。他幾經掙扎才抵達紐約，在紀德的財務援助下，先後途經馬賽、卡薩布蘭加（Casablanca）和里斯本。在此同時，對伽利瑪來說至為攸關重要的就是能繼續出版。在十八個月裡發生了很多事，而這位在一九四一年跟年輕作者卡繆談判出版合約的出版人，為了繼續出版最佳的法國文學作品，並讓他的出版社能夠存活，可說正在做他需要做的事。

*

卡繆首次成為伽利瑪出版社的作者而且是來自阿爾及利亞的外來者，在德國一整年占領法國的那第一年裡，在準備出版《異鄉人》的過程中，要做出一項令人憂慮的政治抉擇。皮亞曾有意在新創辦的雜誌裡刊出《異鄉人》的內容，但雜誌出版計畫無疾而終。波朗寫給皮亞第一封有關《異鄉人》的信表現出一片熱誠，問及卡繆是否有興趣先在雜誌上刊出摘文：可以刊於拉何榭主編的《新法蘭西評論》，或另一本在占領區獲德國批准的文化雜誌《喜劇》（*Comœdia*），卡繆由此可獲得五千到六千法郎。這是一個機會，可讓卡繆在伽利瑪十二月答應預付的版稅以外增加一倍收入。皮亞對卡繆提出毫不含糊的忠告：「我不認為你要認真考慮讓自己的名字出現在這本雜誌（《新法蘭西評論》）。它裡面是前所未有的腐敗。」[12]他又向卡繆保證，拒絕拉何榭這項請求不會對他小說的出版造成任何負面影響：「如果每次有作者對他的書評表示蔑視，伽利瑪都要面紅耳赤或激動一番，那麼他早就死於羞恥或盛怒了。」[13]

卡繆拒絕了在《喜劇》和《新法蘭西評論》刊登摘文，但他從未質疑小說應否在被占領的巴黎出版，皮亞和柯尼葉也從來不認為他要為此疑慮。在《異鄉人》裡，卡繆筆下的莫梭對於前往首都巴黎的機會毫無企圖心，漠然以對。事實上，自巴爾札克（Honoré de Balzac）筆下人物哈斯提涅（Rastignac）以來，地方上男男女女莫不懷抱著前往巴黎的夢想，莫梭卻無動於衷，這是他的怪異心態的最終表現。卡繆跟這個小說人物不一樣，他了解到在巴黎出版對於文學上的成功是絕對必需的。[14]他是失業的新聞工作者，還不到三十歲；他曾為了餬口而在奧蘭當私人導師並且與岳父母同住。如果他基於原則拒絕了伽利瑪的出版計畫，就不會受到任何人注意。由於皮亞把他的稿子拿去傳閱，他獲得了法國文壇最著名人物的讚賞和忠告，包括馬爾侯、波朗和卡德。現在他有機會贏得別人注意，

---

12 皮亞一九四一年十二月一日寫給卡繆的信，見：*Correspondance, 75*。

13 同前引書，一九四二年三月十六日，頁八三。

14 尚．蓋埃諾（Jean Guéhenno）在法國文學史上成為了抵抗運動的典範人物，因為他在國家被外國勢力控制期間拒絕出版片言隻字。如果本身是一個具資歷的有名望的作家，拒絕出版是更容易的取向；尤其以蓋埃諾的情況來說，他當教師作為公務員的身分讓他有另一個來源的收入。

這個機會可能帶來另一個未來，他在倫理和文學上的每個立場都會受到注目。這個未來比他想像的更近。

《異鄉人》在投入出版製作前還要面對艱困的另一步。伽利瑪要尋求德國當局批准——事實上占領部隊的文化分部決定每本新書的命運，他們可以否決，審查，或透過紙張的配給決定印數的多寡。認同納粹政權的或支持德國文化的書籍，以及宣傳性的著作，可獲得優先出版權。

德國宣傳部門主管葛爾哈德．赫勒（Gerhard Heller）多年後回憶寫道，當他收到了加斯東．伽利瑪的祕書送來的《異鄉人》稿件，他徹夜不眠把它讀完，馬上批准出版。他說，沒有需要查禁，因為這本書是「非社會」和「非政治」的。他所謂非社會和非政治是什麼意思？他是否把它理解為純哲學性的？他是否相信莫梭拒絕順服社會習俗跟政治上的反抗毫無關係？他是否認為故事裡在殖民背景下一個法國人殺了一個阿拉伯人在政治上無關重要，又或只是司空見慣的事？

如果說赫勒對這部小說想得這麼多，這是令人懷疑的。一本書被查禁，要不是有直接的反納粹或支持同盟國的訊息，就是由猶太裔作者寫的。審查者的任務並不包括細讀書中的微言大義，但加斯東．伽利瑪預見，他準備下一步出版的《薛西弗斯的神話》會有麻煩。一九四二年二月五日，當《異鄉人》正在製作出版過程中，他寫信向卡繆解釋，除非把卡夫卡那一章拿掉，否則《薛西弗斯的神話》不可能通過審查。他用不著說明原因：卡夫卡是猶太人。[15]卡繆同意，寫了一篇有關杜斯妥也夫斯基的文章取代那一章。修改後的《薛西弗斯的神話》在一九四二年十月出版，那是《異鄉人》問世六個月之後。但卡繆沒有放棄卡夫卡那一章。他把它投稿到維琪地區的《弩》（*L'Arbalète*），這是區內經常大無畏地規避審查的小雜誌之一。它在該雜誌一九四三年夏季號刊出，同時刊登的還有沙特和勞倫斯（D. H. Lawrence）的文章。[16]戰後，伽利瑪把有關卡夫卡那篇文章補回《薛西弗斯的神話》裡。

但那是《異鄉人》出版故事的後話。在一九四二年冬天，《異鄉人》沒有同樣的問題，雖然阿爾及利亞和巴黎之間的通訊有很多實際困難，從十二月採納出版以至次年四月出版的這段日子令人極度不安，充滿了惱人的靜默和訊息的錯亂。在最後一刻，對於流傳中的手稿哪一份才是定稿還是

---

15 加斯東．伽利瑪一九四二年二月五日寫給卡繆的信，收錄於：Cerisier, *Brève histoire illustrée*, 34。雷蒙．格諾同一天寄給伽利瑪一張跨區明信片，以當時具代表性的簡潔風格只提到出版《薛西弗斯的神話》有「本地要面對的困難」。參見格諾一九四二年二月五日寫給卡繆的信，引錄於：Olivier Todd, *Camus: Une vie* (Paris: Gallimard, 1999), 390。

16 Camus, "L'espoir et l'absurde dans l'œuvre de Franz Kafka," *L'Arbalète 7* (Summer 1943)，沒有頁碼。到了一九四三年，納粹對出版品內容的審查採取了紙張供應的監控為控制手段；有可能即使卡繆的文章談到一位猶太裔作家，儘管具破壞力，納粹宣傳部門卻完全不察覺。參見：Pascal Fouché, *L'Edition française sous l'occupation 1940–1944* (Paris: Bibliothèque de littérature française contemporaine de l'université de Paris VII, 1987)。

混淆不清。主導《異鄉人》製作出版的伽利瑪編輯暨作家雷蒙．格諾寫信請求皮亞澄清，流傳中的兩份手稿哪一份才是該送去印製的。卡繆寫信回覆格諾說，**只有**皮亞交給波朗的那份手稿才是定稿：第一部最後一章的打字稿頁邊空白部分的寬度跟稿件其他部分不一樣，而小說最後一章有十八頁而不是十六頁。[17]皮亞也寫信告知格諾，馬爾侯那份《異鄉人》手稿不是定稿；應該送去印製的手稿，是他在坎城跟《卡里古拉》和《薛西弗斯的神話》一起交給伽利瑪的那一份。

這樣的混淆還不是出版的最大障礙。卡繆現在要應付的，要比手稿給他帶來的焦慮更壞：他的肺結核在一九四二年冬天復發。這是情況最惡劣的一次復發，他原希望一九四一年的病發是最後一次，結果大失所望。他在一九四二年二月十二日通知伽利瑪，他的情況十分惡劣，作者簡介的細節就要皮亞或柯尼葉代為處理了。皮亞幽他一默說：「不用擔心，我會謹慎處理。不過，如果你認為我應該把你說成是一個印度王子，或高級軍官，或被免職的神職人員，我可以向巴黎提供一大堆精采材料。」[18]

卡繆體衰力弱無法負責校對，而且，校樣要從巴黎的出版社寄到奧蘭再寄回去，必然使得出版過程延後幾個月。由於本身的健康狀況，卡繆很樂於讓伽利瑪自行在社內進行校對，他只有兩項要求：請他們從第六章倒數第二行把「但是」拿掉；又把第五十四頁第三行開頭的「那」拿掉。這就是他要修改的一切。[19]

波朗監督最後校樣的修正，卡繆就省卻了很多作者害怕的一個程序——最後一刻查找錯誤，以及掌握最後機會刪掉冗詞或修改句子。《異鄉人》在一九四二年四月一日付印，但到了五月一日卡繆還沒看到印好的書或他的出版合約。

---

17 格諾一九四二年二月五日寫給皮亞的信，收錄於：Cerisier, *Brève histoire illustrée*, 28。卡繆一九四二年三月十日寫給格諾的信，收錄於：*Albert Camus de Tipasa à Lourmarin: une exposition pour le centenaire*, ed. Hervé Valentin & Eva Valentin (Orleans: Sisyphe, 2013), 37。

18 皮亞一九四二年回覆卡繆的信，見：Albert Camus & Pascal Pia, *Correspondance 1939–1947* (Paris, 2000)。

19 卡繆一九四二年二月十二日寄給格諾的明信片，收錄於：*Albert Camus de Tipasa à Lourmarin*, 37。

19 《異鄉人》問世

《異鄉人》成書了，它問世的那天，就是印刷廠把印好的一百五十九頁按著每一整張紙的組合摺成「台紙」（法文稱為*cahier*），然後把各台紙疊起排列整齊，在書脊上跟米白色的軟封面黏合起來。作者名字是黑色的，書名則用血紅色大字印刷，這是《新法蘭西評論》*NRF*標誌下的經典白色版本，自一九一一年以來伽利瑪所出版小說的特徵。

一九四二年四月二十一日，《異鄉人》初版四千四百冊的最後一批書頁，從格雷戈主教路（rue de l'Abbé Grégoire）十五號尚特奈（Chantenay）印刷廠的印刷機滾了下來。伽利瑪出版社在拉斯帕伊大道（boulevard Raspail）上的書店，就在印刷廠以北相隔幾個街區的地方，這本新書在書店裡以每冊二十五法郎出售，相當於今天四塊錢美金。[1] 一九四二年四月，就在《異鄉人》初版在印刷的這一個月，維琪政府對法國占領區的出版業又設置了另一道障礙：監控機構「維琪政府紙張控制委員會」（*Commission de contrôle du papier d'Édition du gouvernement de Vichy*）宣告成立。[2]《異鄉人》

此前獲得宣傳部門的赫勒批准而通過了審查制度，現在又以幾天之差避過了新的規定。

卡繆在奧蘭，仍然因為舊病復發而受到煎熬，也仍然沒有他這部小說的消息。到了五月第三個星期，他終於收到了一冊的《異鄉人》，還有兩份合約，以及電匯到他的法國興業銀行（Société Générale）帳戶的一萬法郎，這是《異鄉人》和《薛西弗斯的神話》兩本書按慣例付給初次出版的作者的預付版稅。[3]由於無法解釋的原因，兩份合約在政府某個辦公室裡停留了兩個月。

卡繆五月二十五日滿腔熱情地寫信給馬爾侯：「我收到《異鄉人》時就想到了你。我欠你太多了。我等作者的樣書來到再寄給你。你會看到我認真看待你的所有批評。請告訴我，謀殺那一章和跟神父見面那個場景在完全重寫過後，你是否覺得比較好。」[4]他收到了一冊作者樣書，但沒有多餘的可

---

1 一九四二年法國法郎的今天估計價值，參見網頁：http://www.insee.fr/en/themes/indicateur.asp?id=29&type=1&page=achatfranc.htm（二〇一六年二月十二日參閱）。卡繆可獲得首四千冊出售後的版稅，而出版商按照標準條款在此印數上加印「額外」的百分之十，這加印的四百冊不付版稅，用來抵銷書籍向讀者銷售時的損毀、遺失和盜竊。

2 意識形態上的混雜在當時來說是常有的，有兩個在委員會裡共事的成員，是伽利瑪出版社的作家也是鄰居和朋友，但政治觀點截然對立，他們是與納粹協作的哈蒙·費南迪斯（Ramon Fernandez）和馬格利特·杜哈（Marguerite Duras），二人後來成為了抵抗運動的參與者。

3 卡繆一九四二年五月二十八日寫給加斯東·伽利瑪的信，見：*Camus: Cahier de l'Herne*, ed. Raymond Gay-Crosier & Agnès Spiquel-Courdille (Paris: Éditions de l'Herne, 2013), 233。

以送給他最親密的朋友和曾經支持他的人。[5]

到了五月《異鄉人》就準備好在巴黎各書店出售了，但要再過兩個月它才能在未被占領區買到。六月二十七日，一個漂亮的廣告出現在《費加洛報》（*Le Figaro*）文學版，宣布伽利瑪最新出版的書，包括卡繆的《異鄉人》、司湯達爾（Stendhal）書信集的再版、一部芬蘭的戰爭小說，以及蓬熱的詩集。[6]由於伽利瑪當時的業務仰賴庫存舊書，像蓬熱和卡繆的新書是罕見的，卡繆的小說在這份書目裡占有顯要地位。

*

對作家來說，伴隨著一本書的出版而來的幾乎總是一種強烈的失落感。談到作家的產後憂鬱變成了一種陳腔濫調。哀悼可能是更貼切的說法：對失去寫作計畫的哀悼，開放的寫作進程宣告終結，而因此（儘管看似很奇怪）哀悼自身的死亡——作者作為書的主要推動者的死亡。在一九四二年有更多比平常值得哀悼的事。法文世界的出版總是以巴黎為中心，而隨著作品在出版社、書店和報紙這個環環相扣的小社群裡印刷、銷售和接受評論，作者可以在巴黎這個環境裡追蹤自己著作的命運。但由於首都被敵國占領，跟法國其餘部分切割開來，很多雜誌和評論家逃離了這個城市，所有正常的對話和宣傳管道都受到了干擾。[7]身在奧蘭的卡繆跟法國南部的朋友相比更是多了一層距離；他讀不到德國占領後在巴黎重新出版的少數刊物。當最初的評論在北部占領區和南部未被占領區相繼出現，全都住在南部未被占領區的馬爾侯、柯尼葉和皮亞跟卡繆保持聯絡，幫助他消化好的或壞的消息。

等待最初的書評出來，對卡繆來說更是煩惱不堪，因為他幾乎沒有著作接受評論的經驗，儘管他在阿爾及利亞也曾出版過兩部著作。他的《反與正》印數只有少得可憐的三百五十冊，巴黎的媒體沒有提及，也只有他朋友的一篇書評刊登在《奧蘭共和報》。[8]兩年後出版的《婚禮》，由卡繆知

---

4 卡繆一九四二年五月二十五日寫給馬爾侯的信，同前引書。

5 馬爾侯最後在一九四二年七月二十六日寫信給卡繆，表示已讀過了小說並贊同他的修改：「你把它弄到最好了。」同引前書，頁二三四。

6 Stendhal, *Aux âmes sensibles*, ed. Emmanuel Boudot-Lamotte (Paris: Gallimard, 1924)。法國的出版社把同一個月準備出版的一系列書籍稱為「書單」（programme）；而出版社的運作是以書單的預定時程為根據。《異鄉人》納入伽利瑪一九四二年四月的書單，其中另有十二本新書和十九本重印書。該月的書單收錄於：Alban Cerisier, *Brève histoire illustrée de la publication de L'Étranger d'Albert Camus* (Paris: Gallimard, 2013)。

7 從德國占領到解放期間的文學關係和社團機構，參見以下必讀的研究著作：Gisèle Sapiro, *La Guerre des écrivains 1940–1953* (Paris: Fayard, 1999)；英譯本：*The French Writers' War 1940–1953*, trans. Vanessa Doriott Anderson & Dorrit Cohn (Durham, NC: Duke University Press, 2014)。

8 José-Henri Lasry, *Oran républicain*, May 23, 1937，引錄於：Olivier Todd, *Albert Camus: Une vie* (Paris: Gallimard, 1999), 1073，註45。賴斯利（Lasry）曾在卡繆的團隊劇團（Théâtre de l'Équipe）參與演出，後來以亨利．赫爾為筆名在《泉》雜誌發表了《異鄉人》的書評；見本書第20章註13。

識分子朋友圈內一位作家寫了書評，就如此而已。[9]卡繆有一切理由相信，《異鄉人》會獲得很不一樣的反應。就像任何新作家，他在等待別人認同或羞辱，又或最壞的無人在意。

*

「我們見到：保羅．艾呂亞（Paul Éluard）、尚．波朗和夫人傑曼（Germaine）、加斯東．伽利瑪（對他那位最新的年輕作家卡繆很是雀躍，那是《異鄉人》的作者）、尚．柯尼葉、雷蒙．格諾……等等」：法國媒體首次提到《異鄉人》，是隱藏在雅德莉安．莫尼葉（Adrienne Monnier）所寫的一篇閒聊式文章裡，她在評論修道院藝廊（Galerie de L'Abbaye）的一個畫展。[10]伽利瑪特別向莫尼葉提到他最喜歡的這位新作家，因為這位文化界的女士可以透過她在巴黎左岸的圖書之友社（La Maison des Amis du Livre）書店暨圖書館，確保一本書能取得成功。馬爾侯把剪報寄給卡繆，他說，這個跡象顯示，伽利瑪除了在親密朋友面前提到《異鄉人》，還在公開場合對這部著作表示支持。卡繆回信說，那篇文章的調子有點太過於像「雙叟」（Deux Magots）——那是花神咖啡館隔壁另一家咖啡館的名字，顧客都是老派的人；但卡繆認為文章的立意是好的。[11]

這是最初公開談到這部小說的點滴。七月十三日卡繆收到更好的消息。柯尼葉寫信告訴卡繆，他剛在《喜劇》雜誌的辦公室跟馬塞爾・阿爾朗（Marcel Arland）道別，對於他剛讀到的文章感到十分高興。阿爾朗七月十一日發表的《異鄉人》書評通篇是讚賞，但它肯定是談到這部小說其中一篇最古怪的文章。

阿爾朗是與伽利瑪出版社經常有來往的作家，跟波朗關係密切，負責《喜劇》雜誌書評書訊的部分。裡面介紹那些拒絕在文化上跟占領者合作的主要作家，像沙特、波娃和梵樂希，但它也時而刊登歌頌德國文化和「新歐洲」（希特勒的歐洲）的文章，就像為雜誌繳交通行費。裡面從來不會提到猶太作家。它並未被認定為跟納粹協作的出版品，卻獲得德國大使館文化服務部門「德國文化協會」（German Institute）的支持，獲得配給相當充分的紙張。雜誌能夠存活，有賴編輯和占領者當

---

9 "Note sur le texte," *Noces, Œuvres complètes*, ed. Jacqueline Lévi-Valensi, vol. 1, 1931–1944 (Paris: Gallimard, Bibliothèque de la Pléiade, 2006), 1233.

10 莫尼葉這篇文章（Bataille à l'Exposition Henri Michaux）刊於一九四二年六月三十日的《費加洛報》，頁3。文中描述了一九四二年六月十二日巴黎修道院藝廊畫家亨利・米修（Henri Michaux）畫展裡的賓客。畫展的開幕式給莫尼葉帶來一番妙趣，因為那麼多法國出版界名人出席，此外也因為一個年輕人有一些意外舉動，他譴責其中的畫作而被警察強行帶走。有關莫尼葉和圖書之友社，參見：Laure Murat, *Passage de l'Odéon: Sylvia Beach, Adrienne Monnier et la vie littéraire dans l'entre-deux guerres* (Paris: Gallimard, 2005)。

11 馬爾侯一九四二年七月三日寫給卡繆的信，收藏於普羅旺斯地區艾克斯市立圖書館；卡繆一九四二年七月十二日寫給馬爾侯的信，巴黎杜塞圖書館馬爾侯館藏。

局之間踏著配合微妙的舞步。

阿爾朗是隨性的評論家，看來不在意文章有多長——這是顯示《喜劇》雜誌獲配給的紙張十分充裕的另一個跡象。他無法抗拒引錄卡繆原文的誘惑：從小說的第一頁就引錄了十三行，另一段同樣長的引文來自馬恆溝葬禮遊行隊伍的描述。阿爾朗讚賞卡繆時，談到他「這種挖苦式的坦率，那種細緻甚至細微的描寫，即使在敘述戲劇性事件時也是如此」。他很欣賞卡繆能在整部小說建立並維繫一種「甚至比反抗更尖刻的冷漠」。[12]跟他的朋友波朗不一樣，阿爾朗很敏銳地察覺到阿爾及利亞的背景令到這部著作能夠成功：「我不認為曾有人把阿爾及利亞夏天爆發的那種非人性的暴力更認真、更強有力地表達出來。」他對小說的第二部最感興趣，包括審訊的場景和莫梭因為沒有在母親葬禮上哭泣而違反常理地被定罪。事實上阿爾朗對於站在莫梭的立場上與社會對抗是那麼深感興趣，他寫這篇書評時有些怪異的做法。他開始透過莫梭發聲，把自己的話放進莫梭嘴裡，以此對莫梭在小說後頭的感情爆發做出解釋和辯解：「我沒有向自己撒謊，我沒有虧待任何人。我的死亡幾天後就來到，我完全接納了自己並投入人生，是我的人生，這是我唯一擁有的，脆弱而獨特。」[13]阿爾朗這樣下去再寫了八行，看來是引述莫梭的話，事實上引號裡的話沒有一個字來自小說本身。阿爾朗引述的是他幻想莫梭想的是什麼。他的結論是莫梭在小說後頭說出了卡繆的心聲，事實上是他擅自代莫梭發聲，把這位敘事者面對死亡所感受的孤獨的自由轉化為精神上的勝利。

在七月二十五日，卡繆還沒有讀到阿爾朗的書評。到了八月他才終於收到了柯尼葉請《喜劇》寄給他的那一期雜誌，我們很容易想像，當他看到書評對他的小說如此擅作主張必然十分生氣。[14]可是他對阿爾朗的結論不會有異議：「我們認定……《異鄉人》裡所見的是：一位真正的作家。」這樣「當選」躋身真正作家的行列，肯定就是柯尼葉所說的讀了文章而十分高興的原因：對於一位對自己未來的著作懷抱著雄心壯志的作家來說，「真正作家」的標籤才是重點所在。

但卡繆可能預期的情況並未實現。在占領區發表的這第一篇書評表現非常熱情，可是來自未被

---

12 Marcel Arland, "Un écrivain qui vient…" *Comoedia*, July 11, 1942, 1–2；下文所有對《異鄉人》最早一批的書評，均由本書作者英譯。

13 他對法庭場景也做了同樣的事，自行撰作了一些直述的對話，而卡繆原都寧可採用間接敘述。阿爾朗寫的是：「他們堅持說：『你是一頭怪物：你面對媽媽的屍體沒有哭，你吸菸，喝咖啡；你甚至不知道這個可憐的女人的年紀。』」卡繆是間接引述檢察官的話：「他從媽媽死開始簡述，說到我的無動於衷、連媽媽年齡都不知道、隔天去游泳……」。見：*L'Étranger, Œuvres complètes* 1:199；英譯本：*The Stranger*, trans. Ward (New York: Knopf, 1988), 99。

14 到了九月三日，卡繆已身在法國，但可能有人把《喜劇》雜誌的文章從奧蘭轉寄到雷帕尼列給他。柯尼葉一九四二年九月三日寫給卡繆的信，見：*Albert Camus–Jean Grenier, Correspondance 1932–1960*, ed. Marguerite Dobrenn (Paris: Gallimard, 1981), 74；英譯本：*Albert Camus and Jean Grenier Correspondence*, trans. Jan F. Rigaud (Lincoln: University of Nebraska Press, 2003), 53。

占領區的第二篇書評卻是嚴厲而不表認同的。這是料想不到的壞反應。一九四二年七月十九日，在里昂出版的《費加洛報》發表了安德烈．盧梭（André Rousseaux）的《異鄉人》書評。一星期後，卡繆寫信跟柯尼葉說，覺得自己受到未被占領地區書評人的不恰當對待——起碼從道德上來說是這樣。[15]對卡繆來說，最難堪的是，盧梭這位對文學形式有良好觸覺的保守派天主教評論家，完全明白卡繆要做的是什麼，但就是不喜歡他所做的。如果盧梭抓不住主旨而扭曲了小說的意思，倒沒有那麼壞。盧梭的描述說：「精確、簡練的句子，它在簡短中帶著某種自然的殘酷感，這種簡單性看來是要直接揭開一些無情的真相……」卡繆一直留意媒體的文學報導，也許記得盧梭在一九三八年曾讚賞沙特的《嘔吐》，儘管這部小說過度偏重思想性內容；盧梭誇讚沙特傳達了一個人與孤獨掙扎的內心深度。[16]但現在盧梭卻對莫梭不表同情，在他看來，莫梭只不過是沒有人性。他更認為，卡繆的技巧使得這位敘事者毫無人性的表現更是令人鄙夷。

儘管盧梭對於這部小說十分厭惡，他在分析的每一步中，卻不得不誇讚卡繆在文學形式上的成就，他這種迫不得已的讚美令他的書評帶有一種奇特張力。在他看來法庭的場景很了不起，結構很巧妙，全都起了作用讓莫梭成為社會整體的「異鄉人」——這種異質元素是必須受到排斥的。然後盧梭像先前的阿爾朗一樣，把自己的話放進莫梭嘴裡，只是沒有像阿爾朗那樣帶著熱情：「這個可憐的傢伙宣稱『他從來不淩駕於自己的自然感覺』。」卡繆所寫的完全不一樣，不帶半點道德判斷：

莫梭向他的律師解釋，「我這個人的天性就是生理需求經常會干擾我的情感。」[17]在創作莫梭時，卡繆受了泳者文森（Vincent）的啟發，他在《婚禮》中把這位游泳好手描述為完全透過他的身體而生活。卡繆也從失聰的舅舅艾蒂安取得靈感，他佩服對方在感知上的簡單直接。文森和艾蒂安跟那種痛苦地具自覺性的小說人物正好截然對立，後者就像紀德《背德者》（Immoralist）的敘事者米歇爾（Michel），盧梭卻把莫梭跟米歇爾相提並論。刊於《費加洛報》的這篇書評還有最後不講理的一擊，盧梭這位虔誠天主教徒坦言，對於莫梭跟神父見面的場景，其中莫梭解釋他為什麼不信神，他會置之不理。盧梭不打算駁斥莫梭的無神論，他決定不屑一顧。

卡繆在筆記所寫的這段文字可能是對阿爾朗或盧梭的回應：「花三年時間創作一本書。用五行文字去取笑它，帶著錯誤的引文。」然後他寫了一封長信，收信人是盧梭，但信件留在筆記本裡，

---

15 卡繆一九四二年七月二十五日寫給柯尼葉的信，見：*Correspondance*, 71；英譯本 *Correspondence*, 50。柯尼葉八月十九日回信給卡繆談到盧梭在那個周末刊出的文章：「盧梭對所有書的判斷，要不是出自愛國觀點，就都出自道德和宗教的觀點。他所說的並非錯誤，但最終來說他的標準看來極其狹隘，他對（紀德的）《背德者》和很多其他的書會寫些什麼？他無法品味《異鄉人》的譏諷筆調下混雜著的絕望和激情。」參見：*Correspondence*, trans. Rigaud, 51（經編輯整理）。

16 《費加洛報》一九三八年五月二十八日，頁六。

17 *The Stranger*, trans. Ward, 65，見卡繆作品全集：*Œuvres complètes* 1:178。

註明「預定永不寄出」。[18]令他憤怒的是，盧梭在書評的開頭提到現代小說的墮落，與詩的高雅形成強烈對比。卡繆反駁說，任何評論人都無權判定一件藝術品是否有益於國民。他尤其怒不可遏的是，盧梭輕率地承認他會無視莫梭跟神父見面那個場景。對於盧梭誤引他的文字他也很憤怒。

他的憤怒帶來了成果，因為在對盧梭的批評做出反擊之際，卡繆對這部不知從何而來而有些結果無從掌握的小說，有了更清晰的理解。透過對盧梭的反應，他開始對他在《異鄉人》獲得的成就建立起自己的看法。卡繆寫道，莫梭對於向他提出的問題只是給出了答案，卻沒有肯定任何事。跟盧梭所說的恰好相反，卡繆認為自己並不只是用現實主義者的態度來寫作。他在莫梭身上所創造的是現實生活的「照相負片」。[19]

*

卡繆八月離開奧蘭到海濱村莊艾因圖爾克（Aïn-el-Turck）度假。那是一個鬆弛休息的好地方，有朋友陪伴著他，當時他正等待醫療許可與法蘭桑前往法國，到中央高原區尋求新一輪的肺結核治療。八月八日，加斯東·伽利瑪寄來安慰的訊息，對好壞參半的評論輕鬆看待：「對小說的批評實在荒謬。」[20]

但也有令人驚奇的好事。一九四二年八月十九日，跟《新法蘭西評論》關係密切的年輕評論家莫里斯・布朗修（Maurice Blanchot）在《政治與文學評論報》（*Journal des Débats politiques et littéraires*）發表了一篇書評。這位在一九三〇年代反議會、「反建制」的右翼分子，在這份歷史悠久的報紙撰寫一個定期刊出的書評專欄。布朗修下筆中肯而準確，他對卡繆在小說所做的說得那麼精簡，以致十年後當卡繆談到自己的技巧，他幾乎一字不改地用了布朗修的說法：「第一人稱敘述，」布朗修寫道：「通常用於自白和內心獨白，是出自內心的無窮盡的描述，阿爾貝・卡繆先生卻用它來抑制任何有關個人心靈狀況的分析，讓任何夢想狀態無法出現，更利用它在人類現實和事件或事

18 這封信引錄於他的筆記而保存下來，見：*Carnets 1935–1948, Œuvres complètes*, ed. Jacqueline Lévi-Valensi, vol. 2, 1944–1948 (Paris: Gallimard, Bibliothèque de la Pléiade, 2006), 952–953；英譯本：*Notebooks 1942–1951*, trans. Justin O'Brien (New York: Knopf, 1965), 20–22。

19 *Carnets, Œuvres complètes* 2:952, "je n'en ai donné qu'un cliché négatif"；英譯本：*Notebooks*, trans. O'Brien, 21。

20 他補充：「阿爾朗在《喜劇》有一篇好文章，還有另一篇同樣正面的文章在《新法蘭西評論》」，見一九四二年八月十日的明信片。他所說的除了阿爾朗刊於《喜劇》的文章（"Un écrivain qui vient"），還有菲施（Fieschi）在《新法蘭西評論》一九四二年九月號（頁三六四—七〇）發表的文章（"Chroniques des romans"）；均在占領區內的巴黎出刊。

實所揭示的世間形相之間，開拓出一片不可跨越的距離。」[21]布朗修期望卡繆在小說裡保持這種冰冷敘述口吻，而跟沉醉於小說結尾感情表現的阿爾朗不一樣；他對於小說第二部調性的改變感到困惑。他把卡繆拿來跟美國作家較量，認為如果卡繆也能做到像威廉·福克納（William Faulkner）在《聖殿》（*Sanctuary*）所做的那樣，面對司法制度表現出深沉的靜默，那就太好了！對於皮亞深表讚歎的審判場景的鋪展，布朗修也不怎麼欣賞，認為它流於堆砌而人工化。

皮亞九月寫給卡繆的信附上這份書評的剪報：「我寄給你布朗修談到《異鄉人》的一篇重要文章。我相信它是迄今為止談到這本書的智性水準最高的文章。可是它還是免不了出現一些謬誤，譬如它說審判的鋪陳十分人工化。令人嘖嘖稱奇的是，還有那麼多通情達理的人不能體會司法制度的錯亂本質和司法機關那種令人難以置信的愚昧——不管那是法官、律師、證人等等。」[22]皮亞沒有提到另一小錯誤，這顯示巴黎的評論家對某方面事物令人驚訝的疏忽：包括了阿爾及利亞的背景以及海和陽光在小說中的意義。布朗修提到在母親葬禮翌日莫梭「到游泳池去」。

卡繆九月六日寫信給另一位朋友，重複了他幾個月前跟柯尼葉所說的話：「那些評論：自由區的很平庸，巴黎的甚佳。最終全都是出於誤解。最好充耳不聞埋頭工作。」[23]同一個星期他寫信給馬爾侯，表達了同樣的抱怨，但帶著一絲希望：「《異鄉人》造成的騷動是由愚蠢的誤解引起的。《薛西弗斯的神話》的出版，讓我可以免於提出解釋，而無論如何我也根本不會解釋。而且，這一切是相當幼稚的。我發現了：評論家不喜歡文學。這一點從他們讚賞和指責的方式就清楚可見。」[24]

他的希望破碎了。一九四二年十一月，艾米爾．昂里歐（Émile Henriot）的書評在《時報》（*Le Temps*）刊出，當時《薛西弗斯的神話》已經在書店銷售了，這是一九四二年秋季最後一篇談到《異鄉人》和這部新出版散文集的書評。遠非如卡繆所期望的散文集可給小說提供解釋，昂里歐實際上只是把這兩本書拿來做對比，認為相比之下小說遜於清晰而充滿活力的散文。昂里歐論點的主旨就是：謝天謝地大部分人不是像莫梭那樣思考！在他看來，莫梭是一個可悲的故事主人公。昂里歐不了解這部小說的邏輯，也就是莫梭怎麼可能在牢房裡寫他的整篇告白。昂里歐最擅長做出不客氣的比較，

---

21 Maurice Blanchot, "Chronique de la vie intellectuelle: le roman de L'Étranger," *Le Journal des débats*, August 19, 1942, 3。卡繆的說法引錄於 Roger Quilliot, *Théâtre, récits, nouvelles* (Paris: Gallimard, Bibliothèque de la Pléiade, 1962), 1940：「第一人稱敘述通常用於自白，在《異鄉人》卻用來表現超脫態度。」此文的資料來自卡繆撰寫《瘟疫》期間所用的一本紅色筆記本。

22 皮亞一九四二年九月二日寫給卡繆的信，見：*Correspondance, 1939–1947*, ed. Yves-Marc Ajchenbaum (Paris: Fayard/Gallimard, 2000), 101。

23 卡繆一九四二年九月六日寫給弗赫敏維爾的信，引錄於：Raymond Gay-Crosier, *The Stranger*, Gale Study Guides to Great Literature: Literary Masterpieces, vol. 8 (Detroit, MI: The Gale Group, 2002), 106。

24 卡繆一九四二年九月二日寫給馬爾侯的信，引錄於：*Camus: Cahier de l'Herne*, 235。

他辯稱，杜斯妥也夫斯基令我們對作品的白痴和瘋子感到憐憫，卡繆作品中的這個罪犯卻不值得憐憫。昂里歐對莫梭的行為是那麼害怕，以致談到這個角色的行動時大加壓縮：「在葬禮的同一天，他找了個情婦，晚上去看電影。」莫梭怎麼能夠前去馬恆溝又回來，而仍然有時間在白天去游泳而晚上外出，令他難以想像。他筆下的莫梭比小說中這個人物更冷漠。

儘管昂里歐提出負面批評，初版的《異鄉人》在十一月就已售罄，要加印四千四百冊；到了一九四三年四月還有第三次印刷。書評好壞參半，但負評是非常負面，由此產生的動力，加上讚賞的聲音，推動讀者買來一讀。皮亞在十一月四日對書評提出了定論：

> 我寄給你昨天下午在《時報》刊出的這篇文章。我向來知道昂里歐先生是個白痴。他就讓我這個觀點獲得確認了。此外，他所說的話相當令人鼓舞，因為讀完他這篇文章之後的感覺就是，如果他對這本書表示認同倒是《異鄉人》的恥辱。從盧梭到昂里歐，我們看到了莫梭期待前來觀看行刑的觀眾。我真想寫信給司法部長，勸告他把這兩個評論家列入召喚陪審員的名單
>
> ——如果他們還未被列入名單的話。25

25 皮亞一九四二年十一月四日寫給卡繆的信，見：*Correspondance*, 108。

20 復原

卡繆讀到皮亞的信時已在法國安頓下來。這位患病的作家覺得，他尋求躋身文學公共世界的訴求沒有像他期望的那麼輝煌地成功，這次遷居是來得正好的可喜寬慰。他申請出遊終於獲得通過，一九四二年八月，他和法蘭桑住進了法蘭桑姑媽經營的一家寄宿舍，那是在一個名叫雷帕尼列（Le Panelier）的村莊，靠近高踞中央高原區的利尼永河畔勒尚邦（Chambon-sur-Lignon）。一如既往，皮亞試著為卡繆尋找機會，為他移居做好準備：卡繆原可以在格勒諾布爾（Grenoble）為一份小型報紙撰稿，同時擔任林務員工作——那是國有森林護林員一類的工作，屬於維琪政府維繫法國土地良好狀況的措施之一。[1]但卡繆健康欠佳無法從事吃力的工作。

卡繆每星期搭乘當地的火車從利尼永河畔勒尚邦前去聖艾蒂安市（Saint-Étienne）接受注氣法治療：把一種特殊氣體注入受感染的肺臟。其餘療程就得仰賴紅肉以及所謂露天治療的冷空氣了。十月初，法蘭桑離開這裡回到她擔任數學教師的奧蘭高中（Oran lycée）恢復教學工作，卡繆獨自留下來繼續治療。

卡繆在雷帕尼列待了十四個月，從一九四二年八月到一九四三年十月，做的事可多了，卻沒有復元。他在撰寫劇作和散文，還有一部新的小說；他跟一個由知識分子組成的抵抗運動網絡建立聯繫，也跟共產主義詩人蓬熱保持聯繫；蓬熱的詩集《萬物之聲》跟卡繆的《異鄉人》在同一個月出版。

卡繆已讓他的想像力充分從《異鄉人》和《薛西弗斯的神話》中解放出來，可以投入新的寫作計畫了。在雷帕尼列，卡繆開始寫作名為《誤會》的劇作，根據的故事來自莫梭在牢房的床墊所發現的同一份剪報。他被這個處境單純的悲劇吸引：遊子回到家中沒有人認得他，就這樣給母親和姊妹搶劫和謀殺了。

他回到「荒謬三部曲」的第一部作品《卡里古拉》的草稿。很清楚的是，不論戰爭會不會終結或如何終結，任何觀眾看了這部劇作都會想到希特勒。他在一九三九年想像構思的劇中那個自私、瘋狂的帝王，很容易被塑造成絕對權力的致命行使者。卡繆因此修改了這部劇作，卻仍然沒準備好出版它。

---

1 皮亞一九四二年五月二十日寫給卡繆的信，見：*Correspondance, 1939–1947*, ed. Yves-Marc Ajchenbaum (Paris: Fayard/Gallimard, 2000), 95。

他在奧蘭寫的一篇散文，結果成為了一部新小說的起點。〈牛頭怪——奧蘭行腳〉一文，夏洛曾有意以小冊子形式出版，卻不獲阿爾及利亞審查當局批准，因為寧可把供應正在縮減的紙張用於宣揚愛國思想的作品。但這篇諷刺文章提供了材料，讓卡繆可以撰寫一則奧蘭受瘟疫困擾的故事。他一直在搜集歷史上有關瘟疫的資料，但他有直接得多的資訊源頭可以利用，因為當時奧蘭地區爆發斑疹傷寒流行病疫情。他的朋友艾曼紐·賀布勒（Emmanuel Roblès）的妻子在名叫拉勒馬爾尼亞（Lalla Marnia）的村莊染病，他從賀布勒那裡獲得有關病人檢疫、染病者隔離營、患者病徵和情急拚命等待疫苗等方面的第一手消息。[2]他自己仍然受疾病煎熬，時或臥病在床，就憑著對奧蘭枯燥生活的記憶，他著手撰寫《瘟疫》這部小說：「這部編年史所描寫的不尋常事件發生在一九四│年的奧蘭。每個人都同意，考慮到他們相當特異的人格，他們跟這個地方都格格不入。因為奧蘭這個城市首先給人的印象就是平淡無奇，它不過是在阿爾及利亞海岸的一個大型法國港口……」[3]

《瘟疫》跟《異鄉人》是卡繆筆下完全不一樣的產物。它是一九四二到一九四七年間，在漂泊不定的處境下所寫，寫寫停停，就像《快樂的死》一樣難以組織起來，也往往同樣令人沮喪。小說開頭描述了市內最先死亡的一批老鼠，敘事者不想透露自己的姓名，因為他是在為一個陷入危機的社群說話。小說第一頁所說的「一九四│年」是給讀者的一個訊號，令人想到「這個瘟疫」的靈感來自一九四〇年代，也就是納粹占領期間。這部小說利用一個城市被疾病困擾的故事，表達一個超越於荒謬的願景：在對抗邪惡的鬥爭中團結的可能性，以及友誼和社群的力量。[4]這樣的故事讓卡繆確立為人文主義者。

卡繆的寫作變得更明顯具有政治性，他在雷帕尼列的寫作成果對於讀者閱讀《異鄉人》的方式產生了強有力的影響。如果卡繆在治療結束後回到阿爾及利亞，這方面轉變還會發生嗎？他的計畫是要回去跟法蘭桑團聚，回復平常的生活。他不想回到奧蘭達爾澤路與法蘭桑家人同住的居所：他渴望在阿爾及爾高地一個漂亮地點租房居住，就在比阿爾區（El Biar）或布札里（Bouzareah）——賀布勒有一幢公寓就在那裡。[5]但正當他的夢想在形成，世界又讓他的生活顛倒過來。

---

2 Emmanuel Roblès, *Camus, frère de Soleil* (Paris: Le Seuil, 1995), 38–41.

3 Albert Camus, *La Peste, Œuvres complètes*, ed. Jacqueline Lévi-Valensi, vol. 2, 1944–1948 (Paris: Gallimard, Bibliothèque de la Pléiade, 2006), 35；英譯本：*The Plague*, trans. Stuart Gilbert (New York: Knopf, 1946)。

4 為了那些知情的人，也無疑是為了自娛，卡繆在《瘟疫》裡一處地方像是向《異鄉人》眨眼示意：約瑟．葛蘭在一家菸草店無意中聽到一段對話，談到最近在阿爾及爾一個年輕公司雇員在海灘上殺了一個阿拉伯人。見：*La Peste, Œuvres complètes* 2:71。

5 Roblès, *Camus, frère de soleil*, 54；另見卡繆一九四二年十月十五日寫給柯尼葉的信：*Albert Camus–Jean Grenier, Correspondance 1932–1960*, ed. Marguerite Dobrenn (Paris: Gallimard, 1981)。

*

一九四二年十一月八日，盟軍展開登陸非洲的行動。這次的火炬行動（Operation Torch）派遣了六萬名軍人在北非海岸九個不同的海灘和港口登陸，包括阿爾及爾的西迪費呂希（Sidi-Ferruch）海灘和奧蘭市外從布伊色維爾沿海岸過去的安達盧西（Andalouses）。[6]在艾因圖爾克交戰幾小時後，本地的維琪軍隊就投降了。阿爾及利亞和摩洛哥落入同盟國管治，正式宣布解放。

在法國都會地區，希特勒的軍隊採取報復行動。十一月十一日，他們越過一九四〇年休戰協議劃定的分隔線，也就是把法國割裂為占領區和未被占領區的人為邊界。納粹占領了整個法國，使得南部地區所謂自治維琪政府更是前所未有的成為假象。到了一九四三年二月分隔線已不復存在，這弔詭的結果就是法國重新統一了。現在可以在國內往返旅遊或寄遞郵件了，從里昂和坎城到巴黎都通行無阻。但這樣的統一是處於屈服而不是自由狀態下。在里昂設立了自由區總部的報紙，包括《時報》、《巴黎晚報》和《費加洛報》等都暫停出版。皮亞現在也失業了。卡繆當前的問題就是，目前在同盟國控制下的阿爾及利亞完全跟歐洲斷絕了聯繫。他錯過了回家的最後一班船，像很多人一樣被困。「就像老鼠，」他在筆記寫道。[7]即使郵政服務也取消了。卡繆利用他在孤立和恐懼中的意識繼續寫作《瘟疫》。小說的主要角色是一個醫生和一個記者，他們都在奧蘭受到隔離，就像卡繆本身被困於法國。

到了一九四二年十二月，卡繆沒有法蘭桑的消息已經一個月了。他從休養的地方寄了三磅乾蘑菇給皮亞，附有烹煮說明。[8]他讀了布朗修的兩部小說，這位作家曾非常熱切地為《異鄉人》撰寫書評。山區的空氣對卡繆沒有什麼幫助，他體重繼續減輕。寫作是他的慰藉，但當他寫完了《瘟疫》的初稿，他寫信跟皮亞說，這部小說非常糟糕。[9]他考慮給它一個新的書名——《隔絕的人》（*The Separated*）。[10]

*

6 有關火炬行動，見：Rick Atkinson, *An Army at Dawn: The War in North Africa, 1942–1943* (New York: Henry Holt, 2002)。

7 *Carnets, Œuvres complètes* 2:966.

8 卡繆一九四二年十二月十一日寫給皮亞的信，見：*Correspondance*, 120。他在五月寄了蘑菇粉給柯尼葉，見一九四三年五月十九日的信：*Correspondance*, 94。

9 卡繆一九四二年十二月二十六日寫給皮亞的信，見：*Correspondance*, 125；內容見信件的附筆。

10 法文原文為 "Les séparés"（被分隔的人），見：*Carnets, Œuvres complètes* 2:979；英譯本：*Notebooks*, trans. O'Brien, 52: "notes on '*Les Séparés*,' second part"（經編輯整理）。

在這段孤獨而投入文學創作的日子，《異鄉人》和它的作者開始從批評家獲得新的更高一層的尊重，這樣的前景到了戰爭結束時，就把小說和作家帶到勝利的一刻。

一九四二年夏天，亨利．赫爾（Henri Hell）在阿爾及爾的文學雜誌《泉》（*Fontaine*）對《異鄉人》表示讚賞。[11]這是圈內人所做的事：赫爾是何西亨利．賴斯利（José-Henri Lasry）的筆名，他曾在卡繆的劇作中參與演出，也曾在一九三七年為《反與正》寫過書評。這次的書評提出了一個批判看法。赫爾有點拿不定主意：是否他所說的「卡繆寫作的僵硬不自然特質」並非「推動小說行進的任性心智」的太明顯標誌。[12]但他以高度讚揚作結，宣稱《異鄉人》是「最佳法國傳統裡的經典，透過絕對經典的技巧獲得這種成就」。[13]柯尼葉寫信跟卡繆說，這是迄今談到《異鄉人》最好的文章。[14]

六個月後出現的一篇文章，將會成為任何對《異鄉人》有興趣的人不可不讀的評論。沙特的〈《異鄉人》闡釋〉（The Stranger Explained）是一個轉捩點。在最初的一批書評之後，這部小說可能會淡出而隱沒在文學世界的背景裡，但當時已是重要哲學家和小說家的沙特所寫的這篇文章，讓卡繆這部作品在法國知識分子世界給突顯出來。沙特對卡繆的注視，以及他分析的認真態度，把《異鄉人》界定成為當代小說的必讀之作。沙特開口談論之後，《異鄉人》的未來就肯定獲得了保證。

選擇沙特作為《異鄉人》的書評人，早就是意料中事。從來不大喜歡沙特的馬爾侯，在小說的書稿送到巴黎之前就曾寫信跟皮亞說，一種潛在的危險就是卡繆這部小說會被拿來跟沙特的《嘔吐》

比較。事實上，波朗後來在他所寫的《異鄉人》審讀報告就說，這是「一部一流的小說，開頭像沙特……」；而在《費加洛報》，盧梭則認為莫梭欠缺了《嘔吐》那個反傳統主角羅岡丹的品質。很多讀者認定卡繆這部小說有如誕生自《嘔吐》的兒子，現在餘下來要做的就看沙特怎麼說了。

沙特這篇書評一九四三年二月刊登在馬賽出版的文學雜誌《南方筆記》（*Cahiers du Sud*）。這篇寫於一九四二年冬天的書評用上了赫爾在一九四二年秋天用過的同樣詞彙。沙特寫道：「《異鄉人》是一部經典作品，是有條理的作品，寫到有關荒謬同時對抗荒謬。」[15]但他所說的「經典」跟赫

11 Henri Hell, "Deux récits," *Fontaine* 4: 23, July–September, 1942, 352–55。《泉》雜誌由艾德蒙．夏洛出版，他也是卡繆首兩部著作的出版人和編輯。這本雜誌的編輯馬克斯波爾．福歇也是柯尼葉的學生，他曾是卡繆追求海赫時的情敵。

12 Hell, "Deux recits," *Fontaine* 4:23, 355.

13 同前引書。書評討論的兩部小說，第一部是馬克．貝納（Marc Bernard）的《赤子之心》（*Pareils à des enfants*），該書在一九四二年十一月贏得龔固爾文學獎（Goncourt Prize）。

14 柯尼葉一九四二年十月十八日寫給卡繆的信，見：*Correspondance*, 80–81；英譯本：*Correspondence*, trans. Rigaud, 59。

15 Jean Paul Sartre, "Explication de l'*Étranger*," Cahiers du Sud 30 (February 1943): 189–206；英譯本："*The Stranger* Explained," trans. Chris Turner，重印於：*We Have Only This Life to Live: The Selected Essays of Jean-Paul Sartre 1939–1975*, ed. Ronald Aronson & Adrian Van Den Hoen (New York: New York Review Books, 2013), 43。

爾所說的不同：沙特的讚美含正反兩面。

卡繆的《薛西弗斯的神話》在十月問世，沙特把這部哲學散文集跟《異鄉人》做對比，卻是比昂里歐前一年十一月在《時報》所做的對比寬厚。沙特這次可能是對卡繆以牙還牙，因為卡繆曾在一九三八年在《阿爾及爾共和報》發表《嘔吐》的書評（雖然《阿爾及爾共和報》是在偏遠地方出刊而發行量很小的報紙，沙特的出版商肯定會把卡繆的書評跟其他剪報一起寄給沙特）。卡繆當時辯稱，沙特作為哲學家比小說家來得好，《嘔吐》太過是由概念驅動，意象的驅動力不足。如今沙特在《異鄉人》的書評中宣稱，卡繆作為小說家遠比哲學家來得好，他提出的這項批評至今仍然緊隨著卡繆（沙特的主要哲學著作《存在與虛無》〔*Being and Nothingness*〕即將在當年六月出版）。

沙特說《薛西弗斯的神話》太冗贅，而稱讚《異鄉人》的遣詞用字幾乎奇蹟地產生了一種靜默感覺。他說，《薛西弗斯的神話》到處裝腔作勢提到雅斯培（Karl Jaspers）、海德格（Martin Heidegger）和齊克果等人，卡繆看來卻實際不了解這些思想家。這是強橫而尖酸的指控；這位巴黎知識分子提出這番教訓所針對的作家，從事創作的地點在法國的偏遠之地阿爾及利亞。

可是談到了《異鄉人》的語言，沙特就十分著迷而且深具洞見。他說這部小說的每個句子都像一個島，跟下一個句子被一種虛無感覺分隔開來。對於卡繆如何取得這樣的效果，他提出了一種理論：首先，使用平常的複合過去式（compound past tense），也就是一個助動詞加上一個過去分詞（例如：*il s'est promené*（他走著走著）），而不是較簡單的文學筆法的過去式（例如：*il se promena*（他走來走去））。這種區別在英文裡不存在，但即使不懂法文，也可理解沙特所說的卡繆喜歡用「分散」的動詞，也就是分割為兩部分的（如上例：*Il s'est promené*；又或如：*Je l'ai aimée*（我喜歡它））。[16]他所用的那種過去時態，是針對過去某一特別時刻，而不是描述持續一段時間的過去。莫梭在某一刻對瑪莉有欲望，卻是沒有延續性的。沙特引錄了一段這樣明顯的文字：Un moment après, elle m'a demandé si je l'aimais. *Je lui ai répondu que cela ne voulait rien dire, mais qu'il me semblait que non.* Elle a eu l'air triste. Mais en préparant le déjeuner, et à propos de rien, elle a encore ri de telle façon que je l'ai embrassée. C'est à ce moment que les bruits d'une dispute ont éclaté chez Raymond"（斜體字著重號是沙特所為）；據馬修．華德（Mathew Ward）的英譯，意思是這樣：「一分鐘後她問我是否愛她。我告訴她這並不表示什麼，但我並不認為我愛她。她看來很哀傷。但當我們在準備午餐，沒有什麼明顯原因，她笑成那個樣子，我就吻了她。就在這時，我們聽到雷蒙的房間像是響起打鬥的聲音。」[17]

即使在莫梭被判死刑之前，卡繆就為他創造了一個什麼都沒有延續性的世界。卡繆拒絕表達任

---

16 Sartre, "*The Stranger* Explained," trans. Turner.

何因果關係，因而強調了這種感覺，他使用連接詞把思想聯繫起來時，那種方式令人感到莫棱在兩者「之間」的思路很人工化並很任意（例如：「但我不認為我愛她」）。沙特沒有看到手稿，如果他曾看過，就會看到一些地方的修改正好是營造了他談到的這種風格：改變一個動詞的時態，加上「但是」、「並且」或「最後」等詞語。[18]

文學是沙特的遊樂場；他懂得法國小說的歷史，從個別的作家以至個別的句子。他提到，一個十九世紀的自然主義者所寫的會是：「一座橋跨越那條河」，卡繆喜歡用的句子卻是像：「那條河上有一座橋」。卡繆想透過簡單的動詞「有」來呈現出這座橋的一切被動情態，它的原始存在。沙特在《異鄉人》的一頁之內就找到了很多同樣效果的句子：「廳內有四名穿黑衣的男人」、「門外有一位我不認識的女士」、「靈車已停在大門口」、「車旁站著身材矮小的禮儀師」。

沙特的結論說，去除了因果關係和行動者，這樣的句子所營造的世界，其中的事物就孤立地存在，「被動、不可穿透、沒有交流、閃閃發亮」。[19]沙特在一九四二和一九四三年間撰寫這篇文章時，對卡繆的人生毫無認知；兩人當時從未謀面。他不可能知道卡繆在一個靜默的家長大，家中有一個失聰的媽媽和舅舅，但他從小說的句子直覺地體會到跟語言的一種關係，以及跟事物的一種關係，這是卡繆從他的家庭吸收過來的，家中有限的語言溝通令他傾向於把世界看成是由物體而非抽象概念組成。沙特的〈《異鄉人》闡釋〉證明了，要理解一部文學作品，不一定要對作者的人生有任何認識。

但我們還是要補充的是，對卡繆靜默的童年的認知，使得沙特這些直覺的評語看來更令人讚歎。

沙特注意到了《異鄉人》裡的阿爾及利亞背景，卻不曉得該對它說些什麼。他幾乎沒提到莫梭罪行的受害阿拉伯人，只是重複了那個荒謬的前提：令莫梭殺人的是太陽。他把《異鄉人》歸類為來自大海對岸的作品，是一部局外人小說，對於現代法國小說常見的兩大主題——再一次埋葬舊政

---

17 *L'Étranger, Œuvres complètes*, ed. Jacqueline Lévi-Valensi, vol. 1, 1931–1944 (Paris: Gallimard, Bibliothèque de la Pléiade, 2006), 161；英譯本：*The Stranger*, trans. Matthew Ward (New York: Knopf, 1988), 35; Sartre, "*The Stranger* Explained," 41.（斜體字著重號是沙特所為）（中文版編按：本書中若出現《異鄉人》的段落，皆以嚴慧瑩從法文翻譯的版本為主，而在這段落作者卡普蘭特別提及引用了英譯本，是以此處放上從英譯本翻譯的譯文。針對沙特此處的引文，嚴慧瑩的譯文是：「過了一會兒，她問我是否愛她。我回她說這沒有任何意義，但我感覺是不愛。她露出悲傷的神情。但是準備午餐時，她又沒來由地笑起來，她笑起來的模樣引得我又吻了她。這時，雷蒙家爆發出爭吵的聲音。」請參考：卡繆，《異鄉人》，嚴慧瑩譯（台北：大塊文化，二〇二〇），頁四六。）

18 舉例說，原稿："Il y a toujours eu des choses dont je n'aimais parler"（一直以來總有些事是我不想談的），修改為："Il y a des choses dont je n'ai jamais aimé parler"（有些事我從來不想談）；原稿："J'ai pensé que je n'aurais pas dû lui dire cela"（我認為我不該告訴他此事），用筆補上 alors（當時）變成："J'ai pensé alors que je n'aurais pas dû lui dire cela"（我當時認為不該告訴他此事）；原文："à ce moment, tout a vacillé"（這一刻，一切開始翻滾），修改為："C'est alors que tout a vacillé"（就在這時一切開始翻滾）。

19 Sartre, "*The Stranger* Explained," trans. Turner, 42.

權以及沉溺於自我厭惡，它都不感興趣。簡單地說，沙特補充，《異鄉人》可喜地提醒我們，在恐怖政治時刻，小說作品可以不必證明什麼而仍然有存在價值。沙特說，當你開始閱讀這部小說，最初覺得好像在傾聽單調的吟誦，像一個阿拉伯人在以鼻音唱歌；然後小說的結構顯現，你察覺到沒有一個細節不具作用，一切都是有必要的。對於莫梭在海灘上聽到來自那個具威脅性的阿拉伯人的蘆笛聲，沙特提出了古怪的間接評語；相對於他在書評中所提出的幾乎全都真確的觀察，這是其中最不令人信服的一點。沙特聲稱，《異鄉人》確切來說不是小說，而更像是一系列毫無動力的當下時間片刻。

最後，沙特不認同某些人對這本書所下的判斷，用他的話來說，那就是「海明威寫的卡夫卡」。他辯稱，卡夫卡創作的是一個象徵世界，而卡繆的世界卻很踏實。至於海明威，沙特認為卡繆可能借用了他那種句子短小而直接的方式，但沙特認為這是一種技巧而不是影響。沙特也不怎麼認同一些被視為標準的比較：「儘管它有取材自德國的存在主義者和美國的小說家，最終來說卻是很近似伏爾泰所說的故事。」[20]沙特認為《異鄉人》是一部經典，因為它令他想起了十八世紀那些用文學說教的作者所編造的精緻小故事。可是他才剛說過，這部小說背離了法國文學的主流，它無意肩負把舊政權埋葬的現代人任務。現在沙特就自相矛盾了。他把卡繆放回法國文學的地圖上，因為最終來說他的透視點逃不出他自己的文學教養。他很是恭維地把這部小說跟法國文學的一個高峰加以比較，但這卻是矛盾的讚賞之詞，把卡繆的阿爾及利亞背景所帶來全新而獨特的震撼力砍削掉，把小說踢回傳統文學的國度。

卡繆在三月寫信跟柯尼葉說，沙特這篇文章是文學剖析的一個典範，可是沙特卻沒有體認到文學創作在多大程度上出於本能，也就是這本書多大程度上是既有的而只是在他身上顯現出來而已：「心智沒有扮演那麼大的角色。」不錯，沙特的評語大部分是真確的，甚至是具啟發性的，「但為什麼是這種尖酸語調？」

至於沙特取笑《薛西弗斯的神話》裡提到的哲學思想，卡繆跟柯尼葉說，由於他的出身，他童年時的貧困，確保他絕對不會成為一個附庸風雅的人。柯尼葉不理解為什麼卡繆感覺受到冒犯：「沙特的文章寫得很好；我沒有察覺你表示反感的尖酸語調。很明顯他對你的分析是基於自己的想法，這是很自然的！」[21]（柯尼葉自己也做過同樣的事！）柯尼葉本身是巴黎知識分子世界的產物，比卡繆更能清楚看到沙特談到這部小說時語調裡帶著的威望。

20 同前引書，頁四三。
21 柯尼葉一九四三年三月三十一日寫給卡繆的信，見：*Correspondance*, 90；英譯本：*Correspondence*, trans. Rigaud, 67（經編輯整理）。

對《異鄉人》的其他論辯也正在幕後展開。波朗也許估量到沙特的書評賦予這部小說的新地位，向弗朗索瓦．莫里亞克推薦法蘭西學術院（French Academy）把一九四三年的最佳小說獎頒給《異鄉人》。他為了迎合莫里亞克的宗教觀點而試著提出的說法，對這位虔誠又具覺察力的天主教作家來說，必定看似露骨地刻意曲解：波朗聲稱，《異鄉人》這部小說所提出的問題就是：「如果我不首先愛上帝，我又怎麼能愛（我的母親和妻子）？」莫里亞克並不信服：「我對〔《異鄉人》〕毫無好感，但完全是由於技術上的原因；我覺得它的風格太迂迴曲折。在年輕人寫的小說裡，我期望見到直抒胸懷的感覺，在一種天真、自然的態度下讓自己達成解放……我覺得那些模仿美國人的作家很令人困擾。最微不足道的藝術布局成為了他們的炮製手法。我也許是錯的，我只是跟你分享我的印象而已。」[22]這一番私人交流彷彿是文壇兩個重要人物的速寫：扮演策略師的波朗赤裸地迎合莫里亞克的宗教觀，而莫里亞克則嘲笑自己的愛欲癖好又同時奚落波朗，說他期望看到年輕的男性小說家「讓自己達成解放」。卡繆對這番交流毫不知情。

在一九四三年整個冬天，卡繆花時間從頭思考了沙特的論辯。他沒有打算寫一封憤怒的信回應，就像他寫了卻沒寄給盧梭的那封信（這位《費加洛報》評論家給《異鄉人》所寫的分析充滿敵意）。取而代之，卡繆等待一個完美的時機，當一份地位崇高的雜誌向他邀稿，機會就來了。沙特的〈《異鄉人》闡釋〉在《南方筆記》刊出六個月後，在里昂出版而立場由殷勤有禮地支持維琪政府逐漸轉變為積極抵抗的文學雜誌《匯流》（*Confluences*），推出了討論「小說的問題」專輯。這一期的雜誌包含了重要作家和評論家對小說的看法，為新世代的文學辯論定下調子；這是一樁季度盛事。曾讚賞莫梭這個角色的《喜劇》雜誌評論家阿爾朗發表了一篇文章，盧梭也有供稿。意義不凡的是，卡繆這第一部小說出版才一年半，就成為了談論整個小說史的雜誌專輯不得不提到的作品：該雜誌的編輯勒內・塔佛涅（René Tavernier）在引言提到卡繆，跟卡夫卡一起被視為隨著社會心理結構發生轉化的最佳小說例子。[23]阿倫・波恩（Alain Borne）的文章提到卡繆是當代小說「其中一個重要名字」。[24]《異鄉人》嶄露頭角了。

卡繆在這一期《匯流》發表的文章題為〈心智與斷頭台〉（Intelligence and the Scaffold），談到在法國傳統裡所謂「經典」代表的是什麼意思，以及文學上的「心智」是由什麼構成。[25]沙特認定卡

---

22 莫里亞克和波朗之間的通信，一九四三年四月八日，見：*Correspondance 1925–1967* (Paris: Éditions Claire Paulhan, 2001), 203。

23 塔佛涅為專輯所寫的引言："Problèmes du roman," *Confluences* 21–24 (July 1943): 13。本書作者的翻譯：「顯然卡夫卡的《城堡》（*Castle*）或卡繆的《異鄉人》跟瑪德琳・斯居黛里（Mlle de Scudéry）的《偉大的西呂斯》（*Grand Cyrus*）或阿普留斯（Apuleius）的《金驢記》（*Golden Donkey*）是不能相提並論的，但我們是否認為《詩與真相一九四二》（*Poésie et vérite 1942*，副題為「地下抵抗運動詩集」）跟維吉爾（Virgil）相似？」

24 Alain Borne, "Sur Julien Green"，同前引書，頁一六〇—五。

繆是經典的道德主義者，而赫爾則談到卡繆以「任性心智」建構他的小說。卡繆做出回應，展現了他的自尊和智性上的好奇心，提出了機智而結構緊密的論辯，如果世間上像沙特這類人有所懷疑的話，就讓他們知道，他自己是具備充分能力擔當文學評論家的。

卡繆首先透過三個文學上的例子，說明經典法國小說具備完美控制的結構：《克萊維王妃》（*The Princess of Cleves*）（法國第一部經典小說作品）的一切布局是為了讓王妃最終投身修道院；《紅與黑》的一切布局是為了把于連．索海爾（Julien Sorel）送上斷頭台，而普魯斯特《追憶逝水年華》的一切布局都是為了讓敘事者進入蓋爾芒特（Guermante）沙龍雅集這一夥人中間。但其中的特別之處在於，所有這些作品都透過一系列有技巧的迂迴路徑才來到結局。卡繆沒有提到自己的小說，但任何讀過《異鄉人》的人都知道卡繆有他的迂迴路徑，就是其中的小插曲：薩朗瑪諾和他的狗的故事、餐廳裡那個機器人般的女人、旅行的商人被自己的母親和姊妹殺死的剪報，這些獲得書評人讚賞的人生片段看來完美地整合到小說所表現的荒謬意識當中，本身卻沒有指向任何寓意或教訓。沙特把《異鄉人》跟伏爾泰的說教故事相提並論，卡繆沒有非難，卻做出回應。他從法國小說史尋索的不是說教故事，而是一種無可避免的感覺，還有激情與節制之間至死方休的對抗，以及《異鄉人》字裡行間縈繞不散的深刻必然性。他一旦在小說史上占有一席之地，就想對這種體裁有發言權，要談到小說的力量和它獨特形式的智性表現。

*

在一九四三年的正面書評當中，最令卡繆感到高興的來自柯尼葉。他仍然是卡繆最忠誠的通信者，但在一九四三年他開始以權威身分寫到有關卡繆的事。這是他對這位最佳學生和親密朋友展開一輩子反思的起點。柯尼葉在《南方筆記》刊出沙特評論文章的同一期，發表了他自己對《異鄉人》的書評，比沙特的文章短得多，刊登於雜誌的書評專頁。他表達的是溫柔、抒情的欣賞之情。這也是他對先前信件中表達的疑惑十分公開地一項一項表示道歉，只有卡繆自己看得出來。柯尼葉對如今已成為經典的小說第一句表示認可：「今天，媽媽死了。」柯尼葉寫道，卡繆在小說開頭就像一個傑出的鋼琴家，以極大信心投入他的音樂，而沒有任何弦外之音，也用不著擔心什麼（對於句子太短的抱怨不復存在）。卡繆是第一個出生於阿爾及爾的作家卻能不用借助民間傳說而描寫這個城市的生活（他一九四一年五月在信裡也曾跟卡繆這樣說，是為了淡化他原來對這部作品的疑慮）。[26]

---

25 Camus, "L'intelligence et l'échafaud," *Confluences* 21–24 (July, 1943): 218–23，重印於卡繆作品全集：*Œuvres complètes* 1:894–900；英譯本："Intelligence and the Scaffold," *Lyrical and Critical Essays*, ed. Philip Thody (New York: Vintage, 1970), 210–18。

柯尼葉不同意卡繆所謂「世界柔靜的冷漠」這個概念，但認為這種想法在小說裡的表現是那麼強烈和誠懇，任何讀者都會受感動而採取某種立場。他總結說，《異鄉人》這部作品代表了一個人全身投入其中，這就認同了卡繆先前跟他所說的，儘管這位老師提出批評，這本書他還是會繼續下去。《異鄉人》「讓一個傑出藝術家顯現出來」。27

卡繆滯留雷帕尼列期間，柯尼葉寫給他的信特別親切。在卡繆抵達這個山區鄉村後不久，柯尼葉就提醒他說，自從他前去里昂路那個簡樸的公寓探望他，至今已有十年：「我記得我前去你在貝爾柯的家探望……在你眼中，我代表了**那整個社會**，但對我來說，你從來不是『異鄉人』。」28

26 柯尼葉一九四一年五月十一日寫給卡繆的信，見：*Correspondance*, 54–55；英譯本：*Correspondence*, trans. Rigaud, 38。

27 Jean Grenier, "Une œuvre, un homme," *Cahiers du Sud* (February 1943): 224–28.

28 柯尼葉一九四二年九月十九日寫給卡繆的信，見：*Correspondance*, 77；英譯本：*Correspondence*, trans. Rigaud, 55–56。卡繆九月二十二日的回信同樣的親切：「對，我記得你來貝爾柯探訪。即使今天，我還記得每個細節。也許，從絕對概念來說，你代表了整個社會。但你來了，在那天，我覺得，我不是我所想的那麼貧困。」頁五七（經編輯整理）。

21 從荒謬到反抗

不少人閱讀《異鄉人》是為了解開卡繆的人格之謎，它怎麼會成為這樣的一本書？卡繆在文學上的名聲，最初是在一九四三年由俄羅斯裔知名法國作家愛爾莎·特奧萊（Elsa Triolet）奠定基礎。她沒讀過《異鄉人》（因為手頭沒這本書），但她決定在她一部短篇小說的書名裡讓卡繆這部小說扮演一個角色——〈並非來自這裡的這個異鄉人是誰：梅蘭妮男爵夫人的神話〉（Who is this Stranger Who Isn't from Here or The Myth of the Baroness Mélanie）。她創作了一個稱為「異鄉人」的角色，但那人不是莫梭（她對莫梭一無所知），而是一個看似卡繆的制式化英雄人物。

特奧萊是作家路易·阿拉貢的妻子，也是具影響力的翻譯家和作家，在巴黎文化圈很有名，她最近才放棄了俄文而決定改以法文寫作。她是猶太裔，是來自一個傑出文學世家的共產主義知識分子，對於何謂異鄉人有自己的一套想法。自一九四三年起，她踏上了從巴黎出走的旅程，曾住進《匯流》雜誌出版人塔佛涅在里昂經營的一個非正式庇護所。卡繆在雷帕尼列期間經常前去里昂，在那裡皮亞介紹他跟一群流亡法國作家認識。卡繆遇上了阿拉貢，然後是特奧萊，這位女作家馬上被卡繆和他的作品吸引了。她寫作上述那部短篇小說，部分原因就是為了跟卡繆調情，也是為了回應《薛西弗斯的神話》，因為她對於這本書把重點放在自殺之上有所質疑：人生的根本奧祕該是變老而不是自殺吧？

特奧萊的短篇小說刊登於一九四三年的《詩刊》（*Poésie*），那是在里昂出版的另一份文學雜誌，自一九四〇年起刊出占領區和未被占領區作家的作品。[1]小說的主要人物是梅蘭妮．多布雷（Mélanie d'Aubrey）男爵夫人，她是一個變得愈來愈年輕的老婦人，直到某天，一個肌肉線條在絲質襯衫下起伏有致的年輕俊男突然看起來跟她年齡沒差多少了，他倆在一起不再那麼怪異了（特奧萊比卡繆年長十五歲）。特奧萊在結局引錄卡繆的話，讓她筆下的異鄉人說出《薛西弗斯的神話》裡的話，例如：「日常的假象又或荒謬隱藏在種種障蔽下的情景」以及「這個軀體就是我的原生地。因此我選擇了這種荒謬而徒勞的做法」。在故事最後一段，她所寫的不再是那個制式化的虛構異鄉人，而直接觸及了卡繆這個真實人物：「面對來自阿爾及爾的卡繆，小村莊的居民問道：『並非來自這裡的這個異鄉人是誰？』當時卡繆在當地避難，身在法國而驚異地得知美軍登陸（北非）。也許這些人憑著

---

1 Elsa Triolet, "Quel est cet étranger qui n'est pas d'ici?" *Poésie* 43:14 (May–June 1943): 11–26；本書作者英譯。

他們活躍的生命本能意識到這個異鄉人是個不平凡的神話，是哲學上的創獲，智性上的刺激，就像梅蘭妮．多布雷的滑稽諷刺神話一樣不可思議。」[2]

她揭開小說的面具，把卡繆指認出來，這個阿爾及爾避難者如今棲身的這個村莊，知情的人能認得出就是雷帕尼列。特奧萊開啟了一個趨勢，迎來了即將到來的存在主義明星作家時代，卡繆將變得像他的作品一樣富有魅力。她沒有讀過《異鄉人》，卻無礙於她透過這本書的書名來看卡繆，就像這個名字從書跳脫出來固定在卡繆這個人身上。她早幾年就預見了這個傳奇將會出現。

在私人通信裡，特奧萊責怪卡繆沒有回應她的宣言：「我有點兒印象曾發出愛的宣言，而你回應說：『我愛你像愛我的兄弟！』」[3]特奧萊的態度浮誇而堅定，但在她對友誼的憂慮背後是真實的恐懼。自從一九四〇年的逃亡潮以來她一直在流亡，阿拉貢有時在身邊有時不在；她一九四一年短暫往訪巴黎期間一度被捕後來獲得釋放。納粹一九四三年十一月侵略自由區之後，特奧萊再度逃亡，她對抵抗運動的參與也加強了。如果細讀她那個漫筆寫成的故事，就會發現生花妙筆背後帶著恐懼。

住在山區寄宿舍的卡繆比特奧萊安全，可是他周邊的危險是觸摸得到的。隔鄰的村莊利尼永河畔勒尚邦長久以來是基督教新教的重要基地，現在在牧師安德烈．托克默（André Trocmé）主持下成為了猶太兒童救援中心，當卡繆終於透過摩洛哥和法蘭桑取得聯繫，他用磨練得完美的密碼式語言寫信告訴她：那個夏天他的時間「大部分與兒童在一起，是一大群的兒童」。[4]他幫助一個農民家庭把一個底部有暗格的包裹寄給集中營裡的叔叔，暗格裡藏著可讓他逃跑的文件。據特奧萊的傳記作者記述，皮亞和卡繆曾為特奧萊和阿拉貢偽造身分證明文件。在一九四三年整年裡，日常的慷慨和眼前的悲劇，令卡繆向著活躍的抵抗行動走得愈來愈近。[5]

*

在一九四三年一月和六月，卡繆在伽利瑪出版社裡關係最密切的聯絡人詹寧．伽利瑪辦理了兩份通行證讓卡繆前去巴黎；在這兩次短暫卻收穫豐碩的旅程中，卡繆擴充了他的知識分子人際網絡。

---

2 同前引書，頁二六。

3 特奧萊一九四四年一月六日寫給卡繆的信；取自普羅旺斯地區艾克斯市立圖書館卡繆文獻中心尚在編纂中的卡繆與特奧萊通信集：Julia Elsky (ed.), Camus-Triolet correspondence。

4 卡繆一九四三年九月十七日寫給法蘭桑的信。他的信經西班牙控制的摩洛哥城市梅利亞（Melilla）寄達法蘭桑那裡。信件由凱瑟琳．卡繆提供。

5 妮可拉．簡涅瑞（Nicole Giannière）二〇一〇年七月二十六日寫給凱瑟琳．卡繆的信；凱瑟琳．卡繆提供。有關特奧萊，參見：Julia Elsky, "French and Foreign: Émigré Writers in Occupied France"（耶魯大學博士論文，二〇一四年五月）。

巴黎的文學界很急切想跟《異鄉人》的作者見面。六月旅程的亮點，就是沙特的劇作《群蠅》（*The Flies*）在當時所稱的城市劇院（Théâtre de la Cité）開演（但敢於對抗的巴黎人仍然用原來的真實名稱把它叫作莎拉・伯恩哈特劇院〔Théâtre Sarah Bernhardt〕——它以知名法國猶太裔女演員命名）。在劇院大廳裡卡繆向沙特自我介紹，兩人握了手。

山區裡的生活對卡繆來說不是好事。「這個國家對我形成重壓，」他一九四三年四月十五日寫信跟柯尼葉說：「當我能再次在海灘上跑動，我就已經太老了。」同年十月卡繆取得另一個通行證，離開雷帕尼列住進巴黎一家飯店。皮亞跟波朗談妥了一項安排，讓卡繆每月拿取二千五百法郎收入，那是預支未來的版稅；另外他獲得一份穩定工作，在伽利瑪出版社負責閱稿，每月可得四千法郎。這僅堪應付生活開支。卡繆並馬上獲選進入新設文學獎七星詩社獎（Prix de la Pléiade）的評審委員會，其他評審有些曾給他的書寫書評，有些是別人拿來跟卡繆比較的，包括了柯尼葉、布朗修、阿爾朗、馬爾侯、波朗和沙特。卡繆前去花神咖啡館，跟沙特和波娃喝咖啡，吸食唯一可取得的香菸——那是用桉樹樹葉取代菸草的糟糕仿製品。[6] 他們三人談論文學，發現他們一致欣賞蓬熱的《萬物之聲》。[7]

大家知道的是，卡繆是作家和編輯，住在椅子路（rue de la Chaise）的密涅瓦飯店（Hotel Minerve），每天到塞巴斯蒂安博坦路工作，與另一位編輯雅克・勒馬善（Jacques Lemarchand）共用一個辦公室，這位同事曾在巴黎其中一份最狠毒地反猶太並最樂於與占領者協作的報紙《禾束》（*La Gerbe*）發表文章。[8]儘管彼此之間存在著意識形態的鴻溝，他們卻對戲劇有共同愛好，兩人成為了忠實朋友。這種友誼是奢侈品，是武裝抵抗者間無法享有的。

隨著一九四三年即將結束，抵抗運動面對愈來愈致命的報復，處死更為常見，但巴黎的生活還是可以很令人著迷：沙特請卡繆在他的新劇作《無路可出》（*No Exit*）扮演賈森（Garcin）的角色，他們在飯店房間排演期間，女主角涉嫌參與積極抵抗運動而被逮捕。沙特放棄了這個演出計畫，後來起用職業演員製作這部戲劇。卡繆現在是這群人的核心。當萊利（Leiris）夫婦米歇爾（Michel）和露易絲（Louise）安排畢卡索搞笑的劇作〈抓住欲望的尾巴〉（Desire Caught by the Tail）的一次讀劇演出，卡繆也在場。布拉塞（Brassaï）拍攝的一張具歷史意義的照片，其中可見沙特、格諾、波娃、

---

6 Emmanuel Roblès, *Camus, frère de soleil* (Paris: Le Seuil, 1995), 72.

7 Ronald Aronson, *Camus and Sartre: The Story of a Friendship and the Quarrel That Ended It* (Chicago: University of Chicago Press, 2005), 9–10.

8 當格拉塞出版社出版弗里德里希·斯伯格（Friedrich Sieburg）的著作，他是在被占領的巴黎為納粹執行文化任務的中心人物，勒馬善為《禾束》訪問了他。見：Olivier Corpet & Claire Paulhan, *Collaboration and Resistance: French Literary Life under the Nazi Occupation*, trans. Jeffrey Mehlman (New York: Five Ties Publishing, 2009), 136；引錄了勒馬善所寫有關該次訪問的日記。

拉岡（Jacques Lacan）和瑪麗亞・卡薩荷絲（Maria Casarès），卡繆在前方中央，在畢卡索前面跪著，一隻手放在膝蓋上，對那隻阿富汗獵犬卡貝克（Kabek）比對其他人更有興趣；他右邊是愉快的沙特，左手邊是哀愁的米歇爾・萊利。[9]

在這些俗務之外，卡繆也展開了抗敵的人生。就如皮亞把他帶進《阿爾及爾共和報》，又為他的第一部小說在伽利瑪出版社扮演引導角色，這位經驗豐富的報紙編輯如今也把卡繆帶進《戰鬥報》（*Combat*）的編輯團隊，這份地下報紙在巴黎狹小的公寓套間和傭人房裡編製，在里昂一個祕密印刷廠印製。編輯團隊很小，但在政治上，《戰鬥報》比卡繆見識過的其他一切都重要，這份工作改變了他。卡繆取得了一張偽造身分證，上面的姓名是阿爾貝・馬特（Albert Mathé），還有配合的偽造出生證書。他的同道人叫他「博沙」（Beauchard）（沒有人使用真名）。當皮亞投入其他抵抗活動，卡繆就代他當報紙的總編輯，這份報紙到了一九四四年每三個星期出刊一次，發行量達二十五萬份。他過去六年學習如何令一份報紙運作的種種能力，不管是團隊組織、組版還是表述政治立場，如今都派上用場。製作《戰鬥報》的那個小而勇敢的團隊，認定卡繆前來參與是一樁幸事，《戰鬥報》抵抗運動祕書長雅克林・貝納（Jacqueline Bernard）尤其認為如此。[10]

在一九四一年，皮亞曾預言卡繆未來有很多機會把莫梭對神父發怒的那個場景所探索的感覺進一步發展。[11]卡繆在一九四三年構思了一部短篇小說，作為〈給一位德國朋友的信〉（Letters to a

German Friend）系列作品的其中一篇，最初在地下刊物《解放筆記》（*Cahiers de la Libération*）發表，描述一個偽善的納粹神職人員與一個殺人如麻的國家同流合污，故事以抵抗運動的一位法國教士作結。作品在藝術上很具卡繆特色，但對神職人員很不一樣的描寫，顯示他從《異鄉人》對宗教的憤怒往前走了多遠。

故事開頭是十一個法國人質乘坐卡車前往墓地，將在那裡被處決。其中四、五個人的罪行是在抵抗運動做了些小事，包括散發傳單和參加會議。其他人則什麼都沒做過。其中一人是一個十六歲的男孩。在卡車後面坐在這個男孩旁邊的是個納粹神職人員，他告訴男孩必須為死亡做好準備，上帝將會臨近，作為神職人員他是男孩的朋友。

卡車向著目的地進發，人質都坐在後頭，那個男孩看到卡車帆布帳篷蓋有個缺口，便抓緊機會打開蓋口跳下車去。在這關乎命運的一刻，那個神職人員必須決定：他站在自己黨羽的一邊還是烈

---

9 布拉塞的照片很容易在網上找到，並載錄於以下一書：Alan Riding, *And the Show Went On: Cultural Life in Nazi-Occupied Paris* (New York: Vintage, 2011)。

10 資料來自弗朗索瓦斯．瑟利格曼（Françoise Seligman）的訪問，她是《戰鬥報》團隊仍然在世的成員，見以下電影：Joël Calmettes, *Albert Camus journaliste*, Chiloé Productions, 2012。

11 皮亞是在回應馬爾侯建議神父場景需要進一步發展的忠告。事實上卡繆有在這個場景上繼續下工夫。見本書第16章。

士的一邊？他拍擊卡車前部喚起軍人注意，讓他們抓住了男孩把他送回這個行進中的監倉。

卡繆發揮他一貫的明智判斷力。就如他在《異鄉人》沒有加進斷頭台的場景，他也沒有把這個故事一直寫到行刑隊處決，而是留給讀者自行想像。在結語裡，他直接向作為虛構信件收信人的德國朋友說：

我肯定你可以很容易想像到餘下的內容。但很重要的是讓你知道誰給我講這個故事。那是一位法國教士。他對我說：「我為這個人感到羞恥，而我很高興地相信沒有法國教士願意讓他的神協助謀殺。」……在你的國家，甚至神都徵召入伍了。12

一個神職人員在抵抗運動中可以是邪惡力量或善良力量。那個德國神職人員不是由於他的處境而成為偽善者，像《異鄉人》裡的情況。他就像任何其他普通人，要做出政治上的決定。

一九四四年四月，納粹武裝親衛隊在阿斯克（Ascq）屠殺了八十六人，是對抵抗運動大開殺戒的報復，卡繆運用小說家的技巧，讓《戰鬥報》讀者感覺到自己是歷史的一部分，了解到這是可能發生在他們身上的悲劇。他在一篇地下發表的社論寫道：

> 八十六人，就像你們——這份報紙的讀者，在德國人的槍枝前走過。八十六人：足以填滿三、四個像你目前坐在其中那樣大小的房間。八十六張臉孔，扭曲的或帶著違抗表情，八十六張被震驚或仇恨淹沒的臉孔。屠殺延續三小時，每個遇害者稍多於兩分鐘。三小時，你們有些人一天裡用來吃晚餐或跟朋友靜靜交談的時間，或其他地方的人看一部電影或拿虛構冒險故事來說笑的時間。三小時，一分鐘一分鐘下去，沒有鬆懈，沒有停頓，在一個法國村莊，一槍接一槍，扭動著的身體摔落到地上。[13]

卡繆為抵抗運動所寫的社論在簡潔中表現出力量，令一個生死攸關的處境活現出來。在一九四四年，他的寫作帶有當時的抗爭感覺，跟推動他的小說那種較為個人化的問題一樣具說服力。

---

12 *Lettres à un ami allemand*, second letter, *Œuvres complètes*, ed. Jacqueline Lévi-Valensi, vol. 2, 1944–1948 (Paris: Gallimard, Bibliothèque de la Pléiade, 2006)；英譯本：Albert Camus, "Letters to a German Friend," *Resistance, Rebellion, and Death*, trans., Justin O'Brien (New York: Knopf, 1960), 17–18。

13 見《戰鬥報》（地下報紙）第五十七期（一九四四年五月），收錄於卡繆作品全集：*Œuvres complètes*, ed. Jacqueline Lévi-Valensi, vol. 1, 1931–1944 (Paris: Gallimard, Bibliothèque de la Pléiade, 2006), 916；英譯本：*Camus at Combat: Writing 1944–1947*, trans. Arthur Goldhammer (Princeton, NJ: Princeton University Press, 2006), 6。這段文字在以下紀錄片中大聲朗讀出來：Joël Calmettes, *Albert Camus journaliste*。

他的人際網絡裡發生的連串悲劇，令他清楚體會到抵抗運動的巨大風險。以「克萊」（Clair）為代號在里昂地區擔當《戰鬥報》運動領袖的詩人勒內．雷諾（René Leynaud），一九四四年五月被捕並被行刑隊處決。跟卡繆在《戰鬥報》地下報紙緊密合作的貝納一九四四年七月被逮捕，遞解到拉文斯布呂克（Ravensbrück）集中營。以「維倫」（Vélin）為代號的《戰鬥報》里昂印刷人被納粹祕密警察抓捕並殺害。卡繆了解到面對的危險，七月初離開了巴黎，前往梵得樂鎮（Verdelot）避難，住進了伽利瑪出版社另一位作家布赫斯．巴漠（Brice Parain）的房子。同盟國軍隊六月六日登陸諾曼第，向著巴黎進發，卡繆和《戰鬥報》運動的其他人都知道解放近在眉睫了，現在就只是設法再存活幾個禮拜的問題。

在充滿了悲劇的七月，卡繆有個不尋常的下午，在巴黎市郊納伊（Neuilly）一幢房子裡，跟馬爾侯的伴侶茱瑟蒂．柯洛提一起度過。卡繆得悉他的小說在藏書者間身價高漲，看準了一個機會。卡繆聽著柯洛提從頭到尾唸出《異鄉人》每一個熟悉的句子。他在蒙馬特的飯店曾寫道，這部小說像是鐫刻在他內心，那是稍多於四年前的事了。柯洛提一邊唸，卡繆一邊寫下來，創造了一份偽造手稿。這是他親筆寫的，但他更進一步，把它弄得像是早期草稿，到處有句子被塗改過，文字也跟已出版的小說不完全一樣，肯定對收藏家來說很具吸引力。他在書頁邊空白的地方畫了一個太陽、一座斷頭台和承托著棺木的架子。完成後他把紙張散落地上，用鞋子壓著往地板摩擦，讓它們看來又老舊又殘破。[14]伴隨著這一番無賴行為的，是一陣笑聲和愉快的心情，他獲得了暫時的紓解。這個造假場面完美地捕捉了三十歲的卡繆的特質：對於認定他是最新一顆明星的文學世界不懷敬意，並蔑視不愛文學的批評家。他很高興自己能嶄露頭角，卻總是保持獨立，不會因為名聲受到困擾。此外，在這個黑市盛行、假文件充斥的時代，而且自己生命危在旦夕，創造這份偽造手稿，看來肯定是補充一下收入的無傷大雅之舉。

在寫給柯尼葉的一封信裡，卡繆這樣描述被占領和抗爭歲月面對的矛盾：「歷史給倒轉過來，可是我們渺小的生命繼續下去。」[15]

---

14 稿件在地板上的情況是根據二〇一四年十一月十四日本書作者在盧爾馬蘭鎮對凱瑟琳．卡繆所做的訪問。有關這份偽造手稿，參看安德烈．阿布在卡繆全集版《異鄉人》談及所謂「米尤手稿」的一項有用的註釋：*L'Étranger, Œuvres complètes* 1:1262。

15 卡繆一九四三年三月九日寫給柯尼葉的信，見：*Albert Camus–Jean Grenier, Correspondance 1932–1960*, ed. Marguerite Dobrenn (Paris: Gallimard, 1981), 89；英譯本：*Albert Camus and Jean Grenier Correspondence*, trans. Jan F. Rigaud (Lincoln: University of Nebraska Press, 2003), 67（經編輯整理）。

22 到地面上

在一九四四年八月二十一日，漫長的苦難快要完結了。一次民間起義，加上菲利普・勒克萊爾（Philippe Leclerc）將軍所帶領的同盟國軍隊抵達，巴黎就解放了，雖然法國仍在戰爭中。卡繆寫道，巴黎「從恥辱獲得解放」，它擺脫了德國的街道標誌、納粹的旗幟，還有駐紮在頂級飯店和市內政府機構的德意志國防軍和祕密警察，大家準備好把法國三色旗升起來並把共和國恢復過來了。[1]這個星期卡繆以最為公開的方式從地下生活冒出來：他在剛獲解放的法國國家電台讀出他為《戰鬥報》所寫的第一篇「到地面上」的社論。[2]一九四四年十月，當法蘭桑終於能安全地從阿爾及爾前往巴黎，她馬上體會到她的丈夫是法國抵抗運動精神的全國以至國際發言人。

《戰鬥報》的影響即時可見。在羅米路（rue Réaumur）該報紙和其他幾份新刊物辦公室所在的建築前，每天都有人群聚集，先前這是《巴黎人報》（*Pariser Zeitung*）的總部，這份德國日報隨著巴黎的解放而壽終正寢。在維琪法國期間採妥協態度的報紙被禁出版。這是一個全新的新聞天地。

紙張供應仍然短缺，因此最新一期的《戰鬥報》總是在社外的玻璃櫥窗陳列出來，社論沒有署名，但所有人都知道是卡繆寫的，或是由試著模仿卡繆語氣的同事執筆。卡繆在廣島原爆後對原子世界的危險提出警告。他報導了阿爾及利亞東部的不公義事件，那裡剛發生穆斯林退役軍人被殖民地政府屠殺的悲劇。他估量了法國受到的創傷，設定了國家在物質和精神上重建的標準。卡繆跟《費加洛報》主要社論撰寫人和代表左翼天主教聲音的莫里亞克展開筆戰，爭論與納粹協作者該受到寬待還是基於公義要受到最嚴厲的懲罰。[3]

最初幾個月卡繆在《戰鬥報》採取強硬立場，辯稱通敵協作者應該永遠被排除在政治群體之外，就像為了挽救一棵樹而把朽壞的樹枝砍掉。[4]可是當代表納粹協作精神的法西斯報紙《普及報》（Je

---

1 卡繆一九四四年八月二十一日刊登於《戰鬥報》的文章，英譯見："From Resistance to Revolution," *Camus at Combat: Writing 1944–1947*, trans. Arthur Goldhammer, (Princeton, NJ: Princeton University Press, 2006), 12–13。

2 卡繆的電台社論轉錄錄音帶，蘭辛市（Lansing）密西根州立大學（Michigan State University）的圖書館有收藏："Albert Camus speaks over Free French Radio on the Day of the Liberation of Paris".

3 莫里亞克指斥卡繆太傲慢，說他是「從他尚未問世的代表作高高在上的地位」發言，引錄於：Alice Kaplan, *The Collaborator: The Trial and Execution of Robert Brasillach* (Chicago: University of Chicago Press, 2000), 193。

4 見《戰鬥報》第五十六期（一九四四年四月）一篇沒有署名的文章；英譯："Outlaws," *Camus at Combat*, ed. Jacqueline Lévi-Valensi, trans. Arthur Goldhammer (Princeton, NJ: Princeton University Press, 2006), 4。

Suis Partout）撰稿人兼編輯羅勃・布哈斯雅克一九四五年一月接受特別法庭審訊並被判死刑，卡繆答應連同馬爾侯簽署請願書請求免除布哈斯雅克一死。他清楚表明，他簽署請願是基於原則而不是對布哈斯雅克有任何仰慕之處，事實上他對當事人毫無好感，因為他肯定如果情況倒轉過來，布哈斯雅克也不會對那些在抵抗運動中遭祕密警察殺害的知識分子出一份力。[5]他對馬爾侯的善心抱有懷疑，因為那帶著宗教的弦外之音，但就如他曾提到，作家一再回到同樣的幾個主題，現在他也再次回到自己個人感受的原點：推動莫梭故事的、由國家施行死刑的同一種恐怖感覺。最終他認定馬爾侯是對的。

一九四五年最初的幾個月是很殘暴的。布哈斯雅克二月六日被行刑隊處決，對巴黎的知識分子社群傳達了一個警告訊號：他們需要嚴肅看待自己身為作家的責任。說過的話是算數的。曾在《新法蘭西評論》為伽利瑪出版社和納粹扮演中間人的法西斯主義者拉何榭，在被傳召到法庭應訊前就自殺了。曾被「亞利安化」的出版商，包括加斯東・伽利瑪，在肅清委會員面前等待處置。卡繆挺身為他的出版人辯護，跟他一起的還有馬爾侯和沙特，結果伽利瑪出版社免受制裁進入戰後時代。[6]

戰後早期，卡繆一群朋友從阿爾及利亞來到巴黎，乘著卡繆成功的浪頭各有所為：夏洛決定在維納依路（rue de Verneuil）開設一家出版社；弗赫敏維爾展開了廣播電台生涯；賀布勒帶著記憶猶新的戰時通訊員經驗，經常為了他劇作的公演來訪巴黎。卡繆往日的情敵福歇也把他的雜誌《泉》

帶到了巴黎。沙特對卡繆這些西班牙裔和阿爾及利亞的密友印象深刻，卡繆最初跟他建立友誼的有趣和率真表現很令他十分欣賞：他回憶說，實在非常有趣。這位《戰鬥報》的主持人說話帶有阿爾及利亞口音，聽起來就像普羅旺斯口音。卡繆的「阿爾及利亞性格」令沙特感到別具妙趣而迷人。[7]

《戰鬥報》辦公室裡有一個人坐在辦公桌前看似什麼都不用做。大家會指著他耳語：「他就是《異鄉人》的角色模型！」[8]他是皮耶・蓋林多，是卡繆在「世界之上的房子」的愛侶克莉斯蒂安的兄弟，他也由於卡繆的關係來到了巴黎，在報社擔任一份名義上的工作。他曾在布伊色維爾跟賓素森兄弟在一起，是海灘上那次傳奇性鬥毆事件的目擊者。對卡繆來說，他令人想起一個已失落的世界。每當有人問到，卡繆總愛回答說《異鄉人》有三個角色模型：「兩個男人（包括我自己）和一個女人」，那指的是蓋林多和他自己的前女友杜凱拉。他也許只是說笑。[9]

卡繆和皮亞在《戰鬥報》聚集起一群年輕記者，就如皮亞在《阿爾及爾共和報》所做的，他

---

5 有關這次請願，參見：Kaplan, *The Collaborator*, 189–201。

6 Alban Cerisier, *Une histoire de "La NRF"* (Paris: Gallimard, 2009), 457–58.

7 Simone de Beauvoir, *La cérémonie des adieux suivi d'Entretiens avec Jean-Paul Sartre* (Paris: Gallimard, 1974), 380.

8 羅傑・柯尼葉以下一文敘述了這起軼事："À 'Combat' avec Albert Camus," *Instantanés* (Paris: Gallimard, 2007), 55。

們是經驗尚淺卻滿腔熱情的作家，大部分是先前投入法國抵抗運動的人，是可以訓練的人才。在一九四五年二十六歲的羅傑・柯尼葉（Roger Grenier，跟尚・柯尼葉沒有關係）曾在羅米路一百號規模較小的報紙《自由報》（*Libertés*）工作。他對《戰鬥報》很欣賞，那是戰後聲望最高的報紙，辦公室就在《自由報》樓上。一九四四年一月羅傑在穆菲塔路（rue Mouffetard）一個書攤找到了一冊《異鄉人》。曾在克萊蒙費朗參與抵抗運動的一個朋友給他提供了這本書作者的資料：「他是解放後一份報紙的策劃人。」[10]

當卡繆受到《曙光報》（*L'Aube*）的基督教民主黨人攻擊，指稱他作為存在主義者師承了海德格的納粹思想，羅傑怒不可遏，在《自由報》發表了一篇文章力挺卡繆。[11]卡繆對他表示感謝，問他要不要在《戰鬥報》撰寫戲劇評論。[12]羅傑因此進入了卡繆的世界，不久之後開始報導塞納法庭（Cour de Justice de la Seine）對納粹協作者展開的審訊。一九四五年新年當天所拍的一張有名的報社職員合照中，他就是那個戴著黑眼鏡、眼神明亮的年輕人，以平靜中帶著睿智的神情直望著鏡頭。卡繆曾從一位人師級人物學會了指導別人的技巧，他對羅傑的忠誠就如皮亞對他的忠誠一樣。他也信守諾言，先是在報社然後是在伽利瑪出版社為羅傑撰寫的稿件擔任編輯；羅傑在伽利瑪出版了有關肅清審訊的書，卡繆在出版社的編輯任務也加重了。[13]卡繆閱讀他的稿子並提出評語：「你用了荒謬一詞四次了——夠了！」

當《戰鬥報》最初從地下走上地面，卡繆為它選擇的座右銘就是：「從抵抗到革命」。「革命」在這裡所指的不是馬克思主義者的革命，而是價值觀上的革命，把抵抗運動的精神和領導能力帶進和平時期。自從在《阿爾及爾共和報》的日子開始，皮亞和卡繆就都對國家在基本上抱有懷疑態度，在一九四五年愛國心態瀰漫的氣候裡，他們把《戰鬥報》定位為民主和社會公義的監察者，立場居於戴高樂（Charles de Gaulle）總統的左邊和共產黨的右邊。皮亞對報社職員說，他們在嘗試創造一

---

9 卡繆談莫梭的三個模型，引錄於：Roger Grenier, *Albert Camus: Soleil et ombre* (Paris: Gallimard, 1987), 104。莫梭的另一個模型也經常被提及：卡繆據信對他在阿爾及爾的畫家朋友索佛．蓋利埃洛（Sauveur Galliero）說「從他身上獲益良多」，引錄於：Olivier Todd, *Albert Camus: Une vie* (Paris: Gallimard, 1999), 267；英譯本：*Albert Camus: A Life*, trans. Benjamin Ivry (New York: Knopf, 1997), 152。

10 Roger Grenier, *Paris ma grand'ville* (Paris: Gallimard, 2015), 30.

11 Roger Grenier, "Nazis sans le savoir," *Libertés*, October 26, 1944, 4。有關羅傑．柯尼葉最初與《戰鬥報》的關係，見他以下文章及專著："À 'Combat' avec Albert Camus," 37–57; *Paris ma grand'ville*, 57–58。有關他在《戰鬥報》與皮亞和卡繆的接觸，另見他以下專著：*Pascal Pia: le droit au néant* (Paris: Gallimard, 1989)。

12 勒馬善在伽利瑪出版社與卡繆共用一個編輯辦公室，他不久之後負責撰寫戲劇評論，羅傑．柯尼葉就成為全職的普通記者。占領期間勒馬善曾在與納粹協作的報紙《禾束》發表書評，但他與卡繆的穩固關係讓他在抵抗運動報紙《戰鬥報》占得一個好職位。

13 羅傑．柯尼葉以下一書是根據他為《戰鬥報》報導肅清審訊的經驗而撰寫：*Le rôle d'accusé* (Paris: Gallimard, 1949)；該書收入卡繆為伽利瑪所編的「希望」叢書。

份「合乎理性」的報紙，但由於世界是荒謬的，他們註定失敗。[14]他們的理想主義難以維持，因為不久之後，就在法蘭西第四共和國曙光乍現之際，戴高樂支持者、共產主義者和基督教民主黨人之間的爭吵就取代了抵抗運動的政治觀。甚至皮亞和卡繆也開始意見不合了。卡繆儘管對於他為報社集合起來的團隊仍然懷著愛意，也無計可施了。在一九四五年秋天他放下《戰鬥報》的工作，把精力集中在自己的著作上。當時他三十一歲，已是夠成功了，因此他在筆記提到，開始憂慮特殊地位、金錢和面對各種邀約而持續分心的惡劣後果。[15]他也新近成為了父親：法蘭桑一九四五年九月五日誕下一對孿生子女尚恩（Jean）和凱瑟琳（Catherine）。

一九四六年三月十日，卡繆乘坐貨輪奧勒岡號（*Oregon*）前往紐約。法國駐美大使館文化參贊克勞德・李維史陀（Claude Lévi-Strauss）邀請卡繆以官方正式訪問美國。這次機會讓這位作家可以談到法國解放後的氣氛，並發表《異鄉人》的首個美國版本。[16]史都華・吉伯特（Stuart Gilbert）的英譯本快要由克諾夫（Knopf）出版社刊行，而出版者和作者的配對可說最好不過了，因為克諾夫在出版業內的歷史跟伽利瑪出版社差不多一樣長，聲望也相當，它也出版了一些對卡繆來說至為攸關重要的書，包括了凱恩的《郵差總按兩次鈴》（一九三四年）和卡夫卡的《審判》（一九三七年）。卡繆是熱切期待下的法國抵抗運動發言人，同時不管他喜歡與否，也是一個稱為「存在主義」的新運動的代表。

14 Roger Grenier, “À ‘Combat’ avec Albert Camus,” 44.

15 Albert Camus, *Carnets 1935–1948, Œuvres complètes*, ed. Jacqueline Lévi-Valensi, vol. 2, 1944–1948 (Paris: Gallimard, Bibliothèque de la Pléiade, 2006), 1033.

16 Elizabeth Hawes, *Camus, a Romance* (New York; Grove Press, 2009)：本書有關一九四六年紐約行程的一章，是卡繆美國之行的基本資料來源。有關此行的完整外交歷史，見：Fernande Bartfeld, “Le Voyage de Camus en Amérique du nord,” *L’homme révolté cinquante ans après*, Les Lettres Modernes: Albert Camus 19, ed. Raymond Gay-Crosier (Paris: Lettres Modernes/Minard, 2001), 203–27；另見藏於拉庫爾訥夫市（La Courneuve）的法國外交部原始檔案資料：Relations Culturelles 1945–1959, sous-série 1945–1947。外交部在為期兩個月的行程（稱使節團訪問）裡每個月付給卡繆四百美元津貼，卡繆訪問了多所大學，包括哥倫比亞、哈佛、瓦薩學院（Vassar College）、布林莫爾學院（Bryn Mawr College）和布魯克林學院（Brooklyn College）。

23 存在主義雙胞胎

雖然很少美國人讀過《異鄉人》的法文版（在法國戰時這本書一冊難求），有關這本書的言論卻飄洋過海到了美國。布蘭琪・克諾夫（Blanche Knopf）在一九一五年跟丈夫阿爾弗雷德（Alfred）一起創辦了克諾夫（Alfred A. Knopf, Inc.）這家美國出版社，她對出版當代歐洲文學的英譯本特別感興趣。戰爭期間她跟法國斷絕了聯繫，但到了一九四五年二月，她跟克諾夫公司的巴黎版權代理珍妮・布拉德利（Jenny Bradley）重新聯絡上了。沙特在哈佛大學一次演講中稱讚卡繆的一部新小說，那是仍在手稿階段的《瘟疫》，布蘭琪就打電報給布拉德利，要看這部小說的校樣。[1]《瘟疫》的內容跟德國占領期間法國的苦難和英勇表現有關，肯定引人注目，但布蘭琪了解，為了獲得這部新作的版權，克諾夫可能要同時買下《異鄉人》的版權。阿爾弗雷德二月打電報給布拉德利，很焦急地想獲得卡繆還在撰寫中的《瘟疫》的版權，但他對《異鄉人》有所猶豫。到了一九四五年三月，他拿定主意，提出以三百五十美元買下《異鄉人》的美國英譯版權。

在此同時，在英國，對歐洲小說的陳腐表現曾嚴厲批評的西里爾・康諾利（Cyril Connolly，深具影響力的文學雜誌《地平線》〔*Horizon*〕的編輯），在卡繆的作品裡看到了一個全新的開始。出版人詹米・赫米爾頓（Jamie Hamilton）在他介紹下注意到了《異鄉人》，就在一九四五年二月預付七十五英鎊買下了這部小說的英國英譯版權，並請康諾利撰寫一篇導言。赫米爾頓所找的譯者史都華・吉伯特是詹姆斯・喬伊斯（James Joyce）的朋友，以曾翻譯卡德和馬爾侯的著作而出名。翻譯費由克諾夫和赫米爾頓分攤。[2]

---

1 布蘭琪・克諾夫一九四五年二月二十三日寫給珍妮・布拉德利的訊息，收錄於：*Dictionary of Literary Biography 355: The House of Knopf 1915–1960, A Documentary Volume*, ed. Lanae H. Isaacson (Detroit, MI: Gale/Cengage Learning, 2010), 125；該書從德州大學奧斯汀分校（University of Texas at Austin）哈利・藍森中心（Harry Ransom Center）克諾夫館藏（Knopf Collection）所收藏克諾夫夫婦、卡繆和布拉德利的通訊中，精選了小部分。有關布蘭琪・克諾夫和卡繆，參見以下傳記：Laura Claridge, *The Lady with the Borzoi* (New York: Farrar, Straus and Giroux, 2016)。

2 有關赫米爾頓的合約，參見加斯東・伽利瑪一九四五年九月十日寫給布拉德利夫人（Mrs. W. A. Bradley）的信，收藏於德州大學奧斯汀分校哈利・藍森中心布拉德利館藏檔案箱 150.6 號。有關克諾夫的合約，參見布拉德利版權代理公司的威廉・布拉德利夫人（Mrs. William Bradley）一九四五年六月一日寫給伽利瑪出版社的迪安尼・馬斯柯洛（Dionys Mascolo）的信，同樣收藏於上述布拉德利館藏檔案箱 150.6 號。有關分攤翻譯費和赫米爾頓建議由吉伯特擔任譯者，見收藏於德州大學奧斯汀分校哈利・藍森中心布拉德利館藏檔案箱 89.7 號的以下一九四五年五月二十四日文件："Gallimard Contracts Pending"。

在六月，布蘭琪戰後首次踏足巴黎，終於親眼見到了卡繆，地點是她過往慣去的芳登廣場（place Vendôme）上的麗思飯店（Ritz Hotel）。她喜歡在一天較早時段跟作家見面，在飯店寬敞的迴廊上，坐在長沙發上吸著切斯特菲爾德（Chesterfield）香菸，這個地方在下午茶時段之前都很安靜。她會詢問正嶄露頭角的法國作家的資訊，據說當不喜歡某個建議時就會說：「那對美國來說不夠好！」[3]可是對於卡繆，她就放下了防衛之心而聆聽。這是一段長久而忠誠的文學友誼的開端。[4]

吉伯特進展很快。到了一九四五年九月，他就把整份譯稿交給克諾夫和赫米爾頓，附上說明和一個英文書名——*The Stranger*（異鄉人）。[5]一九四六年一月十日，赫米爾頓把修正過的譯稿校樣寄到紐約給布蘭琪。他的信包含著有如炸彈的一個消息，是一項既定事實：「這裡我寄給你卡繆 *L'Étranger* 的一套修正校樣，我們決定把它叫做 *The Outsider*（局外人），因為我們認為跟 *The Stranger* 比較起來，這是更突出也更恰當的書名，也因為賀金森出版社（Hutchinson）最近把他們一部俄國小說名為 *The Stranger*。」[6]

事實上那是瑪麗亞．昆采維卓娃（Maria Kuncewiczowa）的波蘭文小說 *Cudzoziemka*，剛出版的英譯本書名很不幸的就叫 *The Stranger*。赫米爾頓恐怕卡繆的書會跟它混淆。紐約那邊就來不及把書名改為 *The Outsider* 了。赫米爾頓的校樣也跟書名的修改一樣出乎意料之外，因為克諾夫已經把書排版了，書才來得及在卡繆到訪紐約時出版。布蘭琪很精簡地回覆了赫米爾頓：「當我收到手稿時，因為裡面有吉伯特的說明，我假設那就是用來排版的版本了，我們很仔細地讀了它，做了必要的修正。如果我知道有機會收到已修正好的校樣，我肯定就不會自行排版了，真的希望你之前用電報告知新的書名，我很理解為什麼你要用這個書名。」[7]

赫米爾頓沒有打電報，也沒有打電話。他沒料到克諾夫不等待他的校樣，而逕自把書拿去排版。[8]

不是意識形態或詮釋上的分歧，甚至不是美學上意見不合，而是時間安排和市場的問題，解釋了為什麼在英語世界裡這本書以雙胞胎般的 *The Stranger* 和 *The Outsider* 兩個版本問世——同樣的內

---

3 Roger Grenier, "15, place Vendôme," *Paris ma grand'ville* (Paris: Gallimard, 2015), 91.

4 Blanche Knopf, "Albert Camus in the Sun," *The Atlantic*, February 1961, 207, 77–84.

5 布蘭琪一九四五年九月十一日寫信給布拉德利代理人公司，告知《異鄉人》的譯稿正從英國前來；信件藏於德州大學上述布拉德利館藏檔案箱 89.7 號。

6 詹米．赫米爾頓一九四六年一月十日寫給阿爾弗雷德．克諾夫夫人的信，藏於德州大學上述克諾夫館藏檔案箱 4.7 號。

7 布蘭琪．克諾夫一九四九年一月二十九日寫給詹米．赫米爾頓的信，藏於德州大學上述克諾夫館藏檔案箱 4.7 號。

8 詹米．赫米爾頓一九四六年二月四日寫給阿爾弗雷德．克諾夫夫人的信，藏於德州大學上述克諾夫館藏檔案箱 4.7 號。

文，不同的字體、封面和書名。這個雙胞胎現象延續到今天，即使吉伯特的譯本已被新譯本取代了：不管譯者是誰，英國版都叫 *The Outsider*，美國版叫 *The Stranger*。有關卡繆這部小說的著作，如果同時在美國和英國出版，就要因應兩國的情況把書名區分開來，以免讀者混淆。如果你問一個英國人或美國人，他喜愛哪個書名，很可能的答案就是：「我慣見的那個書名。」

在英國，赫米爾頓很肯定他手上這部小說是暢銷書，他計畫初版就印一萬冊，這是伽利瑪戰時初版所印的四千四百冊的兩倍多。克諾夫出版社就猶豫得多了。社內的審讀報告並不理想。

為克諾夫出版社擔任顧問的赫伯特．維恩斯托克（Herbert Weinstock）本身是十九世紀歌劇的專家，他對卡繆這部小說所說的是：「這部加長的短篇小說（英文譯文不到三萬字）讀起來愉快卻有欠刺激。在我看來既不是很重要也不是很難忘，而且看來充塞著不相關的細節。」他認為細節的堆砌、平板的語調以及他所說的「刻意欠缺技巧」，是出於「稱為存在主義的一種哲學理論」，而《異鄉人》可說是這種理論的演示：「我的最佳估計就是它只對很少讀者具吸引力，不會引起什麼轟動。」[9]

克諾夫的宣傳人員面對艱巨的任務。當《異鄉人》正要開始在美國的書店出售，出版者在《出版人周刊》（*Publishers Weekly*）刊登了一則全頁廣告（這本周刊是為美國出版者、圖書館人員、書商和版權代理人而設的業界雜誌）。布蘭琪署名為撰稿人，文章的標題是〈談法國的新文學〉（On the New Literature of France）。赫米爾頓把它稱為「布蘭琪的『存在主義式』廣告」。[10]布蘭琪要竭盡所能做到讓《異鄉人》是一般人能接觸的而且是刺激的。

廣告的開頭對一般讀者面對的兩難處境表示同情：「除非你願意弄清楚什麼是『存在主義』，否則試著去談新法國文學是沒有用的。好吧，這個令人害怕的詞語……所有人都愛表示懂得它怎麼唸，但沒有人樂意著手給它一個定義。好的，讓我們來吧。」

廣告接著說，存在主義就是這樣一個概念：如果意識到宇宙的無意義，就可以讓我們獲得自由。然後文章順帶提到，廣告頁面右上角帶著憂鬱面容在凝視的卡繆，事實上拒絕被歸類為存在主義者，因為存在主義者所強調的無意義，跟他對政治公義的信念格格不入。對《異鄉人》作者的介紹，提到他在法國被占領期間過著雙面人的生活——在納粹審查者允許下出版著作，同時編輯一份抵抗運動

---

9 Herbert Weinstock, "Report on *The Stranger* by Albert Camus—English translation by Stuart Gilbert," *House of Knopf*, 126。在布拉德利版權代理公司裡，早在一九四四年十二月就有人閱讀《異鄉人》的法文手稿，其中一位讀者說這部小說「分量太輕不值得翻譯」；同一位讀者一九四五年一月向克諾夫出版社提交一份報告說：「實際開槍那一刻完全沒有說服力」；「故事的轉捩點不能令人信服……這本書『潛力有限』。」見德州大學上述克諾夫館藏檔案箱 1318.5（*The Stranger* clippings file）。

10《出版人周刊》一四九期（一九四六年四月六日），頁一四。赫米爾頓在一九四六年四月二十六日寫信給阿爾弗雷德．克諾夫，「對布蘭琪的『存在主義式』廣告表示祝賀」，並請求提供卡繆其中一張照片；信件藏於德州大學上述克諾夫館藏檔案箱 4.7 號。

地下報紙。然後寥寥數語談到《異鄉人》，說它是跟約翰．史坦貝克的《人鼠之間》（*Of Mice and Men*）一樣簡單直接的小說。

把《異鄉人》同時視為高深的存在主義著作和簡單直接的流行小說而竭力推銷，是聰明的做法，因為書評者可以有或高或低的取向。把卡繆同時視為存在主義者和社會公義的戰士而竭力推銷也是個好主意：眼前這位作家既具睿智也具英雄氣概。經過一個月布蘭琪所說的「很棒的」媒體曝光，這部小說售出了二千五百冊。在一九四六年，《異鄉人》還不是一本暢銷書。[11]長遠來說，廣告所達成的作用比即時的銷售量更重要：它向美國雜誌和報紙的出版者介紹卡繆，把他視為「存在主義」這個法國文學流派的主要人物，它也把這個流派確立為來自法國的最重要新思潮。

你要閱讀《出版人周刊》的這個廣告多於一次，才能領會到卡繆拒絕接受存在主義者這個標籤，事實上他厭惡這個標籤。他接受一本法國雜誌訪問時曾開玩笑說，他和沙特決定他們應該刊登一個廣告，「聲明廣告署名者沒有共通之處，並拒絕對任何他們可能共同招致的債務做出回應」。[12]可是卻正是沙特為卡繆在紐約所受到的歡迎做好準備。

紐約是法國被占領期間流亡知識分子一個具特殊地位的避難所，到了一九四五年，再次能夠乘坐戰時大型貨輪和一般貨輪出遊，沙特、卡繆和波娃都踏上了紐約之旅。沙特率先出訪，一九四五年春天他從紐約向《戰鬥報》和《費加洛報》供稿；一九四六年他再度訪美，在各大學談論巴黎的文學風貌。

沙特一九四五年在《時尚》雜誌（*Vogue*）上把卡繆描述為在抵抗運動中崛起的標誌人物，也是唯一一位體現了沙特理論中所謂「有承擔的文學」的作家，這是法國的重生所必需的文學。沙特讀了卡繆即將出版的小說《瘟疫》——當時尚在手稿階段的初期版本，他已經可以保證，一個新的卡繆將出現在世人眼前：《異鄉人》和《薛西弗斯的神話》中世界的荒謬，在這部新作裡轉變為積極的反抗和鬥爭。《瘟疫》是以卡繆自己對抵抗運動的承擔為根據，表明人類精神可以克服「荒謬的世界」。就如他一九四三年在《南方筆記》所寫的文章一樣，沙特描述了卡繆的沉鬱和他師承古典文學道德主義者的一面，不過沙特如今強調的是卡繆這些特質對未來文學的潛力：「有可能在卡繆那些沉鬱、

---

11 參見德州大學上述布拉德利館藏檔案箱 89.8 號（Books Sold to US）一九四六年一月至六月的資料，其中顯示：「一九四六年四月十一日出版的阿爾貝．卡繆《異鄉人》（英文版），至五月三十一日為止的銷售量：二千四百五十五冊」（文件上的數字被畫掉，但仍可看到）。布蘭琪．克諾夫一九四六年五月十三日寫給赫米爾頓的信說：「《異鄉人》在媒體上反應甚佳，但銷售情況不是那麼好。」信件藏於德州大學上述克諾夫館藏檔案箱 4.7 號。

12 見卡繆接受珍寧．德爾沛許（Jeanine Delpech）訪問：Albert Camus, "Non, je ne suis pas existentialiste," *Les Nouvelles littéraires* 954 (November 15, 1945)；收錄於卡繆作品全集：*Œuvres complètes*, ed. Jacqueline Lévi-Valensi, vol. 2, 1944–1948 (Paris: Gallimard, Bibliothèque de la Pléiade, 2006), 655–58。

純粹的作品裡辨認到未來法國文學的主要特徵。」[13]

對沙特來說，卡繆最活靈活現地代表了戰後文學光輝時刻的抱負，在此刻作家和知識分子覺得他們是世界的重建者。對沙特來說，沒有其他作家更能滿足這個要求：馬爾侯太過個人主義；年紀大得多的尚．蓋埃諾（Jean Guéhenno）和莫里亞克則維持地下寫作生涯不願意曝光；共產主義者太過緊跟他們的宗師。卡繆正好做了占領期間需要做的事：他在等待時機，卻沒有對壓迫逆來順受；他選擇了抗爭而不是沉默。他在一九四五年三十二歲，正好達到了年輕與成熟之間的理想年齡。

一九四六年一月，沙特向耶魯大學（Yale University）的學生談到法國人對美國小說的看法，特別提到《異鄉人》是「一九四〇到一九四五年間引起最大轟動的法國小說」。面對當時的美國背景，他的著重點跟一九四三年在《南方筆記》所寫的文章不一樣。在這次美國演說裡，他沒有提到伏爾泰和十八世紀的道德故事。如今他的焦點是在卡繆從海明威所獲的教益，那些短小而具斷裂作用的句子對海明威來說是作家的性情特色，但在卡繆筆下卻是用來表達荒謬哲學的刻意技巧。沙特讓聽眾聽得津津有味的故事，所講的是法國被德國占領期間美國文學的象徵價值。他把花神咖啡館描述為美國書籍黑市市場的大本營。他聲稱，不光閱讀福克納和海明威的小說成為了抗敵的象徵，他還忍不住說了個笑話，笑稱甚至有些文職人員「相信在捷運上閱讀《飄》（*Gone with the Wind*），也可以表明他們在與德國人對抗」。沙特在《異鄉人》英文版問世前三個月向聽眾保證，占領期間所寫的法國小說會開始有譯本出現。他為他的朋友鋪開了厚厚的紅地毯。[14]

---

13 Sartre, "The New Writing in France," *Vogue*, July 1945, 84–85（本書作者二〇一五年九月十五日參閱網上版：http://www.vogue.com/archive）；最初的法文翻譯刊印於："Nouvelle Littérature en France," in Jean-Paul Sartre, *Œuvres romanesques*, ed. Michel Contat & Michel Rybalka (Paris: Gallimard, Bibliothèque de la Pléiade, 1981), 1917–21。

14 沙特一九四六年一月二十四日在耶魯大學的演講發表於《大西洋》（*The Atlantic*）雜誌一九四六年八月號，頁一一四—一一八，這是卡繆為克諾夫版《異鄉人》新書發行訪問美國五個月之後。沙特的演講一九四六年一月十八日在《耶魯日報》（*The Yale Daily News*）一篇文章裡宣布舉行。

24 在紐約獲祝聖

當奧勒岡號輪船一九四六年三月二十五日在紐約港停靠，卡繆是唯一遭到移民官員問話的乘客。[1]他拒絕回答任何問題——其中很可能包括了當時冷戰中美國的標準問題：「目前或往日是不是共產黨員？」卡繆一直保持沉默幾個小時，直到法國大使館文化服務部門一位職員介入對他做出擔保。有關這事件的傳聞一直傳到美國聯邦調查局（FBI）局長強．艾德加．胡佛（J. Edgar Hoover）那裡。對共產黨的威脅總是保持警覺的胡佛下令調查局進行監視並提交報告。[2]調查人員的主要資訊來源，就是卡繆抵達紐約曼哈頓一個月前，左翼《國家》（*Nation*）雜誌刊登的一篇由漢娜．鄂蘭（Hannah Arendt）以輕鬆筆調寫成的文章。在〈法國的存在主義〉（French Existentialism）一文裡，鄂蘭聲稱法國成為了「需要實際思考而難讀的書，像偵探故事一樣大賣」的地方。法國的存在主義者比戰後世界任何其他知識分子都有更多趣味，而新的存在主義運動的兩個主要代表就是沙特和卡繆。在詳細引述鄂蘭的文章後，調查報告降低了威脅的等級，指出隨著法國解放，即使法國的共產主義者也把注意力轉移到國民關切的問題和國家的重建。最後，報告作者特別調查員詹姆斯·提爾內（James E. Tierney）總結說，實在沒有什麼值得擔憂：「調查無法從對象身上推斷出任何具破壞力或政治性的活動。資訊提供者聲稱，他們相信該對象是要竭力嘗試在演說中給美國和法國的文化觀點建立更緊密的關係，並解釋他的荒謬哲學。這種哲學主張，在對荒謬有透徹了解之下過活，要更圓滿地享受人生，就因為人生沒有意義，而且在永恆的自由一旦受到壓抑之後，要好好利用人生在世的最為完全的自由。」[3]

在那個春日於八十八號碼頭耐心等候迎接卡繆的是奇亞洛蒙提，就是曾在阿爾及爾和奧蘭向卡繆和他的家人尋求避難所的義大利友人，他曾陪伴卡繆騎單車到布伊色維爾海灘，甚至一度住在「世界之上的房子」裡。奇亞洛蒙提在卡繆幫助下取道阿爾及利亞、摩洛哥和葡萄牙安全到達紐約，此

---

1 Albert Camus, *Carnets 1935–1948, Œuvres complètes*, ed. Jacqueline Lévi-Valensi, vol. 2, 1944–1948 (Paris: Gallimard, Bibliothèque de la Pléiade, 2006), 1052；英譯本：*American Journals*, trans. Hugh Levick (New York: Paragon House, 1987), 31。

2 特別調查員提爾內一九四六年八月的報告提出結論說，卡繆與共產黨人並無緊密聯繫，對美國並無安全威脅；參見：Raymond Gay-Crosier, "Camus Fiché: le rapport officiel," in *Camus: Cahier de l'Herne*, ed. Raymond Gay-Crosier & Agnès Spiquel-Courdille (Paris: Éditions de l'Herne, 2013), 109–14，收錄了整份報告。

3 美國聯邦調查局對卡繆的報告，透過資訊自由法取得。

刻是回報卡繆善待的時候了。這位義大利流亡者現在是紐約的知名知識分子，在頂尖的小型雜誌發表著作。

卡繆和奇亞洛蒙提不再像往日在海灘上寧靜漫步了，取而代之，他們有很多喧鬧的派對，很多在低級酒吧和高級紐約公寓裡度過的晚上。克諾夫夫婦為《異鄉人》英文版的出版在時報廣場阿斯特飯店（Astor Hotel）的天台花園舉行了一個華麗派對，但卡繆的紐約日記沒有提到這個派對。不管那則「存在主義式廣告」怎麼說，在一九三九年構思並在水深火熱的占領日子裡打造得完美的這部小說，不再與卡繆目前的思想和心境相應。

這位平板式第一人稱敘述的專家、莫梭這個疏離孤獨人物的創造者，贏得了踏上演講台以「我們」來發言的權利和特殊地位，代表著解放後法國的抱負。他抵達紐約四天後，就在哥倫比亞大學（Columbia University）演說。[4]這項活動是戰後法國的專題研討會，由法國大使館文化服務部門主辦。與卡繆一起進行研討的，還有地下小說《海的沉默》（*The Silence of the Sea*）的作者維爾柯（Vercors），以及在傳奇性地下出版社子夜出版社（Éditions de Minuit）發表作品的蒂默賴（Thimerais）。[5]

這次哥倫比亞大學的活動是城中話題。卡繆的演講由法文系的賈斯汀·歐布萊恩（Justin O'Brien）教授主持，他是二十世紀法國文學專家，剛結束軍旅生涯，卸下軍裝穿上教授的花呢上衣。

《哥倫比亞觀察家報》（*Columbia Spectator*）為卡繆的演說給學生做好準備：「卡繆……看來很快樂地在這種荒謬中過活，不願意在形而上學啟示的祭壇前犧牲他的清醒心智和滿足心態。」[6]這是對《薛西弗斯的神話》令人寬慰的反應：當人生有那麼多的趣味，為什麼要因荒謬而陷入困境？歐布萊恩在《紐約先驅論壇報》（*New York Herald Tribune*）宣稱卡繆是「今日法國最大無畏的作家」。

---

4 Elizabeth Hawes, *Camus, a Romance* (New York; Grove Press, 2009)：卡繆紐約之行的完整歷史，參見本書第22章註16所羅列的資料。

5 卡繆最初提出的美國演說考慮題目是「一年之後的新聞自由」和「為歐洲發出呼籲」，但法國外交部認為這些題目太過政治性（卡繆一九四五年十二月十一日寫給外交部的信，有手寫的附註說：「要求提出限於文學的題目」；見藏於拉庫爾訥夫市的外交部檔案資料）。他最後把題目定為「人類的危機」（La Crise de l'homme），在很大程度上仍然是為歐洲發出呼籲的內容，但標題變得比較哲學性。這個題目也成為了哥倫比亞大學這次整個講座活動的標題，由三位抵抗運動的知識分子進行小組討論。維爾柯是尚．布魯勒（Jean Bruller，一九〇二－一九九一）的筆名，他是版畫藝術家，一九四二年的中篇小說描述一個「好心」的德國軍官給一個法國家庭提供住宿，成為了抵抗運動文學的經典之作。蒂默賴是萊昂．莫查納（Léon Motchane）的假名，他是物理學家和數學家，一九四三年透過地下出版社子夜出版社刊印了《病人的思想》（*La Pensée patiente*）。法國大使館文化參贊克勞德．李維史陀對這項活動感到十分自豪，從中看到了把法國精神生活帶到美國的一個富有動力的新模型。他在三月三十日發電報給巴黎的同僚，報告這次哥倫比亞大學的演講吸引了一千五百名觀眾。

6 "A note on the Resistance, The Absurd, and M. Camus," *Columbia Spectator*, March 26, 1946.

在這項活動的前一天，歐布萊恩前去七十街與百老匯大道交叉口老舊破落的大使飯店（Embassy Hotel）拜訪卡繆和其他兩位講者：「當我們走進他房間的一刻，這位運動員般的年輕男子在床上伸展著身體，前面有幾則筆記，他輕易地主導著我們這群人。」[7]卡繆的個人魅力，包含著同等分量的實際存在感、輕鬆自如態度和權威表現，對男性和女性都能產生魔力。[8]

聽眾聚集在哥倫比亞大學的麥克米倫劇院（McMillin Theater），一千二百人擠進原來容納六百人的空間，有些人帶著《戰鬥報》。歐布萊恩還記得：「每個人都熱切地想聽到再度有人說起法語來，並見到黑暗占領時期一些有血有肉的倖存者。」[9]

卡繆在哥倫比亞大學的演說題為〈人類的危機〉，他沒有提到《異鄉人》和《薛西弗斯的神話》。他用法語發言，描述了他那個世代，這一代人在第一次世界大戰期間誕生，在大蕭條期間度過青少年時期，在西班牙內戰和希特勒崛起期間趨於成熟，經歷了法國的戰敗和四年與敵對占領者的抗爭。[10]他不表遺憾地談到了戰前「荒謬」概念的流行，使得像他這樣的作家著迷，又談到「對清晰性、敘述筆法，甚至對句子起而反叛」的一種文學。但這不再是他的世界。卡繆目前專注的是，就像他正撰寫的小說《瘟疫》裡的人物，如何防止致命的災難重演。希特勒的死就像受到控制的流行病疫情，只是一個邪惡周期的結束，不應因此感到自滿。他倡議廢除死刑，進行跨國界對話，寬以待人嚴以律己；他又讚揚那些願意為真理而犧牲的法國人，把他們比作今天眾多的蘇格拉底（Socrates）。在

7 Justin O'Brien, "Albert Camus: Militant," in *Camus: A Collection of Critical Essays*, ed. Germaine Brée (New York: Prentice-Hall, Inc., 1962), 22。歐布萊恩對卡繆有「運動員般」的印象可能是出於幻想，堅定掩蓋了卡繆健康脆弱的事實。

8 卡繆在紐約還有另一項與《異鄉人》沒有關係的任務。他抵達兩個星期後，就跟加斯東．伽利瑪的弟弟雷蒙．伽利瑪會合，雷蒙是出版社的財務總監，前來紐約是為了保護該公司的利益。伽利瑪出版社對紐約的睿諾與希區考克出版社（Raynal & Hitchcock）提起一項訴訟，指控它出版聖艾修伯里的《風沙星辰》（*Wind, Sand and Stars*）、《航向阿哈斯》（*Flight to Arras*）（編按：此書法文直譯為《戰爭飛行員》〔*Pilote de guerre*〕）和《小王子》未經授權的英文版。睿諾出版社聲稱聖艾修伯里表明自己是作品版權的唯一擁有者，而伽利瑪從來沒有通知他們事實並非如此（聖艾修伯里在一九四一到一九四三年間曾住在紐約，其後才回到他在北非的空軍中隊。他的飛機一九四四年七月在一次偵察任務中被擊落）。卡繆和雷蒙一起跟聖艾修伯里的遺孀和睿諾出版社洽談版權問題。在他的入境表格上，雷蒙申報的正式紐約住址就是他的朋友薛福林在東七十五街一〇一號的公寓（資料來源：跨大陸及西部航空〔Transcontinental and Western Air〕一八二〇至一九五七年紐約乘客名單，一九四六年四月五日資料，透過Ancestry.com圖書館版讀取）。眾神殿圖書公司獲伽利瑪正式授權的《異鄉人》法文版一九四六年五月二十五日，在雷蒙．伽利瑪來訪期間在紐約推出。有關伽利瑪的訴訟，參見《出版人周刊》一九四六年四月十三日號，頁二〇九四—五。

9 O'Brien, "Albert Camus: Militant," 21.

10 有一份經卡繆手寫修正的法文演說打字稿，現藏於耶魯大學拜尼克（Beinecke）珍本書暨手稿圖書館的多洛斯．諾曼（Dorothy Norman）文件檔案。這次法文演說，有萊納爾．阿貝爾（Lionel Abel）執筆的欠佳英文翻譯，全文刊於：*Twice A Year* 1, no. 16–17 (1946–1947): 19–33；摘錄刊於：*Vogue*, July 1, 1946, 86。另參見以下資料甚為豐富的文章：Philippe Vanney, "'La Crise de l'homme' a-t-elle trouvé son texte," *Études camusiennes: société japonaise des Etudes camusiennes* 6 (May 2004): 76–96。

兩次世界大戰曾經歷兩次戰敗的法國，毫無疑問看到歷史是由其他國家所締造，這是事實。法國作家和思想家面對令人望而生畏的任務：他們從納粹時代走出來時對世界帶著悲觀看法，卻對人類抱著樂觀看法。

*

前去大使飯店的房間拜訪卡繆的《紐約客》（*New Yorker*）雜誌撰稿人發現卡繆在疑惑地研讀克諾夫版《異鄉人》。卡繆的英文閱讀能力不是很好，但他知道有些不妥：「裡面有太多引號了，」他告訴這位來訪者：「我肯定在原著裡沒有那麼多引號。」[11]只要有機會，吉伯特都會用直接引述來替代卡繆的間接引述。即使隨口所說的「我回答說不」，在吉伯特的翻譯裡也變成：「我回答：『不』。」[12]這是有它的後果的：卡繆選擇用間接引述是為了讓讀者跟莫梭保持距離，令讀者與莫梭沒有直接對話，吉伯特顯然偏愛直接引述，造成了完全不一樣的情態。[13]

像很多面對激進文學創新手法的具才幹的譯者，吉伯特想讓《異鄉人》像慣常的英文讀起來順耳。但他那麼徹底地把風格改變過來，任何懂得法文原文的人碰上他的翻譯都會被嚇一跳。三十年後，法文教授約翰・蓋爾（John Gale）受邀向一群閱讀英文版的學生演說談論《異鄉人》，對他首次接觸的吉伯特譯本大吃一驚，因而寫了一篇宣言——〈美國懂得《異鄉人》嗎？〉。[14]吉伯特把「我將會到達」（j'arriverai）譯作「我就應該能到那裡」；把「這不是我的錯」（"Ce n'est pas de ma faute）譯作「對不起，先生，這不是我的錯，對吧」；法文裡的「我不知道」（je ne sais pas）在吉

---

11 Lewis Thompson, "The Absurdiste," *New Yorker*, April 20, 1946, 22。卡繆可能從來沒看過譯文的手稿。布蘭琪．克諾夫對譯文原則上持反對態度，但卻是赫米爾頓的出版公司而不是克諾夫負責督導翻譯。參見布蘭琪．克諾夫一九四五年七月九日寫給珍妮．布拉德利的信：「僅有一點點知識是危險的，而在這種事上很多的知識就更危險。我肯定可以仰賴吉伯特做好這份工作。可是我所寫的，在這個特定情況裡，也許只是學術上的事，因為如果你要把這份譯稿拿過來交給卡繆看，你要從哈米許．赫米爾頓（Hamish Hamilton）公司而不是我們這裡拿取。」信件藏於德州大學上述布拉德利館藏檔案箱 89.7 號。

12 這一句的原文（j'ai répondu que non）見：*The Stranger*, trans. Stuart Gilbert (New York: Knopf, 1946), 19; Camus, *L'Étranger, Œuvres complètes*, ed. Jacqueline Lévi-Valensi, vol. 1, 1931–1944 (Paris: Gallimard, Bibliothèque de la Pléiade, 2006), 156.

13 馬修．華德一九八八年重新再做的翻譯（在此處引述者）正是針對這些問題，而珊卓．史密斯（Sandra Smith）二〇一三年由維京出版社（Viking）在英國推出的翻譯，更進一步追求忠於原著，例如「世界柔靜的冷漠」這個短語裡改用 "tender"（柔靜）一詞，吉伯特在這裡所用的形容詞是 "benign"（仁慈）而華德則是 "gentle"（溫柔）。

14 John E. Gale, "Does America Know *The Stranger*?: A Reappraisal of a Translation" *Modern Fiction Studies* 2.2 (1974): 139–47。在最初的評論者當中，詩人艾莉諾．克拉克（Eleanor Clark）敏銳地察覺到翻譯扭曲了卡繆的風格。參見："Existentialist Fiction: *The Stranger*," The Kenyon Review 84 (Autumn 1946): 674–78。

伯特的譯文變成「我不能肯定」。莫梭在這個譯本裡不是漠不關心，而是拿不定主意。吉伯特用複雜的句子結構來取代卡繆簡約的散文；卡繆竭力避開的因果關係，他卻加以認定。卡繆所寫的是：「我搭兩點的巴士去，下午就會到。」（Je prendrai l'autobus à deux heures et j'arriverai dans l'après-midi）；吉伯特譯作：「乘搭兩點鐘巴士的話，我應該遠在傍晚之前就到達。」這些句子不再是令沙特為之著迷的「島」。吉伯特的風格也把角色提升到較高的社會階級。甚至雷蒙・桑德斯聽起來像個英國人。「你在這個世界也總算跑過些地方了，」在吉伯特的譯文裡桑德斯這樣跟莫梭說；而卡繆則是間接引述這段對話：「想聽聽我的意見……我是個男子漢，又有社會歷練」（il voulait me demander un conseil . . . que moi, j'étais un homme, je connaissais la vie）。

卡繆在一九四六年三月二十五日抵達紐約。四月十一日英文版問世，一個更猶豫不決、更有格調而隱約地更為英國化的莫梭，小心翼翼地踏上了美國文學的步道。

*

四月到七月之間發表的種種評論，在一九四六年那個政治演說者和《異鄉人》那個孤獨的作者之間，展現了不一致的面貌。據美國評論家曾讀到的資料，存在主義看來是一種踏實而懷抱著希望的哲學，是為了把法國以至世界其他地方從戰時的困境引領出來。[15]但這位作家和他的小說並不相稱。專注於帶來政治轉變的卡繆，已超越了荒謬往前行進，但《異鄉人》不能同樣踏步向前，它永遠是卡繆在奧蘭和巴黎的孤獨處境中的成果，是法國淪陷前構思的一本書。美國的媒體試著把小說看成是作者的反思，而在他們心目中這位作家代表了抵抗運動。有些文章牽強地拉扯上關係。

由流亡的法國前衛作家和藝術家在紐約編輯出版的高格調超現實主義雜誌《觀點》（*View*），刊登了新的克諾夫英文版的摘錄。它選取了莫梭和神父見面的場景，而這本雜誌從一九四五至一九四六年的這一期，從目錄就可看到，圍繞在《異鄉人》的這個場景前後的是令人讚歎的二十世紀中期法國文學薈萃，部分採集自占領期間聲名鵲起的多本小型雜誌，其中包括尚．惹內（Jean Genet）的《葬儀》（*Pompes funèbres*；英譯為《這是你的葬禮》〔*It's your funeral*〕）、沙特一篇談被占領的巴黎的文章、

15在一九四七年三月二十日，駐華盛頓法國外交代辦法蘭西斯．拉柯斯特（Francis Lacoste）向外交部長喬治．畢多（Georges Bidault）這樣描述美國人對存在主義的理解：「『存在主義』在這個國家裡成為無可否認的流行風尚，對此或可用這個想法來解釋：憑著這個思想流派，法國成為了世界上唯一一個國家擁有洛克菲勒基金會（Rockefeller Foundation）一位代表向我們的文化參贊所描述的『一種可行的哲學』。在所有領域裡——包括了政治、經濟、哲學、文學、藝術和宗教——美國都想知道如果法國有某些話可說而能夠幫助其他國家（包括美國本身）克服他們的問題，那是什麼樣的話。」（本書作者英譯）原文見拉庫爾訥夫市所藏法國外交部檔案資料：Relations Culturelles 1945–1947。

亨利・米修（Henri Michaux）的詩，還選錄了作風怪異的德・雷修的一些短篇軼事——就是他所寫的《哀傷》一書讓卡繆獲得啟發，相信自己未來能成為作家。可是雜誌的同一期刊登了對《異鄉人》表示鄙視的一篇書評，撰稿者尼可拉斯・卡拉斯（Nicolas Calas）是希臘超現實主義詩人，也是巴黎流亡者並且是布賀東的朋友。他嘲弄受到了偵探小說影響的存在主義作品，並以後來的事當作《異鄉人》的歷史回響，聲稱「卡繆的主角屬於通敵協作者的世界」。根據卡拉斯的看法，莫梭是一個純粹協作者，他「不讓自己投入行動，放棄希望成為憤世嫉俗的人」。[16]這是意料之中，因為當時的強烈焦點是在法國的戰時經驗，評論家開始透過一九四五年的鏡頭來看一本在一九三九年構思的書。卡繆身為英雄的地位，並未能阻止卡拉斯把《異鄉人》的主人公抨擊為抵抗運動的敵人。

《紐約客》的「城中話題」（The Talk of the Town）專欄刊登了一篇題為〈荒謬主義者〉（The Absurdiste）的速寫式文章，把這位法國文壇明星剪裁到實際大小：把他描述為漫畫模樣的人物，瘦削的體型顯示了占領期間吃不飽的影響，所穿的西裝是過時十年的貨色。[17]卡繆在他的日記裡對美國人的壞品味表示抱怨——漫畫中的領帶是他見過最醜的！[18]他寫信告訴巴黎的伽利瑪夫婦米歇爾（Michel）和詹寧，他被《時尚》雜誌的女孩稱為「小鮑嘉」，他料想如果他有意的話可能有人跟他簽約拍電影。[19]《時尚》一個年輕記者派翠西亞・布雷克（Patricia Blake）成為了他在美國的夥伴，跟他有夠多的近距離接觸，注意到他會突然流汗和發燒，卻不知道他罹患肺結核。紐約把人生最好和最壞的一面都在聚光燈下顯現了出來。

奇亞洛蒙提為《新共和》（*New Republic*）雜誌寫了吉伯特譯本的書評。他是美國評論家中最能把一九四六年的卡繆和《異鄉人》調和起來的。書評的開頭跟卡繆〈人類的危機〉的開頭很相似，從「我們」的觀點談到他們這個世代的共同經驗。在他看來，莫梭拒絕撒謊跟卡繆本人的誠實態度有很深的聯繫，這賦予《異鄉人》一種道德力量，把它跟常拿來與它比較的任何美國小說區別開來。[20]美國戰略情報局（OSS）前官員約翰・布朗（John L. Brown）從巴黎為《紐約時報》（*New York Times*）星期日版撰稿。巴黎的氣氛成為了他這篇書評的主調。布朗認識卡繆整個社交圈的人，跟雅克林・貝納尤其往來密切；貝納在拉文斯布呂克集中營逃過一劫，加入了《戰鬥報》戰後的編輯團隊。在布朗看來，卡繆這部一九四二年出版的小說喚起了一九四六年從被占領恢復過來的巴黎

---

16 見《觀點》雜誌一九四六年三至四月的「巴黎」專號以下文章："Books by Camus and Blanchot reviewed by Nicolas Calas," 31，摘錄見："The Stranger: An Excerpt," 23。

17 Thompson, "The Absurdiste," 22–23.

18 *Carnets, Œuvres complètes* 2:1053，英譯本：*American Journals*, trans. Levick, 33。

19 信件本身已佚失，但內容在羅傑・柯尼葉有關米歇爾・伽利瑪的檔案中有所描述（見柯尼葉私人收藏文件）。

20 Nicola Chiaromonte, *New Republic*, April 26, 1946（本書作者二〇一六年一月九日參閱網上版：https://newrepublic.com/article/115492/albert-camus-stranger）。

的恐懼、飢餓和暗淡燈光。他對巴黎文壇的景象和卡繆本人的歷史有深刻認識，在他的描述下，卡繆這位伽利瑪出版社的年輕編輯，吸引了「法國解放後很多飽受折磨、猶豫不決、往往心理不平衡卻總是充滿勇氣的青少年〔前去跟他〕討論他們的問題，覺得他比其他任何人更能明白他們。」[21]他筆下的卡繆是一個「使徒」。

在《紐約客》，《異鄉人》也不獲艾德蒙・威爾森（Edmund Wilson）的好評。威爾森認為這部小說從社會學觀點來看並不一致：如果莫梭想見到的是把阿拉伯人局限在他們本身的地方（即使在這一點上讀者也不能肯定），「那就應該顯示他受到另一個社會群體的排斥或擠壓」。換句話說，威爾森想看到一部寫實主義小說。[22]

查爾斯・普爾（Charles Poore）則談及了阿爾及利亞。他是《紐約時報》的老練評論家，剛從駐北非和義大利的美軍民政師退役，回復平民生活。他看了新的法國小說十分激動，發覺它們比美國小說家那些著眼於拍成電影大賣的華而不實的歷史小說生動得多。普爾是第一位針對那些曾以軍人身分在一九四二年登陸阿爾及利亞海岸的人講話的美國評論家，這些人肯定對《異鄉人》有獨特理解：「《異鄉人》的場景是阿爾及爾——不是很多美國人所知那個擠滿了盟軍制服和牛肉和武器和混亂和轟隆衝上米榭勒路的吉普車的阿爾及爾，而是戰爭降臨這個陡峭山城好些日子之前，那個純粹屬於法國人和阿拉伯人的阿爾及爾。但那個像煎炸般灼熱而又潮濕的夏天是我們熟悉的。」[23]

普爾沒有談到莫梭的罪行與戰爭兩者之間較陰暗的關聯——這當中的事實就是，數以百萬計的美國人，不管是在諾曼第、北非還是太平洋投入戰爭，都仍然活在曾殺戮無名的敵人的記憶中。對他們來說，《異鄉人》向他們展現陰暗又可怕地令人感到滿足的一面鏡子。[24]也許憑著文學傳達訊息的某種奇蹟，吉伯特譯文的很多問題沒有妨礙英語讀者掌握《異鄉人》的要旨，原作的力量透顯了出來，讓這部小說能在英語世界扎根。

普爾的書評把他不知道該怎麼說的一點放進了括弧，像是把它擱下來留待日後討論：（順便一提，那個阿拉伯家庭的命運在訴訟裡完全忽視了。）

---

21 John L. Brown, "Albert Camus, Apostle of Post-Liberation France," *New York Times Sunday Book Review*, April 7, 1946（本書作者二〇一六年一月九日參閱網上版：http://timesmachine.nytimes.com/timesmachine/1946/04/07/93081787.html?pageNumber=128）。

22 Edmund Wilson, *New Yorker*, April 13, 1946, 113–14.

23 Charles Poore, "Books of The Times," *New York Times*, April 11, 1946（本書作者二〇一六年一月九日參閱網上版：https://www.nytimes.com/books/97/12/14/home/camus-stranger.html）。

24 Neil Oxenhandler, *Looking for Heroes in Postwar France: Albert Camus, Max Jacob, Simone Weil* (Hanover, NH: University Press of New England, 1996)：本文把他在戰鬥中的經驗跟他對《異鄉人》的發現聯繫起來。

25 屬於每個人的一本書

卡繆拒絕接受存在主義者的標籤，可能是希望跟沙特那個緊密人際關係網保持距離，但他這種表白也是真誠的。他和沙特對荒謬有完全不同的理解，對人類的潛能也抱持不同概念。在卡繆看來，每個人都自具目的，至於人類整體，就如他在《薛西弗斯的神話》所說，「隱藏著無人性的一面」。他認定這本書是「反存在主義」的。對沙特來說關乎重要的是意識——人與人之間相處得來或相處不來。然而對卡繆來說攸關重要的是，相對於世界或相對於世間事物的無生命本質，人類是微不足道的。這種差異從他們兩人小說的風格和主題看來就明顯不過：《嘔吐》對他人懷抱著恐懼；《異鄉人》的宇宙則對人類帶著柔靜的冷漠。卡繆和沙特作品的這些基本差異，隨著在公眾面前曝光而來的要求，以及隨著最新思潮而來的興奮，就遭到磨滅了。

在卡繆的美國之行中，即使是紐約法語高中（Lycée Français de New York）的學生都要知道卡繆是否為存在主義者。卡繆跟這些高中生開玩笑說，他在哈佛大學剛被人問過他的「存在主義政黨」

有多少黨員。他說他的答案就是：「我們不是一個政黨；我們更像一種風氣。」那些高中生還是想知道：你的這種風氣裡有多少人？「恰好是一萬零四百七十一，」他回答。[1]他這群聽眾裡有很多法國青少年，由於戰爭而不得不在美國度過戰時歲月。他們如飢似渴地想知道母國的消息，聽到這種新「風氣」十分興奮。

不管卡繆怎樣否認他是存在主義者，這都毫不相干。數以千計在聖日耳曼德佩修道院地區地下室夜總會聽爵士樂和跳搖擺舞的年輕人可以證明他是錯的，因為他們如今全都是存在主義者。在他們看來，卡繆的軍裝式大衣是存在主義者的；他的香菸也是存在主義者的：現在戰爭結束了，他還在吸沒有濾嘴的高盧藍圈（Gauloises Disque Bleu）香菸。[2]存在主義把戰爭的粗糙悲觀主義跟解放的飄然狂喜結合起來。存在主義心境牽引出一種人生的急迫感和對行動的需要，從抵抗運動的神話式解讀取得靈感。存在主義作為一種潮流，追求的是自由與責任共存的生活方式；就像它意圖代表的哲學一樣，它最終是由群眾塑造。它從《薛西弗斯的神話》和沙特常被引用的〈存在主義是一種人文主義〉（Existentialism is a Humanism）等一類的作品往下滲透到大眾文化。[3]但它是從爵士樂和小

---

1 Pierre Brodin, "Quand Camus parlait aux élèves du Lycée Français de New York," (April 11, 1946)；油印本，羅傑・柯尼葉提供，私人收藏。

2 凱瑟琳・卡繆二〇一五年三月接受本書作者訪問。

說取得它的說服力。

存在主義者的標籤畢生伴隨著卡繆，甚至延續到他和沙特因為冷戰政治觀點和阿爾及利亞戰爭的問題而分道揚鑣之後。一九四六年卡繆往訪紐約前夕，鄂蘭在《國家》雜誌說得很清楚：存在主義不能再看作一個哲學流派；它是一個文學和知識分子的運動，而《異鄉人》是新的存在主義信念的一個極佳例子。當《瘟疫》在一九四七年出版，《異鄉人》還算過得去的銷售數字跟這部勢如破竹的暢銷書相比頓形失色：《瘟疫》出版後頭三個月光是在法國就售出了九萬六千冊，這部小說被視為戰後世界政治承擔的藍圖。[4]卡繆始終對這第二部小說並不完全滿意，他寫信給米歇爾．伽利瑪時以他那種酷透的幽默感說：「《瘟疫》的受害人比我預期的多。」[5]

在美國，「存在主義」成為了一種精神商品，《瘟疫》和《異鄉人》都很受歡迎。在譯本問世後最初幾年，《瘟疫》的銷售量勝過《異鄉人》，[6]但《異鄉人》由於它的一種基本特質，不久之後反過來超越了《瘟疫》。教師體會到卡繆的第一部小說十分完美地適用於法文教學，是從語言學習前進到文學的完美橋梁。卡繆的朋友傑曼．布雷（Germaine Brée）當時從奧蘭前去紐約大學當教授，據她所說，這部小說的成功是「因為它的戲劇性行動和直接的風格，也因為小說主人公是我們這個時代一個令人困擾的問題的化身」。[7]莫梭慢慢地卻無法阻擋地從阿爾及爾的海灘走進了教室。

莫梭所說的是學生的語言，這一點在一九四八年以不愉快的方式讓卡繆清楚地看到了：一個年輕謀殺犯試圖拿《異鄉人》作為自己辯護的一個理由。這個名叫克洛德・潘康尼（Claude Panconi）的高中生在兩個朋友慫恿下殺死了同班同學阿倫・居雅德（Alain Guyader）。發生在巴黎近郊城鎮默倫（Melun）一所私立高中的這個犯罪故事，據媒體報導，涉及了間諜和反間諜的幻想、三角戀、告發行動和課堂爭鬥。潘康尼向主審法官聲稱他的犯罪行為是受到了幾部現代主義小說所激發，包括

---

3 Jean-Paul Sartre, *Existentialism Is a Humanism*, trans. Carol Macomber (New Haven: Yale University Press, 2007).

4 Roger Grenier, *Albert Camus: Soleil et ombre* (Paris: Gallimard, 1987), 168。羅傑・柯尼葉在六月追蹤到初版印數為二萬二千四百四十冊，並幾乎每個月追蹤重印數目，第一年全年銷售量十六萬一千冊。克諾夫一九四八年出版的吉伯特所翻譯的《瘟疫》，出版後首星期售出三千冊，締造銷售紀錄。參見：*Dictionary of Literary Biography* 355: *The House of Knopf 1915–1960*, ed. Lanae Isaacson (Detroit, MI: Gale/Cengage Learning, 2010), 131。

5 卡繆寫給伽利瑪夫婦米歇爾和詹寧的信，引錄於：Roger Grenier, *Albert Camus: Soleil et ombre*, 168。

6 至一九六〇年四月為止，一九四六年出版的《異鄉人》精裝本和平裝本共售出十八萬零九百五十一冊，《瘟疫》售出五萬零四百八十九冊（不過《瘟疫》沒有平裝本總銷售數，因此這些數字要因應平衡一下）；參見：*House of Knopf*, 152。在一九四〇年代末和一九五〇年代，《瘟疫》在法國的銷售量遠超過《異鄉人》；到了一九七三年，有兩個普羅市場平裝版的《異鄉人》，銷售量（三十萬零七千五百）終於超越了《瘟疫》（三十萬零一千五百）。參見："Longsellers et bestsellers: Évolution des tirages," *1911–2011, Gallimard: un siècle d'édition*, ed. Alban Cerisier & Pascal Fouché (Paris: Bibliothèque nationale de France/Gallimard, 2011), 387–91。

7 Albert Camus, "Avant-Propos," *L'Étranger*, ed. Germaine Brée & Carlos Lynes, Jr. (New York: Appleton-Century-Crofts, 1955), v.

了莫梭在《異鄉人》的謀殺行動。不是「太陽令我這樣做」，而是「莫梭令我這樣做」。潘康尼認為法官首先要了解莫梭才能夠了解他的行為——莫梭殺人沒有帶著仇恨。

受害人的父親豪爾．居雅德（Raoul Guyader）在謀殺案準備展開審訊的漫長過程期間寫信給卡繆，請求這位《異鄉人》的作者譴責潘康尼用這個文學的理由來自辯。如果卡繆自己否認他這本書會對謀殺案有任何影響，潘康尼就會被迫為自己的行動負上全部責任。豪爾擔心潘康尼的文學辯解會有效，殺害他兒子的暴烈行為因而不會受到懲罰。

卡繆拒絕了。當然相當清楚的是，莫里亞克的小說《泰芮絲的寂愛人生》（*Thérèse Desquieyroux*）描述一個女人毒殺丈夫，並不是慫恿人殺害配偶，一如《伊底帕斯王》（*Oedipus Rex*）並不是慫恿人殺害父親，但卡繆不能發誓說兇手沒有受他的書影響。在這點上，卡繆就像一個存在主義者：據記述，他曾表示作家對所說的話要負責，沙特曾在〈存在主義是一種人文主義〉和《何謂文學？》（*What Is Literature?*）為這個立場辯護。卡繆辯稱，他不能完全肯定他沒有在某種間接方式下影響了潘康尼的犯罪行為，因而要為此承擔罪責。他寫信給豪爾，這封私人信件不久之後就洩漏到媒體，至為嚴肅的日報《世界報》（*Le Monde*）和小報《這兒是巴黎》（*Ici Paris*）都刊登了；「如果我毫無例外地堅定否認《異鄉人》會激起犯罪，問題卻是，這本書像我所有其他的書一樣，以它本身的方式說明了我對死刑的恐懼，以及面對任何罪責的嫌疑我總是滿心苦惱。且讓我懷著哀傷心情這樣表白一次吧：先生，我的作品並無任何控訴別人之意。它是要了解他人，為他們共有的不愉快發聲。這就是為什麼，不管我怎麼想，我不能站在控罪的一邊，即使這樣做會讓我作為作家的名聲保持清白。」[8]

因為他可能要實在負起影響了謀殺犯的罪責，他不能讓自己撇清關係而指控謀殺犯要負起完全獨立的責任。在一項可能帶來可怕懲罰的審訊裡，他不能冒險為檢方出力。這就是為什麼他簽署請願書要挽救布哈斯雅克的性命，這也是為什麼他曾寫私人信件給法國總統勒內・科蒂（René Coty），試圖挽救在一九五七和一九五八年面臨斷頭台處死的阿爾及利亞革命分子。[9]潘康尼把罪責歸咎於莫梭，而卡繆拒絕撇清罪咎，就是為語言可能做成的傷害跟語言可能帶來的好處，都一起負上責任。

對法國新聞界來說，潘康尼和他的朋友是戰時被犧牲的一代人的象徵：戰爭爆發時他們才九歲，一九四八年罪案發生時他們十七歲。國家被占領剝奪了他們正常的童年。這次審訊後來稱為J3謀殺案——J3是戰時保證發育中兒童獲分配額外食物的糧食配給券類別。[10]法國兒童心理學家弗朗索瓦斯・

8 見一九五一年二月十二日以下信件，收錄於卡繆作品全集："Lettre à propos de l'affaire Guyader," *Œuvres complètes*, ed. Raymond Gay-Crosier, vol. 3, 1949–1956 (Paris: Gallimard, Bibliothèque de la Pléiade, 2008), 870–87 & note 1414.

9 參見：Eve Morisi, *Camus contre la peine de mort* (Paris: Gallimard, 2011)。

10 羅傑・費迪南（Roger Ferdinand）一九四三年在一齣以此為名的戲劇（*Les J3*）打造了這個詞語。

多爾托（Françoise Dolto）對這起罪案完全無意義的行為感到困擾；約瑟・柯塞爾（Joseph Kessel）則對案中的幻想與虛構處境為之著迷。[11]由J3審訊衍生的故事開啟了一種由自身成長而充滿活力的嶄新文學體裁分支：它是《異鄉人》的附屬產物。

J3審訊是文學跨入法律的罕有例子。一般來說，卡繆試著強調莫梭並不是一個真實人物，不會被喚起作為行為模範，不管那是謀殺行為還是純粹不合常規的行為。當媒體還繼續在報導J3審訊時（兇殺案發生於一九四八年而審訊到一九五一年才開始），卡繆的出版商開始考慮發行它那些最暢銷書的普及版本，其中包括《異鄉人》。卡繆態度審慎：「不，我沒有真正意願讓《異鄉人》跨出『白色』版本相當具選擇性的讀者圈子以外。」（他是指印有*NRF*標誌的米白色封面版本。）「跟《瘟疫》不一樣，**它不是一本適合每個人的書**。也許以後再說吧。」[12]

J3審訊和《異鄉人》由此招來的公眾目光令卡繆感到不自在。他並不認為作為抵抗運動頌歌的《瘟疫》會造成任何傷害，卻不能確定是否該讓《異鄉人》接觸到廣大的讀者。當他把書送給朋友，題詞總是保持距離而語帶諷刺：「如果你不想被判死刑，別忘記在你母親的葬禮上哭泣。」[13]當被慫恿對莫梭來一番表白，卡繆保持逃避態度。《異鄉人》裡的檢察官把莫梭稱為「反基督先生」，[14]卡繆則在他為美國一九五五年一個學校版本《異鄉人》所寫的特別導言裡聲稱，莫梭是「唯一值得我們擁有的基督」。他強調，這不是一種褻瀆神的想法，只是標誌著「一個藝術家對他創造的角色有權感到一種稍具反諷意味的鍾愛」。[15]當他寫信給跟他一樣有西班牙血統的奧蘭朋友賀布勒，他喜歡署名「卡穆索」（Camusso）：如果大聲唸出來，這就像是「卡—莫梭」。[16]卡繆並不是莫梭，但他發現這個不愛母親、突然興起殺人念頭的人在他自己內心某處。

卡繆筆下曾這樣提到莫梭：「我在他身上看到一些正面的東西，那就是他至死一直拒絕說謊。

---

11 潘康尼被判監禁十年，共犯貝納．沛堤（Bernard Petit）判囚五年；以下一文對審訊和相關報導有生動描述：Macha Séry, "Joseph Kessel et les enfants perdus," *Le Monde*, August 7, 2014。當時的討論見：Françoise Dolto, "Quand le bachelier moyen devient criminel: L'Affaire Guyader"（當學生成為罪犯）, *Esprit* 155.5 (Mai 1949): 678–84，文中提到：「沒有仇恨，沒有愛，沒有公義，沒有絕望——老實說，沒有意義」（本書作者翻譯）；Joseph Kessel, "Le procès des enfants perdus"（失落兒童的審判）, *Paris-Presse, rpt. La nouvelle saison, reportages 1948–1954* (Paris: Tallandier, 2010)。

12 卡繆一九五〇年七月二日寫給米歇爾．伽利瑪的信，引錄於：Olivier Todd, *Albert Camus: Une vie* (Paris: Gallimard, 1999), 701（本書作者翻譯）。

13《異鄉人》初版一本贈書上的題詞，見：*Albert Camus de Tipasa à Lourmarin: une exposition pour le centenaire*, ed. Hervé Valentin & Eva Valentin (Orleans: Sisyphe, 2013), 40（展覽目錄）。

14 *The Stranger*, trans. Mathew Ward (New York: Knopf, 1988), 71.

15 Camus, "Avant-Propos," *L'Étranger*, ed. Brée & Lynes, viii（本書作者翻譯）。

16 Emmanuel Roblès, *Camus, frère de soleil* (Paris: Éditions du Seuil, 1995), 73，載錄了卡繆在一九四七年所寫的一封信。

說謊不光是說不真實的話，也是容許自己去說所知以外的東西，主要是為了順從社會。莫梭不是站在法官、社會法律或傳統感覺的一邊。他的存在就像在太陽下的一塊石頭，又或像風和海，這都是永遠不會撒謊的東西。」[17]但莫梭不光是石頭或風和海，他是卡繆的反面真相。在戰後的存在主義氣候裡，他披上一抹更正面的光彩，他的尷尬心態最後體現為英雄式真誠態度。

*

最終來說，卡繆未能如願把《異鄉人》局限在一個具選擇性的讀者圈子內——而這樣說已是十分保守的說法！在他有生之年，他逐步向伴隨成功而來的要求低頭。一九五四年，他為法國國家廣播電台錄製了《異鄉人》，以正式的方式朗讀，不再帶有半點阿爾及利亞口音。[18]一九五五年，他為艾普頓—世紀—克羅夫特（Appleton-Century-Crofts）出版社的法文版寫了一篇序文，這個版本在美國的學校用作教材，其中刪掉了一些性愛暗示，因為編者警告這對於學生和教師「可能造成尷尬」。它的銷售量數以百萬計。

今天很難想像這樣一個道德世界，書中的句子像「他煩惱的是，『他還眷戀她的肉體』」，也被認為不適合學生閱讀，也很難估量一個無神的莫梭和他的朋友雷蒙對艾森豪（Dwight D.

Eisenhower）總統時代的美國人代表怎樣的一種震撼。[19]密西根州上半島（The Upper Peninsula）地區一位不幸的教師購買了幾冊克諾夫版的《異鄉人》，當中包含著那些「令人尷尬」的句子，他用這本書開頭的部分來教導五個閱讀遲緩的學生。他認為這種簡潔風格讓人易於接觸，而這個故事會對他們有幫助。他被指控以猥褻材料為教材而迅速被逮捕，判罰一百美元並監禁三個月（檢察官的妻子被雇用代他授課）。最後鄰郡的一個法官為他抱不平，發現他被檢控的淫穢法規先前已被密西根州廢除。他重獲自由，卻失業了。這是司法上荒謬的錯誤，尚幸這比莫梭的審訊更可笑然而沒那麼

---

17 卡繆一九四五年九月八日寫給德國劇場監督羅爾夫．哈德里希（Rolf Hadrich）的信，以下兩書均有載錄：Catherine Camus & Marcelle Mahasala, *Albert Camus : Solitaire et solidaire* (Paris: Lafon, 2010) 及 Bernard Pingaud, *L'Étranger d'Albert Camus* (Paris: Gallimard/Foliothèque, 1992), 190–93。奇亞洛蒙提的書評是最早的其中一篇把卡繆視為說真話的英雄的評論，見：*New Republic*, April 26, 1946（本書作者二〇一六年一月九日參閱網上版：https://newrepublic.com/article/115492/albert-camus-stranger）。

18 有錄音光碟，出版者：Frémeaux et Associés。

19 原文是："Ce qui l'ennuyait, 'c'est qu'il avait encore un sentiment pour son coït."，這裡採用華德的英譯（頁三一）；另一句被審查刪掉的句子更為粗野："Je lui ai dit que tout ce qu'elle voulait, c'était s'amuser avec sa chose."這種慣常說法可以翻譯為：「……她想做的就是玩弄她那東西」，這裡「東西」是指女性性器官。有關這個版本裡所有被刪掉的句子以及它們在吉伯特的譯本（一九四六年）和華德的譯本（一九八八年）如何翻譯，參見：Alice Kaplan, "The American Stranger," *South Atlantic Quarterly* 91.1 (1992): 87–110。

悲劇性。

如果潘康尼是第一個利用莫梭為謀殺案辯解的人，這位來自密西根州湯普森鎮（Thompson）的教師弗蘭克林·歐爾森（Franklyn C. Olson）便是這部小說第一個法律上的殉道者。[20]克諾夫注意到了，這個湯普森案例可能是麻煩事的預兆。但很奇怪地，《異鄉人》在全美國的課堂是一大成功，不管是法文版還是英文版都一樣。不管他們是要學習法文還是瞧瞧歐陸思想第一眼，大群大群的美國學生閱讀了小說故事中的莫梭、他的皮條客朋友，還有這個朋友的妓女情婦。

一九五七年再有一起事件把卡繆和他的著作在更不可擋的公眾面前曝光：他獲頒諾貝爾文學獎。瑞典學院的祕書特別提及了《異鄉人》：「……他所用的藝術，透過一種完全經典的純粹風格，把這些（存在景況的）問題體現出來，讓人物和行動把他的意念活生生呈現在我們眼前，同時沒有作者的評語。一九四二年出版的《異鄉人》享負盛名正因為如此。它的主要角色——某個政府部門的雇員——在一連串荒謬事件之後殺死了一個阿拉伯人；然後，在對自己命運漠不關心的心態下，他聽到自己被判死刑。可是在最後一刻，他回復平靜而從一種近似麻木的被動處境走了出來。」[21]

這是卡繆唯一一部被瑞典學院形容為「享負盛名」的小說——事實上它變得和卡繆一樣有名。亨利·卡蒂爾－布列松（Henri Cartier-Bresson）的幾張照片捕捉了卡繆這些歲月裡的氣質。第一張照片攝於一九四四年，卡繆以四分之三側面面對鏡頭，冬天大衣的領口推了起來，滑溜溜的頭髮往後梳，嘴巴上懸蕩著一根香菸——當時他正好從寒冷的戶外走進來。布列松一九五六年拍的第二輯照片，卡繆站在他的伽利瑪出版社辦公室裡，背景是放滿書的一堵牆，他直視鏡頭，嘴角露出調皮的微笑。他在誇示一襲鮑嘉風格的軍裝式大衣，那是布蘭琪．克諾夫為他在布克兄弟公司（Brooks Brothers）訂製的。[22]

在紐約之行後，卡繆在筆記裡懊悔地寫道：「什麼是一個知名的人？就是徒有姓氏而名字無關重要的人。對所有其他人來說，名字有它本身的意義。」[23]這就像是說卡繆如今正式與阿爾貝切割開

---

20 事件的報導見："Teacher furnishes Lewd Books to Children; Is Fined and Jailed Here," *Escanaba Daily Press*, May 20, 1960；另見當事人父親雷伊．歐爾森（Ray C. Olson）寫給克諾夫出版社的信（沒有日期）："Is *The Stranger* so lewd and obscene that my son should lose whole future in the teaching profession?"（《異鄉人》是否那麼淫蕩猥褻，以致我的兒子應該喪失他在教學專業上的整個未來？）在弗蘭克林．歐爾森被捕並判刑後，當地學校雇用檢察官的妻子代他授課！相關資料見德州大學奧斯汀分校哈利．藍森中心克諾夫館藏檔案箱1318.5號（*The Stranger* clippings file）。在控罪撤銷後《時代》（*Time*）雜誌以開玩笑的筆調報導了這起不幸事件："Education: Stranger in Town," *Time*, September 12, 1960（本書作者二〇一五年七月七日參閱網上版：http://content.time.com/time/magazine/article/0,9171,897557,00.html）。

21 一九五七年十二月十日瑞典學院常務祕書的頒獎詞（本書作者二〇一五年九月二十七日參閱網上版：http://www.nobelprize.org/nobel_prizes/literature/laureates/1957/press.html）。

22 克諾夫出版社在《墮落》（一九五六年）的書衣封底上用了布列松的照片，這個英譯本在一九五七年出版。參見布蘭琪．克諾夫在以下一文的回憶："Albert Camus in the Sun," *The Atlantic*, February 1961, 77–84。

來。甚至莫梭也被瑞典學院提升了地位：說他是一個政府雇員，為某政府部門工作。

在一九五七年，也就是諾貝爾獎的一年，卡繆最後認許了《異鄉人》在法國的第一個普及版本。[24]它屬於名為「口袋書」（Le Livre de Poche）的一個系列，出版商是阿歇特出版公司（Hachette），是伽利瑪到一九七〇年代為止的平裝版書籍合作夥伴。這個系列裡的《異鄉人》，封面是莫梭在海灘上的插圖。他看似年輕的韓波（Rimbaud）又或是潘康尼，其中一隻手放在口袋裡。封底照片是成熟的卡繆，也是一隻手放在西裝口袋；他的臉稍微翹起，嘴唇夾著一根存在主義者的香菸。照片旁邊寫著：「一九五七年諾貝爾文學獎」。

《異鄉人》的第二個普及版本在一九七二年問世，當時伽利瑪推出它自己的「對開本」（Folio）口袋書系列。這個系列推出的第一本書是馬爾侯的《人的命運》；第二本就是《異鄉人》。卡繆該會很高興看到《異鄉人》緊隨著馬爾侯在這個系列裡出版。當他贏得了諾貝爾獎，他在私下和公眾場合曾一再表示，這個獎該頒給馬爾侯才對。[25]這位《人的命運》的作者，在一九四二年把他引領到法國文學的舞台，卡繆比任何人都更清楚他欠馬爾侯的有多少。伽利瑪這個平裝本系列的第二部作品，成為了法國出版史上最暢銷的大眾市場平裝書。在一九七二年，這個平裝版的《異鄉人》成為了道達爾（Total）石油公司在法國全國加油站獎勵積點可換取的贈品之一，其他可挑選的贈品還包括盤子、漫畫書，法蘭西共和國英雄人物的塑膠半身像，這些人物包括路易・巴斯德（Louis Pasteur）、居斯塔夫・艾菲爾（Gustave Eiffel），還很奇怪的包括了菲利普・貝當。

*

卡繆有生之年未能看到他第一部出版的小說在普羅大眾面前的成功，也無法猜測他對此會有什麼反應。一九六〇年一月初，卡繆坐在一輛法希維加（Facel-Vega）豪華跑車的副駕駛座上，與伽利瑪夫婦米歇爾和詹寧一起前往巴黎。不曉得釀禍的是不良剎車還是磨損的輪胎，車子偏離馬路撞向一棵法國梧桐，屈折的車身抵住另一棵樹。卡繆即時喪命。他的遺體送到附近維勒布勒萬鎮（Villeblevin）的鎮公所，再轉往他家所在的盧爾馬蘭鎮（Lourmarin）。當法蘭桑來到維勒布勒萬鎮

---

23 *Carnets 1935–1948*, *Œuvres complètes*, ed. Jacqueline Lévi-Valensi, vol. 2, 1944–1948 (Paris: Gallimard, Bibliothèque de la Pléiade, 2006), 1075；英譯本：*Notebooks 1942–1951*, trans. Justin O'Brien (New York: Knopf, 1965), 147（經編輯整理）。

24 說這是第一個平裝本有誤導之嫌，因為伽利瑪傳統白色封面系列的初版都是軟的封面，此一系列的價格和開本大小都跟被稱為「口袋書」的重印本不同。

25 參見：Herbert Lottman, *Albert Camus* (Corte Madera, California: Gingko Press, 1997), 601。

26 同前引書，頁六六八。

公所現場，她不期然想起《異鄉人》描述的馬恆溝守靈。[26]《異鄉人》可能看來是有限度的安慰，但法蘭桑心中泛起的想法畢竟有慰藉作用，因為這部小說的困難誕生，跟她與卡繆一起開展新生活發生在同一時間，卡繆死後，小說場景的力量延續下來。

世界各地報紙的頭版報導了卡繆遽逝的消息。有如隨著《異鄉人》發出哀傷的回響，有幾份法國報紙選用了簡單的標題：「卡繆死了」。很多報導提到卡繆的口袋裡找到一張火車票；他在最後一刻才決定乘坐朋友的車。卡繆自己的話被引用來描述他的死亡。這是荒謬的。讓他的聲音永遠沉寂下來的國道六號上的車禍，表示他將永遠是四十六歲，正好是一個人的黃金歲月，他永遠也不會比布列松照片裡那個穿著軍裝式大衣在凝視的人有更多的白髮或更多的皺紋。如果讓他自己選擇，他肯定寧可承受活到老的屈辱。他寧可與怨恨和自滿掙扎——這是他獲頒諾貝爾獎後曾寫到的威脅著成功作家的兩種危險。[27]他永遠看不到兩個孩子長大成人，永遠不知道阿爾及利亞戰爭的結果，也看不到兩方暴力停止。他永遠不用面對阿爾及利亞的獨立以及這對於他家庭的意義。在他離世前他正在撰寫一部名為《第一人》（*The First Man*）的小說，那是對他在貝爾柯度過的童年的讚歌。《異鄉人》多麼冰冷而令人不安，《第一人》就有多麼溫婉而感情充沛。小說的手稿從撞毀跑車的殘骸裡找了出來，最終在卡繆死後三十四年出版，贏得舉世好評。以後不會有差劣的書出自卡繆手筆，他永遠不會讓讀者失望。他也永遠用不著說「今天，媽媽死了」。他的母親在失去兒子九個月後在阿爾及爾逝世。

*

卡繆走了，但《異鄉人》留下來，迎向它不確定的未來。一九六七年，小說在一部電影裡重獲新生。透過導演盧契諾．維斯康提（Luchino Visconti）與法蘭桑的漫長談判，這第一部根據《異鄉人》拍成的電影，說明了當一個作者已逝而不能再代表和捍衛自己的創作，代表他的遺稿管理人儘管不能代他寫作或編輯，卻要為他創作和代表的事物竭力捍衛他原來的意圖，那是怎麼微妙的一個處境。法國的法律認定這是文學遺產繼承人的「精神權利」。

維斯康提一九四二年以一部名為《對頭冤家》（*Ossessione*）的新寫實主義傑作在法西斯統治下的義大利展開他的電影生涯，那是《郵差總按兩次鈴》的義大利改編電影——這也是給卡繆帶來文學

27見卡繆一九五八年為《反與正》（一九三七年初版）所寫的序，收錄於："Préface," *L'envers et l'endroit*, *Œuvres complètes*, ed. Jacqueline Lévi-Valensi, vol. 1, 1931–1944 (Paris: Gallimard, Bibliothèque de la Pléiade, 2006), 31–38；英譯本：*Lyrical and Critical Essays*, trans. Ellen Conroy Kennedy (New York, Vintage, 1970)；其中提到：「威脅每個藝術家的兩種對立的危險：怨恨和自滿。」

靈感的同一部小說。他被《異鄉人》吸引，因為他相信卡繆透過創造莫梭這個拒絕撒謊因而抗拒社會偽善的人物，在四分之一個世紀前就預見了一九六〇年代年輕人的反叛運動。[28]在先前的電影裡，維斯康堤顯示了他是把消逝中的文明展現出來的大師，在氣質上很適合描繪法國殖民地阿爾及利亞的黃昏歲月。因此他對小說的處理令人抱著很大期望。[29]

維斯康堤在阿爾及利亞從法國贏得獨立之後一年展開《異鄉人》的改編。他想把卡繆的故事帶進當前的歷史，讓莫梭代表「黑腳（*pied noir*）的恐懼」，這是指在阿爾及利亞的法國人為了將失去原不屬於他們的土地而擔心。他想像《異鄉人》會跟阿爾及利亞革命的精神和法國「極端分子」的暴力產生共鳴和回響——後者是採取恐怖手段竭力試圖讓法國保有阿爾及利亞的祕密軍隊組織。[30]但法蘭桑最不想見到的，就是讓近期歷史尤其是法國在阿爾及利亞的敗亡凌駕在亡夫小說的處理上。她也不能接受維斯康堤把莫梭的名字取作「阿爾貝」，也就是把《異鄉人》的敘事者和作者的姓名拼合起來，彷彿兩者是同一人。維斯康堤最終把主要角色命名為「亞瑟・莫梭」（Arthur Meursault）。

維斯康堤的第一個劇本不獲法蘭桑接受，他在一九六六年開始寫作第二個劇本。賀布勒被邀請擔任劇本共同撰寫人，專注於卡繆家人關切的事。[31]他在電影裡擔任一個無台詞的陪審團主席客串角色，從整體情況來說這是一個適合的角色。

維斯康堤獲得許可在阿爾及爾一些地點拍攝，包括從貝爾柯駛出的公車、海灘上的更衣小屋，還有卡繆本人一九三〇年代在其中追蹤很多審訊的法庭審判室，這使得《異鄉人》（*Lo Straniero*）這部電影成了卡繆那個已失落世界的珍貴紀錄。但維斯康堤透過一個傳統的旁白者，無法捕捉莫梭聲音的特殊品質，他也無法呈現那些像孤島般的動詞以及時態在書中的奇特跳躍。

在這部電影的第一個版本裡，維斯康堤拍攝了處死的場景，包括斷頭台在內。他很迫切地想捕捉莫梭在斷頭台的一刻所引來的仇恨叫喊聲。但賀布勒和法蘭桑都反對這樣做：原小說的一個中心思想就是讀者永遠無法知道莫梭是否真的被處死，又或如果他被處死他又怎麼把故事講出來。「不

---

28 參見：“Mastroianni sur le tournage ‘L’Étranger’”，包括了維斯康堤在阿爾及爾法庭裡接受訪問（本書作者二〇一五年六月二十三日在網上瀏覽了這條短片：http://www.ina.fr/video/105151993/mastroianni-sur-le-tournage-l-etranger.video.html）。

29 改編計畫多年來一直在醞釀。曾在《卡里古拉》戰後首次舞台演出中擔任主角的傑拉·菲利浦（Gérard Philipe）很熱切想在尚·雷諾（Jean Renoir）的演出計畫裡飾演莫梭，已到了籌劃演出的階段，但伽利瑪製作人在財務上談不攏，尚·雷諾就放棄了。參見菲利浦一九五〇年九月二十五日寫給卡繆的信，引錄於：“Quand Gérard Philipe voulait être Meursault,” *La vie de la Pléiade*（本書作者二〇一六年五月一日參閱網上版：http://www.la-pleiade.fr/La-vie-de-la-Pleiade/L-actualite-de-la-Pleiade/Quand-Gerard-Philipe-voulait-etre-Meursault）。

30 Antoine de Baecque, “L’échec de Visconti,” *L’histoire* 347 (November 2009): 28（本書作者二〇一五年九月二十七日參閱網上版：http://www.histoire.presse.fr/actualite/infos/l-echec-de-visconti-01-11-2009-8986）。

31 維斯康堤請他飾演法官，但他不想演出有對白的角色，參見：Roblès, *Camus, frère de soleil*, 116。

錯是這樣，」維斯康堤回答說：「但從電影藝術來說，這是一個好的結尾。」最終，考慮到卡繆家人的意願並頂住了來自製片人的壓力，維斯康堤把這最後一個場景砍掉了。[32]接下來卡繆這部小說在其他語言和媒介裡進行了數之不盡的改編、演繹和轉化。經常被提到的六十種譯本，當中的兩個阿拉伯文譯本（一個來自黎巴嫩、一個來自埃及）尤其代表了從一種文化到另一種文化的艱巨行進，它們對語言和風格的選擇值得研究，尤其不可忽略它們獲得接受的程度。[33]

卡繆對於《異鄉人》演化成一首歌曲會怎麼想？一九七九年，英國龐克搖滾組合怪人合唱團（The Cure）的歌曲創作者羅伯特．史密斯（Robert Smith）把整部小部濃縮成為海灘場景的抒情影像速拍。史密斯在大學裡讀過《異鄉人》，他把小說削除到剩下基本要素，是命中目標而忠於卡繆美學的一種方式，這種簡約手法勝過維斯康堤電影的複雜現實主義：「站在海灘上手裡拿著一把槍。凝望著天空，凝望著沙……／凝望著指向地上那個阿拉伯人的槍管／我看到他張開的嘴卻聽不到聲音／我活著／我死亡／我是那個異鄉人／殺死一個阿拉伯人。」

在一九七〇年代英國的社會背景裡，面對移民的政治問題和反移民的光頭黨，〈殺死一個阿拉伯人〉（Killing an Arab）是一首危險的歌曲，這個樂團因為公眾的強烈抗議而有所警覺，在包含這首歌的《站在海灘上》（*Standing on the Beach*）專輯加上免責聲明貼紙，否認任何種族主義聯想。[34]在往後的日子裡，樂團把歌曲重新命名為〈親吻一個阿拉伯人〉（Kissing an Arab）、〈殺死另一個

32 總是對卡繆提出嚴厲批評的派翠克．麥卡錫（Patrick McCarthy）指出，維斯康提可能曾考慮用鏡頭瞄準各種物件，就像莫梭對物件的經驗方式，但最終決定保持具現實感的距離。參見：Patrick McCarthy, *Camus: The Stranger* (Cambridge: Cambridge University Press, 2004), 108。其他評論人暗示維斯康提對於談判感到厭倦，對拍攝計畫變得冷漠，只想把工作完成；參見：de Baecque, "L'Échec de Visconti" 以及 Roblès, "'L'Étranger' au cinema"。

33 耶魯大學法文系以下一篇二〇一五年五月的未出版研討班論文討論了《異鄉人》的兩個阿拉伯文譯本：Katherine Kinnaird, "'L'Étranger meets Al-Gharib: A Deconstruction of Translations"；兩個譯本為：*Al-Gharib wa Qisas Al-Gharib Ochra*（《異鄉人》及其他故事）, trans. Aida Matraji Idriss (Beirut: Dar al Adab, 1990); *The Stranger/Pastures of Heaven*, trans. Mohamed Ghattas (Cairo: Al Dar Al Masriah Al Lubaniah, 1997)。

34 參見：Jon Pareles, "Rock Group Accedes to Arab Protest," *New York Times*, January 21, 1987（本書作者二〇一六年一月十日參閱網上版：http://www.nytimes.com/1987/01/21/arts/rock-group-accedes-to-arab-protest.html）。美國阿拉伯人委員會（The American Arab committee）指出，很多人聽了這首歌卻沒有讀過《異鄉人》，無法明白兩者之間的關係。當「殺死一個阿拉伯人」的說法再度引起爭議，史密斯在二〇〇一年十月二十九日評論說：「這首歌的其中一個主題就是，每個人的存在都是差不多一樣的。每個人活著，每個人死去，我們的存在都一樣。這是你能寫得出來的跟種族主義相去最遠的一首歌。但看來沒有人能接受這首歌的標題，這是令人難以置信的沮喪。事實上它是根據一本以法國為背景的書，涉及阿爾及利亞人的問題，因此只是地理上的原因要說一個阿拉伯人而不是任何其他人。」見網上音樂雜誌：http://www.chartattack.com/news/2001/10/29/oh-god-not-again-robert-smith-on-killing-an-arab（本書作者二〇一五年八月三十日參閱）。有趣的是，本身是英國人的史密斯，在歌詞裡用的是美國版的書名（*The Stranger*）而不是英國版書名（*The Outsider*）。

人〉（Killing Another）、〈殺死一個亞哈（Ahab）〉（向《白鯨記》〔*Moby Dick*〕致敬）。史密斯透過幾個精挑細選的短句成功地複製了卡繆小說的平板腔調，但他無法排除的可能性，就是別人會認定「殺死一個阿拉伯人」這句話是慫恿人殺害阿拉伯人。這個問題，也緊跟卡繆這部小說的生命，產生矛盾動力，讓《異鄉人》繼續穩站在世界文學的中心舞台上。

26 一個名字代表什麼？

隨著《異鄉人》傳遍全世界，贏得了數以百萬計的讀者，並成為了現代小說的代表作。接著阿爾及利亞血腥的獨立戰爭最終讓當地穆斯林擁有了他們的國家和公民權，在這一切之後，一個問題仍然糾纏著卡繆這部一九四二年的小說：為什麼故事中那個阿拉伯人沒有名字？為什麼他不說話？

如果說，卡繆這部小說自出版以來就面對一項持續不斷的批評，那就是圍繞著在阿爾及利亞殖民地海灘上被莫梭射殺的那個沒有名字、沒有聲音的阿拉伯人。愛德華・薩伊德（Edward Said）在一篇後來成為後殖民地研究奠基之作的文章裡扼要地提出：「《異鄉人》裡的阿拉伯人，都是在卡繆探索他那種自命不凡的形而上學時用作背景的無名存在者。」[1]

1 有關薩伊德演變中的觀點，見："Representing the Colonized: Anthropology's Interlocutors," *Critical Inquiry* 15.2 (Winter 1989): 223; *Culture and Imperialism* (New York: Knopf, 1993), 185。

薩伊德這大膽的一步否定了把卡繆作為「存在主義者」來閱讀，取而代之把他放進政治脈絡來閱讀；就如美國作家艾德蒙・懷特（Edmund White）後來不無遺憾地評論說，這就像是說海灘上的謀殺可以還原為近期歷史的一頁。[2]

不論是存在主義或政治解讀，都跟一九四〇年代驅動卡繆的創作本能沒多大關聯。對他來說，《異鄉人》是黑白的速寫。他呈現的是一個嚴酷的殖民地世界，在這裡，殺死阿拉伯人的兇手會受到審判，但法庭卻懶得追問被殺的是怎樣的人。《異鄉人》不是寫實主義傳統的小說，它代表一種個人視野、一個噩夢：卡繆稱之為「攝影負片」，是他的人文主義的底面。

《異鄉人》的政治解讀在一九八〇年代變成一種全新發現、一種倫理上的進展而大受歡迎。沒有人注意的是，從最初開始，就有針對卡繆的政治性評論，可見於康諾利為《局外人》所寫的五頁導言裡。康諾利同時帶著同情和判斷的口吻，既感動又帶著牢騷——這是撰寫導言的危險態度。他把書定位為阿爾及利亞而不是歐洲的作品，就好像說你可以忽略卡繆是傳統法國文學教養的產物。他聲稱，卡繆的世界沒有吟遊詩人或啟蒙運動哲學家，只有羅馬人、土耳其人和摩爾人。在他看來，莫梭的審判之所以荒謬，是因為死板而浮誇的執政者自欺欺人地把阿爾及利亞看作法國的一部分。他斷言莫梭作為一個「新的異教徒」，更接近活在海明威曾居住的基韋斯特市（Key West），又或是福克納或卡德威爾（Erskine Caldwell）的美國深南部的一個貧窮白人，而不是任何法國文學先人。依循康諾利的解讀，你感覺到在他看來這部小說就像從當地的泥土長出來。然後，在這個流於浪漫的描繪上他提出控訴：「……故事裡其他受折磨的人——被情人毆打的摩爾女孩，和試圖為她報復而被殺的她那個兄弟，都完全被遺忘了。她和被殺的兄弟可能同樣擁有熱愛自身生命的『特殊權利』，因為在殖民體系之下他們也是『異鄉人』，而且很大程度上是這樣。」[3]

如果你要求小說對所有角色都給予同等機會，康諾利是對的。他在兩個句子裡，就預示了往後七十年圍繞著《異鄉人》展開的辯論：性別、性意識（sexuality）和女性受困於男性暴力關係的分析，甚至是整個後殖民研究領域。他在一九四六年就提到了「殖民體系」，那時英國的非殖民化正全面展開，是印度獨立的前一年。法國評論家在占領期間對殖民問題都不聞不問。即使後來對卡繆不支持阿爾及利亞獨立嚴加譴責的沙特，在一九四三年談論《異鄉人》的文章裡，也對那個阿拉伯人漠不關心，只提到整本書帶有阿拉伯吟唱調的特色。一直要到了一九六一年，正當阿爾及利亞獨立戰爭如火如荼之際，年輕歷史學家皮耶．諾拉（Pierre Nora）才提出〈《異鄉人》的另一種解釋〉：莫

---

2 Edmund White, "What is the American for Maman: *The Stranger* by Albert Camus, translated by Matthew Ward," *Los Angeles Times*, May 29, 1988（本書作者二〇一六年一月十日參閱網上版：http://articles.latimes.com/1988-05-29/books/bk-5522_1_matthew-ward）。

3 見康諾利為吉伯特一九四六年英國版英譯本所寫的導言：*The Outsider* (London: Hamish Hamilton, 1946), 7。

梭殺死那個阿拉伯人，代表了法國人在阿爾及利亞的潛意識願望——保有這片土地而把敵人殺死。4諾拉的詮釋完全適用於一個在革命邊緣上的國家。一九六二年以阿爾及利亞獨立告終的戰爭，最初是在一九四五年五月八日在阿爾及利亞東部的塞提夫（Sétif）爆發。殖民地警察殺死了一個揮舞阿爾及利亞旗幟的示威者。當天有一百個法國人死亡，而在其後的混亂中，五千至一萬五千個穆斯林在血腥鎮壓下喪生。卡繆從他身上取得《異鄉人》審案法官靈感的路易．華朗（小說裡在莫梭面前揮動十字架的法官），在塞提夫街頭被暴徒殺死。一個社會主義市長和一個共產黨人也遇害，他們是溫和派，卻處身容不下溫和態度的抗爭新世界。卡繆筆下的法官和他的銀色十字架凝固在一九三〇年代後期的情景裡，真正的華朗法官卻無法叫歷史的運行停下來。5

辨認卡繆故事的社會學基礎，並了解一九三〇至四〇年代阿爾及利亞阿拉伯人的日常生活，是很複雜的一回事。第二次世界大戰期間，向法國在阿爾及利亞政府定期提交的有關「本地人」的報告，令我們在震驚中看到卡繆從反面書寫並抽象化的處境。戰時最慘烈的一次悲劇，發生在阿爾及爾外的塞拉爾達（Zéralda）海灘。這起事件在一九四二年八月第一個星期曾有簡單報導，當時大部分阿爾及利亞的歐洲人，包括了卡繆，都在遠離城市的地方度假。6

塞拉爾達的圍捕行動把維琪政府和殖民主義泯滅人性大開殺戒的仇恨結合了起來。當地的市長是第一次世界大戰的受傷退伍軍人，也是退休郵務人員，一九四二年夏天他在當地一個海灘豎立標誌：「阿拉伯人和猶太人不得進入」，旁邊有另一個經常放著的標誌：「馬和狗不得進入」。塞拉爾達這個海灘成了惱人的象徵。年輕穆斯林闖進這個禁地，損毀其中的財物並在一些小木屋搶劫——這就是《異鄉人》裡提到的更衣小屋。市長動員圍捕海灘上及周圍鄉間地區的所有阿拉伯人，動用了警察和配備獵槍的平民，還有稱為鄉間警衛（gardes-champêtres）的本地警長。四十個穆斯林男人被關進一個小得無法呼吸的牢房並在裡面過夜。到了次日早上二十五個人死了，另外十五個人僥倖存活。自始至終沒有人問過他們的名字。

---

4 Pierre Nora, “Pour une autre Explication de L’Étranger,” *France-Observateur* 557, 1961, 17；另見同一作者以下著作：*Français d’Algérie* (Paris: Julliard, 1961)，其中分析了法國阿爾及利亞人的反動民粹主義。諾拉曾有兩年在奧蘭一所高中教歷史，法蘭桑就是在同一所高中教數學。

5 感謝安妮塔．薩門（Anita Samen），她對華朗的疑問帶來了這個出人意表的發現。有關塞提夫的重要性，參見《外交世界》月刊（*Le monde diplomatique*）以下專欄（英文版）：Mohammed Harbi, “Massacre in Algeria,”（本書作者二〇一六年一月二日參閱網上版：https://mondediplo.com/2005/05/14algeria）。華朗的法官生涯在法國法官名錄有簡介，可在網上閱覽：http://tristan.u-bourgogne.fr:8080/4DCGI/Fiche/46573（本書作者二〇一六年一月二日參閱）。一九四五年的軍方文件提供了被殺的歐洲人名單，包括了華朗（身分為「退休法庭庭長」），但對穆斯林示威者的集體屠殺只有最抽象的觀念：*La guerre d’Algérie par les documents*, t. 1, *L’Avertissement 1943–1946* (Vincennes: Service Historique de l’Armée de Terre, 1990), 403。

6 阿爾及爾的日報《阿爾及爾回聲報》一九四二年八月四日在北非新聞欄目下有一小段文字報導這起事件，題目是：「塞拉爾達窒息屠殺：四人被捕」市長和他的共犯被控疏忽殺人（homicide par imprudence）。

一九四二年七月八日黎明時分在奧爾良維爾市（Orléansville），一個歐洲人追趕在他家附近發現的一個阿拉伯人，他認定對方試圖搶劫，開了幾槍把他殺死。警察準備進行調查期間就釋放了那個歐洲人，令市內的穆斯林大為震怒。這個真實的莫梭逃過了謀殺罪。[7]

*

我們有所謂時代精神（Zeitgeist）。也許我們目前的時代精神就是談到了那個「消失了蹤影」的阿拉伯人就難以忍受，並期望能描述他的事實和講述他的故事。阿爾及利亞小說家卡梅・答悟得（Kamel Daoud）在名為《異鄉人－翻案調查》（*The Meursault Investigation*）的小說裡，就給這個阿拉伯人以及他的兄弟和母親取了名字並建構了他們的人生。[8]

這部小說中那個不大像真的主人公就是哈倫（Harun），他在奧蘭市中心的泰坦尼克酒吧（Titanic Bar）講述了他那個沉痛的故事。他是一部有名著作裡被殺的一個阿拉伯人的兄弟，這部現代文學傑作根本不願費心給這個受害人一個名字。哈倫對於他兄弟被殺非常憤怒，同樣深感憤怒的是他自己的故事也沒有說出來。答悟得這部小說的法文版（二〇一三年在阿爾及利亞出版，次年在法國出版）把被莫梭殺害的阿拉伯人名為「莫沙」（Moussa），聽起來像是莫梭的微妙回響。小說的英譯者約翰．卡倫（John Cullen）根據阿拉伯文轉寫英文而非法文的規則，把這個名字變成「穆沙」（Musa），念起來比較接近「卡繆」（Camus）而不是「莫梭」。[9]一個名字包含了很多意思！而在《異鄉人－翻案調查》從阿爾及利亞前進到法國再到美國的過程中，這不是小說裡的名字的第一次改變。

在小說的第一個版本（二〇一三年阿爾及利亞版），哈倫把殺死他兄弟的人稱為「阿爾貝．莫梭」。答悟得在阿爾及利亞這樣做有他的原因。他想模擬嘲諷文學上一種混淆不清的趨勢：總是有人把書中殺害阿拉伯人的莫梭跟這本書的作者阿爾貝．卡繆混淆起來，而後者也被認為難逃罪責，因

---

7 有關塞拉爾達和奧爾良維爾的事，參見收藏於普羅旺斯地區艾克斯市的法國海外省檔案，以下單位一九四二年八月一日的報告：Centre d'Informations et d'Études de l'Activité Indigène dans le Département d'Alger（阿爾及爾省本土人活動資訊暨研究中心）。

8 《異鄉人－翻案調查》（原名：*Meursault, contre-enquête*）二〇一三年最初由巴爾札赫出版社（Éditions Barzakh）在阿爾及利亞出版，很快便跨越地中海在法國贏得熱烈反應（法國版本在二〇一四年由南方文獻出版社〔Actes Sud〕出版），然後翻譯為超過二十三種語言，包括約翰．卡倫的美國譯本（New York: Other Press, 2015）。在法國，這本書贏得五大洲法語文學獎（Prix des Cinq continents de la francophonie）、弗朗索瓦．莫里亞克獎（Prix François Mauriac）和龔固爾首部小說獎（Prix Goncourt du Premier Roman）。改編戲劇和電影也在籌劃製作中，這是《異鄉人》真正後繼之作的更進一步指標。在巴黎，讀者在重讀《異鄉人》，然後再去讀《異鄉人－翻案調查》。這是一部著作不尋常地重獲新生。

9 哈倫（Harun）原拼作"Haroun"。很多書評人指出，穆沙和哈倫是《聖經》人物摩西和亞倫的阿拉伯文變體。

為他在一九五〇年代不支持阿爾及利亞國民解放陣線（Algerian Front de Libération Nationale）。還有什麼比「阿爾貝．莫梭」這個荒謬的名稱更能表明卡繆仍然因為他的意圖而在阿爾及利亞受到審判？——他成為了作者和角色致命混淆之下的人質。

當《異鄉人－翻案調查》二〇一四年再由法國一家出版社推出新版本，「阿爾貝．莫梭」改而只叫「莫梭」。跟卡繆的遺產繼承人法蘭桑在一九六〇年代和維斯康提談判時一樣，對於創造「阿爾貝．莫梭」這樣一個人名感到不安。他們不想見到作者與作品混為一談。法國的法律讓答悟得有權對卡繆這個真實的人做出表述，但他不能把一個文學角色挪為己用。取而代之，他的做法十分巧妙：他就像洗牌一樣，把角色和作者的功能混合起來，而沒有提到卡繆的名字。[10]至於卡倫的英譯本，透過把莫梭受害人的名字從「莫沙」改為「穆沙」，就把受害人的姓氏（Musa）嵌進卡繆的姓氏（Camus）了——這是具關鍵作用的介入動作，使得譯本跟原著有所區別，這樣做卻看來在本質上與原書有共同特色：其中的名字和身分都難以捉摸。

哈倫的女朋友從事相關研究，她對這部敘述穆沙如何死在莫梭手上的小說所下的評語就是：「一本令人無法抗拒的書，像太陽在一個盒子裡。」[11]答悟得不用做很多改動，就能把一九三〇年代的貝爾柯背景轉移到獨立後的阿爾及利亞：莫梭在星期天（基督教禮拜日）感到很無聊，新小說的敘事者哈倫則在星期五（穆斯林的聚禮日）感到無聊；莫梭的鄰居薩朗瑪諾不停地向他的狗喊叫，哈倫則因為鄰居整晚吟誦《可蘭經》而幾乎發瘋。《異鄉人》裡的阿爾及利亞人在靜默中看著那些歐洲人；在《異鄉人－翻案調查》裡，歐洲人（Roumi）回到阿爾及利亞，在靜默中遊蕩，「試著找尋一條街道、一幢房子或樹幹刻上了名字首個字母的一棵樹」。[12]

哈倫對於不管是殺死他兄弟的莫梭，還是故事裡沒有提到他兄弟名字的那個敘事者，都一樣的痛恨——這個人物和兇手是同一人。他懷疑莫梭仍然在世，情況似乎就是，在《異鄉人》的結尾，這個敘事者避過了斷頭台的一劫而寫了一本書。

答悟得對《異鄉人》的做法有所取捨。它沒有平板的敘事語調。答悟得用第一人稱敘事，但他的哈倫更近似卡繆另一本小說《墮落》（*The Fall*）那個憤怒的敘事者克拉蒙斯（Clamence），而不

---

10 參見本書作者以下著作："Kamel Daoud, *Meursault, Contre-Enquête*" in *Contreligne*（http://www.contreligne.eu/2014/06/kamel-daoud-meursault-contre-enquete）；英文版："Making The Stranger Contemporary: Kamel Daoud's *Meursault, contre-enquête*," *Being Contemporary: French Literature, Culture, and Politics Today*, ed. Lia Brozgal & Sara Kippur (Liverpool: University of Liverpool Press, 2016), 334–36。另見以下一文對小說中模稜兩可意義的分析：Lia Brozgal, "The Critical Pulse of the *Contre-Enquête*: Kamel Daoud on the Maghrebi Novel in French," *Contemporary French and Francophone Studies*, special issue, "The contemporary *Roman maghrébin*: Aesthetics, Politics, Production, 2000–2015," ed. Patrick Crowley & Megan Mac-Donald, 2016。

11 Daoud, *The Meursault Investigation*, 126.

12 同前引書，頁一一一。

是莫梭。《異鄉人－翻案調查》的篇幅跟《異鄉人》一樣（約三萬三千英文字），而答悟得一如卡繆所做的，在故事的正中央置入一起兇殺案。哈倫在他喪子的母親慫恿下，殺了在阿爾及利亞解放戰爭中躲進一個歐洲人農舍的歐洲人約瑟夫．拉克（Joseph Larquais）。拉克這個典型法國姓氏帶有「僕人」（*laquais*）和「被拋棄」（largué）的極其隱約的回響，對一個受害人來說是很好的名字。謀殺案發生後哈倫被逮捕，他就像之前的莫梭，面對可笑的國家官僚機構。一個陸軍上校責罵他，因為他在一九六二年七月四日之後殺死拉克，那是阿爾及利亞獨立日。如果他早幾天在戰爭期間殺死那個歐洲人，他就會是一個勝利的革命英雄了。但現在他是一個平凡的殺人犯。

答悟得是奧蘭一家日報的社論撰稿人，是阿爾及利亞社會的分析者，對於這個社會的矛盾和偽善十分熟悉。一直以來他都在批評這個國家被包覆在時間裡靜止不動，不能夠超越對過往革命光榮的崇拜，也無法擺脫抗拒改變的宗教盲從心態。但《異鄉人－翻案調查》是文學作品，不是政治文宣手冊。哈倫有時可能像《墮落》的克拉蒙斯，但他跟莫梭有很多共同的古怪語言習慣，代表了內心充滿厭倦的虛無主義（「那對我來說不代表什麼」、「我看不出那帶來什麼分別」）。[13]感情上的憤怒和熱切的社會分析，構成了《異鄉人－翻案調查》的獨特化學作用。答悟得的小說和卡繆的完全不一樣，但總是會意識到彼此的分別。

到了小說結尾，哈倫對莫梭的憤怒轉化為同情和近似兄弟的認同。畢竟他們都是殺人兇手，都是荒謬處境的受害人。一者殺死了阿拉伯人，一者殺死了歐洲人，而都遭到愚昧的權力機關控告。哈倫把他的憤怒指向阿爾及爾，他對這個城市的鄙視就如卡繆對奧蘭的厭惡一樣。他鄙視其中的清真寺、宗教領袖和阿爾及利亞革命理想的破滅。如今是個老人的哈倫嚷道：「肯定曾有些時刻，當我有強烈衝動要向全世界高呼，說我就是穆沙的兄弟，而我們——媽媽和我——是那個有名故事的真正英雄，但誰會相信我們？誰？兩個縮寫字母和一部裡面沒有人名的小說？」14

穆沙的名字在小說裡出現上百次。但提到他的名字對於哈倫描繪他毫無幫助，當中的描述就只有藍色的罩衫和平底涼鞋。他的哥哥被殺時他才七歲，他沒有多少記憶。因此到了最後，哈倫把所有人都叫做穆沙——那個酒保、酒吧後頭那個人，還有數以千計沿著海灘漫步的穆沙。

13 同前引書，頁九八、一〇九。
14 同前引書，頁一三八。

尾聲　奧蘭的回響

如果答悟得在他的小說裡已從歷史的廢墟把穆沙和莫梭重新發掘出來，那麼在小說以外我們還能做些什麼？我仍然在找一個阿拉伯人。他不是任何事物的象徵或例子。他是一個真實的人——一九三九年夏天在海灘上碰上麻煩的一個人。我憑著自己作為研究人員、旅遊者和局外人所擁有的工具，要把他找出來。

我在二〇一四年夏天首次前赴奧蘭的旅程中跟答悟得曾短暫見面。在此前的春季學期，我在耶魯大學所開設的有關卡繆和阿爾及利亞問題的研討班，把《異鄉人－翻案調查》納入課程大綱，當時它還沒有在法國出版，我們花了許多個月才從一家法國書店找到幾冊阿爾及利亞版的這部小說。此後，《異鄉人－翻案調查》從阿爾及利亞流傳到法國，法國版和美國英譯版也正準備推出，答悟得即將揚名國際。他的小說讓我面對挑戰，想把在卡繆的《異鄉人》中占核心地位的那個蹤影杳然的人找出來。我們談話之間，他順帶提出的一個評語令我自此不停思考：「身為美國人、法國人或阿爾及利亞人，我們閱讀《異鄉人》的方式各不相同，」他說。他或可再加上作為學生、教師、作家、評論家和歷史學家等不同的身分。「我們各有自己的『閱讀幻想』（lecture fantasmée）。」[1]

*

以小說的藝術而言，素材的源頭只是一個開端，是創作的火花。但基於一個簡單的原因，我們值得回到賓素森兄弟向托德複述的那個故事：布伊色維爾海灘上那個故事的阿拉伯人，流傳下來的是一個密碼，像《異鄉人》裡那個阿拉伯人一樣無姓名無面目可言。[2]

---

1 另可參考二〇一四年十一月四日法國聯合電台（France-Inter）「回力鏢」（Boomerang）節目中奧古斯丁．查本拿（Augustin Trappenard）對答悟得的訪問：“Kamel Daoud nomme l'invisible dans Meursault, *contre-enquête*,”（本書作者二〇一六年一月二十九日網上觀看：http://www.franceinter.fr/emission-boommerang-kamel-daoud-nomme-linvisible-dans-meursault-contre-enquete）。

2 歐立費爾．托德在阿爾及利亞展開研究的情況很了不起。他在一九九二年夏天前去安納巴（Annaba；前稱波納〔Bône〕，靠近卡繆的出生地）、奧蘭和阿爾及爾，拍攝了卡繆出生那個農場的所在地，往訪卡繆童年時在里昂路上所住的公寓，又訪問了主要的知識分子討論卡繆所繼承的阿爾及利亞文化遺產。他在法國機構的贊助下發表演說。自一九九二年二月以來阿爾及利亞處於緊急狀態，不久之後伊斯蘭主義者跟軍方的暴烈內戰爆發，旅行不再可能。在一九九二年曾跟托德談到卡繆的精神病醫師暨人權活動家馬福．布色斯（Mahfoud Boucebci），不到兩年後在他的醫院前被刺死。

我曾在兩年裡前去法國和阿爾及利亞跟《異鄉人》有關的地方。我曾走過阿爾及爾往日稱為里昂路的街道，經過卡繆童年的家。又曾跟攝影師凱斯．迪拉利（Kays Djilali）一起攀上陡峭的西迪卜拉欣道，逐家叩門直到找到那幢「世界之上的房子」，它現在是三代同住的卡比爾婦女的家，她們不講法語也不講阿拉伯語。在阿爾及爾天主教教區葛利桑研究中心（Glycines Study Center）的吉翁．米歇爾（Guillaume Michel）陪伴下，我開車前去親睹提帕薩的金色與藍色景觀。在巴黎，我站在蒙馬特山坡上卡繆曾孤獨地寫作的陰鬱地點。

奧蘭是我的最後一站。我在阿布德斯倫．阿布德哈克（Abdeslem Abdelhak）的協助下遊覽了這個城市，他是美麗地平線（Bel Horizon）的創辦人之一，這個獨立協會致力促進各界對奧蘭悠長歷史的各時期和各族裔的了解。阿布德哈克對卡繆在奧蘭的習慣、行動和寫到奧蘭的一切知之甚詳，倒背如流，他可以向我指出卡繆經常前去的每一條街道、每家咖啡館和餐廳，並從記憶中引錄卡繆的話。我們走過的一家餐廳曾是卡繆的朋友經營的藝廊，又穿越了從猶太會堂走過去的猶太老社區。我們停下來看了幾幢房子，卡繆曾在其中教導被逐出公立學校的猶太學童。我們在《異鄉人－翻案調查》用作背景的泰坦尼克酒吧停下來喝了杯酒。卡繆在其中對《異鄉人》做最後修改的那幢法蘭桑家人的公寓，對面街上有家小店，阿布德哈克就在這裡向我介紹了卡郎提卡派（calentica），自當地被西班牙征服以來這就是奧蘭最受歡迎的小吃；這種撒上孜然籽的鷹嘴豆烤派在卡繆稱之為「荒謬歐洲的芝加哥」[3]的奧蘭，是漫步者很好的蛋白質補充食品。我們邊吃他邊告訴我藍貝修道院（Abbé Lambert）院長的故事，這個被免職的神職人員成為了民粹派法西斯主義市長，承諾為奧蘭建造飲水系統，在一九三〇年代短短幾個月內，從猶太人愛好者變成反猶太分子。卡繆討厭住在藍貝管理的這個城市。阿布德哈克帶我到橫巷裡的阿拉伯文報紙《共和報》（*El Djoumhouria*）辦公室，往日右翼日報《奧蘭回聲報》社址就在這裡。阿布德哈克在接待處替我做了安排，讓我第二天回到這裡閱覽他們的檔案資料。

在奧蘭停留的最後一個早上，當我攀上鋪滿複雜瓷磚圖案的三層樓梯，到了一個房間看見寬大的桌子上排放著一九三〇年代《奧蘭回聲報》的合訂本，我想到了他們所有人——賓素森兄弟豪爾和艾德格、雷蒙・桑德斯、莫梭和無名的阿拉伯人。合訂本讀起來比微縮膠卷容易得多。我從一九三九年開始瀏覽，那是卡繆在《阿爾及爾共和報》工作的最後一個夏天，他經常前去奧蘭探望法蘭桑。七月三十一日那天的報紙裡，一個標題向我迎面躍來：「布伊色維爾海灘鬥毆」。這是短小的報導，但充滿了細節，出乎意料之外，它同時提到了鬥毆事件中的豪爾・賓素森和那個「本地人」。豪爾

3 Albert Camus, *Carnets 1935–1948, Œuvres complètes*, ed. Jacqueline Lévi-Valensi, vol. 2, 1944–1948 (Paris: Gallimard, Bibliothèque de la Pléiade, 2006), 899；英譯本：*Notebooks: 1935–1942*, trans. Philip Thody (New York: Knopf, 1963, rpt. New York: Rowman & Littlefield, 2010), 159。芝加哥在一九三九年代表炫酷的幫派分子。

是汽車機械技工，他從市內乘坐汽艇前來，同行的還有他的妻子、兄弟艾德格和一位朋友：

這群年輕人正在玩樂之際，兩個毫無疑問喝醉了的本地人向賓素森先生和他的同伴挑釁。首先是辱罵，然後是連番攻擊，先是拳頭然後出動了一把小刀。賓素森先生傷勢不輕，被一把直刀砍了兩下，左臂二頭肌和右頰受傷。襲擊者是某個叫卡多爾・貝圖伊（Kaddour Betouil）的人，十九歲，與父母同住在艾因圖爾克。他被共和國衛隊的杜伯瓦（Dubois）和憲兵伯傑（Berger）制伏並逮捕，這些執法人員當時在馬路上值班，得悉鬥毆事件後迅即趕至。第二名襲擊者逃遁，但已發出通緝令，不久後即會緝捕歸案。在這次爭吵中，貝圖伊眉額和頭部曾遭受打擊。

八月三日一則後續簡訊報導，貝圖伊遭到拘留。[4]

就是這樣，那個跟卡繆的朋友扭打的人叫卡多爾・貝圖伊，十九歲，來自艾因圖爾克。如果賓素森兄弟沒有從警方那裡聽到這個名字，他們應該會在報紙上看到。可是這個名字卻沒有成為他們向托德所講故事的一部分，因此在托德所寫的卡繆傳中也沒有出現。

這篇報導所傳達的態度，在殖民地的阿爾及利亞是典型的。豪爾・賓素森享有法國國籍帶來的好處——他被稱為「先生」。那個「本地人」則是「某個叫卡多爾．貝圖伊的人」，並假定他喝醉了。這些事件也滿多的，《奧蘭回聲報》在它後面的頁面有經常性的欄目稱為「襲擊事件」。

下一步來得比我預期的容易。我交上了好運，因為我的導遊阿布德哈克恰巧就住在艾因圖爾克。他馬上認得那個名字，並向我解釋，報導中提到的那個年輕人來自當地一個顯赫的家庭。在我離開幾星期後，他就跟那個家庭聯絡上。卡多爾已在二〇〇二年過世，但他的兄弟姊妹仍然住在艾因圖爾克。[5]他們的姓氏實際上是圖伊（Touil）而不是《奧蘭回聲報》所說的貝圖伊。法國人會隨意把「本」（Ben）或「貝」（Be）加到阿拉伯或猶太人的姓氏前面，因為希伯來語和阿拉伯語共用這個表示「……的兒子」的詞頭——它用來加在「其他那些人」的名字前面作為標誌或表示可以忽視。阿布德哈克透過他妻子在一所本地學校的同事接觸到了圖伊一家。在美麗地平線組織，阿布德哈克的任務就是找尋失蹤的人，幫助阿爾及利亞的法國人跟失去聯絡的阿爾及利亞朋友和地點重新建立聯繫，他替我做的跟他每星期所做的重新聯絡和探訪沒有什麼兩樣，因為愈來愈多的法國阿爾及利亞人離開當地三十、四十以至五十年後，回到這個他們一度熟悉的地方。

4《奧蘭回聲報》一九三九年七月三十一日及八月三日。
5 艾克斯萊班市政廳死亡證書四二二號，迪拉利．圖伊提供。

我在十月再次回到阿爾及利亞。阿布德哈克和我從奧蘭開車沿著海岸公路上方一個極深懸崖的狹長窪地行進，然後往下駛到艾因圖爾克這個村莊。[6]我們在一個地方停下來，那裡可以一直往前看到布伊色維爾海灘。有淡水從岩石噴出，這是一個天然噴泉的禮物，艾因圖爾克的名字——意謂土耳其人的噴泉，就是由此而來。我們等待一個村民把他的塑膠水瓶注滿了，然後我們在這個清涼、乾淨的源頭喝水。

這個噴泉引導我進入一九三〇年代卡繆的小說在當中成長的那個阿爾及利亞海濱市鎮，還有這裡的太陽和沙。到了一九三九年，艾因圖爾克仍然是少數本地人家庭長年定居的地方，也成為了像卡繆這樣的歐洲人熱門的周末度假勝地，卡繆很享受這裡附近的海灘。歐洲人社會在這裡的禮儀跟在法國本土的多維勒（Deauville）或阿卡雄（Arcachon）沒有什麼兩樣。而在較小的本地人社會裡，有兩個顯赫的家族，就是圖伊和布卡坦（Boukhatem）。圖伊家族一八〇五年就在艾因圖爾克定居，那時還是在土耳其統治之下。布卡坦家族的祖先則可追溯到那些在一八三〇年代幫助法國擊敗土耳其的人。從一九一八年到他逝世的一九四二年，巴哈利．布卡坦（Bahari Boukhatem）是這個鄉村的本地人領袖，是在法國人任命下管理本地人的地方官員（法國人為了行政管理目的把老式部落官員的職位恢復過來）。[7]巴哈利負責收集稅金，監管村民遵守秩序規矩，並排解糾紛。對於在他家隔壁擁有土地的圖伊家族，他往往以負面眼光看待。兩家人之間經常處於緊張關係中；在一九三五年，巴哈利提出一項申訴，由市長一直上呈到省長以至國家檢察官，聲稱卡多爾·圖伊的父親威嚇要殺死他。

*

卡多爾仍然在世的兄弟迪拉利（Djilali）和他的妻子、女兒和姊妹，對於一個美國人因為研究卡繆而要跟他們見面感到意外，但他們以愉快心情接納了我的請求，歡迎我到他們家裡，並以薄荷茶和一盤精緻甜餅招待，他們在家烘烤的這種甜餅我只在麵包店見過。

---

6 卡繆這樣描述沿路開車的感覺：「從海岸公路的頂端下望，懸崖是那麼的深，景觀因為它這樣的特質而變得不真實。人類在這裡是那麼的格格不入，這一切的美看來來自另一個世界。」見：*Carnets*, *Œuvres complètes* 2:905；英譯本：*Notebooks*, trans. Thody, 167–68。

7 布卡坦的祖先在十九世紀曾扮演「護衛」的角色，當法國人一八三〇年登陸奧蘭時跟他們一起作戰，從土耳其人那裡把這個城鎮奪了下來。擔任部落領袖的巴哈利·布卡坦，出生於一八七九年一月十日，是奧蘭省艾因圖爾克市的本地人事務助理（adjoint indigène）。當地檔案文件（GGA 19H 300 & Oran série C carton 4941）包含一九三五年五月八日一份有關布卡坦的「安全公告」，是省長呈交國家檢察官的一封信，呈告有關的威脅（收藏於普羅旺斯地區艾克斯市法國海外省檔案館）。巴哈利擁有七公頃的葡萄園，把其中四公頃出租。隔壁的土地由卡多爾·圖伊的父親擁有，他是牲畜和農產品商人。

圖伊家的公寓建築群坐落在往日艾默拉別墅（Villa Emerat）的所在地，那是一個舊式西班牙農場，一九四二年八月患病的卡繆在等待獲得批准前往法國本土接受肺結核治療時，就跟朋友一起在這裡度假。

卡多爾·圖伊在一九三九年七月那炎熱的一天闖進布伊色維爾一個歐洲人海灘，並沒有什麼顧慮。他在那裡很心安理得，一直以來也都如此。他的爸爸以這個村莊的標準來說是一個富有的人，有十二個子女——八個女兒四個兒子。卡多爾念書念到取得小學畢業證書，其後協助父親打理業務，能說四種語言：法語、阿拉伯語方言、西班牙語（西班牙人是奧蘭地區的主要歐洲族裔）和柏柏爾語，後者可派上用場的是最近從摩洛哥前來的移民——這些新移民住在簡陋得像棚屋的房子裡，就位於圖伊的磚牆大宅沿路往下走的地方。艾因圖爾克只有很少本地人家庭，就如卡多爾的姊妹所說，「卡多爾只喜歡跟歐洲人走到一起」，每逢星期六這個海濱城鎮有很多歐洲人湧至。卡多爾有一個名叫蘇絲（Suzy）的法國女朋友，但蘇絲的父母不准女兒跟卡多爾結婚。卡多爾英俊非凡，他的兄弟姊妹還記得他是一個「熱血」青年。卡多爾九十五歲的姊妹柯伊拉（Kheïra）仍然在世，穿上一襲絲質白袍容光煥發，她用正式的、優雅的法語跟我交談。她還記得卡多爾用咆哮的聲音說話，讓人以為他在後頭追趕。他常喝酒，經常跟人打架。但他是一個好兄弟，忠心得過了頭。她已記不起在海灘的那一天，但很清楚的是當天的事沒有什麼特別。

賓素森兄弟豪爾和艾德格是來自奧蘭的猶太人，他們的父親擁有一家名為宮廷家具（Palace Meubles）的家具店。兩兄弟是運動熱愛者——豪爾特別為人所知的就是，他上高中時就駕駛一輛破舊的布加迪（Bugatti）跑車。像奧蘭大部分年輕人一樣，賓素森兄弟對拳擊運動十分狂熱，也不害怕跟人大打出手——這就是這裡的人愛說的街頭鬥毆（castagne）。阿布德哈克想像豪爾和卡多爾的衝突，很好的把它總結為：「兩個好鬥者在海灘上。」

*

如果卡繆真的因豪爾和卡多爾的鬥毆受到啟發，他對這次海灘上的打鬥所做的，就是把它轉化為一個神話式場景，在文學史裡存留下來成為二十世紀小說的一項傑出美學成就——這種熱力與汗的感覺是那麼原始，當莫梭告訴主審法官是太陽令他殺人，讀者明白他確切說的是什麼。

當他在一九三九年夏天構思這部小說，卡繆記下一個有力的圖像：「在海灘上：那個男人雙臂成十字形，在太陽下被釘上十字架。」[8]這個在海灘上的人可以是那個在太陽下被殺的阿拉伯人，也

8 *Carnets, Œuvres complètes* 2:881；英譯本：*Notebooks*, trans. Thody, 134（經編輯整理）。

可以是殺死他的那個後來被判死刑的歐洲人。但卡繆在一九五五年為美國學生推出的《異鄉人》法文版的序裡，明顯地指明了是哪一方：他要把莫梭描繪為「唯一值得我們擁有的基督」。在他的寫作過程中，那個阿拉伯人死了，消失了，不見蹤影了。

*

在一九三九年七月的那天之後，歷史的力量把卡繆、賓素森兄弟和卡多爾．圖伊推往不同方向，但很奇怪地，圖伊和卡繆所走的是平行的路。

圖伊和卡繆一樣因為患病而不能服兵役。[9]在那次布伊色維爾的鬥毆後不久，他就因為強姦一個住在圖伊家別墅不遠處的摩洛哥移民少女而被監禁。他的兄弟迪拉利和他的姊妹不曉得強姦控罪是表示強暴抑或在雙方同意下他奪取了對方的貞操，後者也可以視為犯罪。圖伊的父母試圖透過婚姻安排做出挽救，但部落領袖布卡坦不同意，把卡多爾的罪行向法國當局報告。卡多爾在監獄服刑半途中，圖伊和布卡坦家族長期以來的仇恨達到了緊要關頭。卡多爾一個弟弟因為地權糾紛殺死了部落領袖布卡坦——在艾因圖爾克街頭從背後用刀刺殺他。他們的父親為了挽救兒子試圖把罪責攬在自己身上，卻無法如願。卡多爾的弟弟在監獄裡等待審訊的幾個月期間變得體衰力弱，最後在獄中死去。

家人獲得告知的正式死因是罹患斑疹傷寒，就是啟發卡繆寫作《瘟疫》的疾病。[10]跟他的弟弟不一樣，卡多爾在監獄服刑後仍然存活，但他在拘留期間染上了肺結核。在服刑幾年後，他獲准到阿爾卑斯山區上薩瓦省（Haute Savoie）的艾克斯萊班（Aix-les-Bains）接受治療。

卡繆在一九四二年也離開阿爾及利亞到法國中央高原區接受治療。在抗生素發明前，用人工方法令肺部塌陷再配合吸取高山空氣，就是他和卡多爾當時共同採用的常規醫療程序。卡多爾後來跟照顧他的法國護士結婚，夫婦倆在一九五四年回到艾因圖爾克。他成為了有名的商人和店主，經營一家名為科帕卡瓦納（Copa Cabana）的酒吧。

在艾因圖爾克沒有人記得賓素森兄弟和卡多爾在布伊色維爾鬥毆的事一點也不稀奇。部落領袖戲劇性地被卡多爾的弟弟刺殺，以及在較低程度上卡多爾因強姦罪遭長期監禁，都掩蓋了在當年來說

---

9 他逃過了阿拉伯人在法國統治下的阿爾及利亞的命運，當地阿拉伯人早在一九三九年就被招募或徵召進入法國軍隊，在北非解放後又被徵召進入同盟國軍隊；這些「本地人」（*indigènes*）要為他們的養老金和法國對他們的承認而參與戰役。二〇〇六年雷契．鮑查瑞（Rachid Bouchareb）的電影《光榮歲月》（*Days of Glory*；原名：*Indigènes*）把他們的苦況呈現了出來。

10 《奧蘭回聲報》一九四二年一月二十四日的報導：「艾因圖爾克：部落領袖布卡坦的悲劇死亡」、「一九四二年一月十七日被殺的巴哈利．布卡坦部落領袖的葬禮」。《阿爾及爾回聲報》一九四二年三月十一日報導迪拉利．圖伊在監獄死亡的消息（他們誤用了死者兄弟的名字，我在二〇一四年跟他見面的才是迪拉利）。

事實上很普通的一起事件——幾個年輕人大晴天在沙灘上鬥毆。它有可能以謀殺告終，卻並未如此。這次鬥毆令人記起，只因為卡繆在小說裡取材自它的方式。

不過，從卡繆小說的象徵力量中找到了真實人物卡多爾．圖伊還是很令人滿足的一件事。一九三九年海灘上那個阿拉伯人有了名字。他能說四種語言，有一個法國女朋友。[11]他帶著一把刀並用上了它。像卡繆一樣，他有肺結核並免除兵役。這兩個人並沒有在法國的醫院病房裡相遇；他們分隔在隆河（Rhone River）兩岸，在當地的日子也不大吻合。但他們是有可能碰上的。我對《異鄉人》的研究就以一次幻想的和解作結：卡多爾．圖伊和卡繆各在他們的山區診所裡，正在痊癒中。

卡西斯（Cassis），二〇一四年十二月一日

11 雖然康諾利把《異鄉人》的世界跟福克納和卡德威爾筆下的美國深南部比較（一九四六年英國版《局外人》的導言），美國南部在吉姆．克勞法（Jim Crow Law）之下的嚴格種族隔離，在阿爾及利亞並未成為主導力量。法國推行的「開化使命」是父權主義而有歧視成分的，造成的後果包括了塞拉爾達官員大開殺戒的狂怒以至小部分精英分子的同化。

致謝

我的《異鄉人》探索之旅，走遍了圖書館、檔案館和三大洲多個社區，所到之處幸得很多學有專精的人幫助。在耶魯大學的斯特林圖書館（Sterling Library），本傑明・馬品卡西爾（Benjamin Mappin-Kasirer）從微縮膠卷把《阿爾及爾共和報》的阿爾及利亞謀殺案審訊報導很出色地整理出來。耶魯大學人文科學數位實驗室（Digital Humanities Lab）總監彼得・雷納德（Peter Leonard）介紹了可用以探索卡繆的風格和影響的新工具。麥可・普林提（Michael Printy）在斯特林圖書館的書庫為我找到了珍貴資料。在耶魯大學的拜尼克珍本書暨手稿圖書館（Beinecke Rare Book and Manuscript Library），提摩西・楊格（Timothy Young）幫助我認識了極為豐富的卡繆館藏，並教導我辨識初版書的特殊標記。凱文・沛普（Kevin Repp）幫我找到了一九四六年演說〈人類的危機〉（Crise de l'homme）的一份打字稿，這是研究卡繆的學者一直以來未曾發現的。他又在我講授的課程裡，風趣而博學地談到了拜尼克圖書館收藏的《薛西弗斯的神話》手稿。布蘭琪・克諾夫的傳記作者羅拉・柯拉律治（Laura Claridge）很慷慨地回應我的提問。傑出的卡繆研究學者安妮・昆尼（Anne Quinney）在德州大學哈利・藍森中心（Harry Ransom Center）整理克諾夫和卡繆的通信期間跟我有書信來往。我十分感謝伊莉莎白・葛爾佛（Elizabeth Garver），她讓我有機會接觸到哈利・藍森中心所收藏與《異鄉人》有關的豐富而多樣的克諾夫暨布拉德利版權代理公司檔案資料。我還要感謝哥倫比亞大學珍本書暨手稿圖書館的卡拉・尼爾森（Karla Nielson）幫助我閱覽該館收藏的眾神殿圖書公司檔案資料。伊利諾大學的安琪拉・華拉拉（Angela Waarala）讓我有機會掃描皮耶・維希永（Pierre Vrillon）一九四〇年代一幅漂亮的阿爾及爾珍版地圖。范德比大學（Vanderbilt University）的伊凡・博耶（Yvonne Boyer）提供了卡繆獻給皮亞的著作的掃描圖，來自該校班迪中心（W. T. Bandy Center）的皮亞館藏。法國外交部檔案室主任伊莎貝爾・雷榭福（Isabelle Richefort）和檔案管理員伊洛迪・蒙瑟朗（Elodie Monserand）讓我參閱了法國政府一九四六年贊助的卡繆美國之行檔案。我同時感謝法國駐紐約大使館文化服務部門圖書組組長羅倫斯・瑪麗（Laurence Marie），讓我在籌備卡繆一九四六年紐約之行紀念圓桌會議時有機會閱覽相關檔案。耶魯大學開設的「現代法國小說」課程讓我有機會談到《異鄉人》和《瘟疫》，並從共同講者莫里斯・薩繆爾斯（Maurice Samuels）的洞見獲益良多，這是我在耶魯的學術生涯的一個亮點。我要感謝耶魯法文系辦公室的艾格奈斯・博爾頓（Agnes Bolton），從本書獲補助金著手撰寫以至製作校對期間她一直鼎力支持。

在法國盧爾馬蘭，凱瑟琳・卡繆和她的助理亞歷山大・阿賴貝戈維（Alexandre Alajbegovic）和碧雅翠斯・華朗（Béatrice Vaillant）對我提出一連串有關《異鄉人》的問題表現出無限耐心，跟他們合作既愉快也榮幸。在普羅旺斯地區艾克斯市（Aix-en-Provence）市立圖書館的卡繆文獻中心，馬色爾・馬哈瑟拉（Marcelle Mahasella）對於如何閱覽卡繆的文獻資料提供了專業指導；她廣博的知識讓我在閱覽的每個階段都受益匪淺。我也從卡繆與馬爾侯通信的編者索菲・多德（Sophie Doudet）蒙受教益。卡繆三部紀錄片的撰稿人約爾・卡梅特（Joël Calmettes）和電影《遠離人跡》（*Far from Men*）的劇本撰寫者兼導演大衛・歐賀芬（David Oelhoffen），都讓我在交談中受到啟發；同樣給我帶來啟迪的，還有協助我從事卡繆研究的約翰・帕拉特拉（John Palatella）和約翰・庫爾卡（John Kulka）；前者是《國家》雜誌的書籍編輯，後者是哈佛大學出版社編輯，在我編輯卡繆的《阿爾及利亞記事》（*Algerian Chronicles*）英譯本期間從旁指導（譯本的漂亮譯文出自亞瑟・哥德哈默〔Arthur Goldhammer〕手筆）。

二〇一四年秋天在法國卡西斯的卡馬戈基金會（Camargo Foundation），我連續兩個月夜以繼日埋首處理本書的稿件，很多人給我支持或在精神上與我為伴，包括那塔卡・比洛瑟其維（Natalka Bilocerkivec）、里亞・布洛斯格爾（Lia Brozgal）、菲利・德拉康沙（Felix de la Concha）、約翰・吉普森（John Gibson）、在圖書館裡對書名展開一番腦力激盪的羅倫・杜格拉夫（Lauren du

Graf）、拿俄米・傑克森（Naomi Jackson）和卡馬戈基金會總監茱莉・謝諾（Julie Chenot）。

在卡西斯附近的普羅旺斯地區艾克斯市法國海外省檔案館，丹尼爾・希克（Daniel Hick）幫助我翻閱非常複雜的阿爾及利亞殖民檔案資料。

在巴黎，專門研究《異鄉人》手稿的主要學者安德烈・阿布很有耐心很慷慨地回答了我的很多問題。對〈人類的危機〉演說的歷史有專精研究的卡繆學者菲利普・華尼（Philippe Vaney）也很慷慨地分享了他的研究心得。

在阿爾及利亞，阿爾及爾天主教教區葛利桑研究中心總監吉翁・米歇爾透過他為研究和交流而組織起來的那個朝氣蓬勃的社群，對這個城市的精神生活提供了最佳導覽。我很感激能有機會跟跨學科的一群學者和藝術家討論進行中的研究工作，他們包括安德魯・貝里薩利（Andrew Bellisari）、德莉亞・鄧拉普（Delia Dunlap）、吉爾・賈維斯（Jill Jarvis）、伊莉莎白・勒夫瑞（Elisabeth Leuvrey）、伊莉莎白・佩雷戈（Elisabeth Perego）和柯爾本・崔西（Corbin Treacy）。在奧蘭，多方面給我提供幫助的是羅勃・派克斯（Robert Parks），他所主持的美國伊斯蘭禮拜研究中心阿爾及利亞分會（AIMS），為接近五百位國際學者提供研究上的協助。

攝影師凱斯・迪拉利在我的阿爾及爾和奧蘭攝影之旅全程陪伴，追蹤著卡繆人生與著作的足跡拍攝了漂亮的照片，並在數之不盡的多個方面對我的研究提供了助力。在奧蘭，美麗地平線組織的阿布德斯倫・阿布德哈克不光是我的導遊也是我的導師。現代史研究中心（Institut d'histoire du temps présent）的阿爾及利亞殖民及後殖民歷史專家馬力卡・拉哈爾（Malika Rahal）尤其在交談中讓我深受教益。給我帶來啟發的還有《異鄉人－翻案調查》的作者卡梅・答悟得、閱讀卡繆作品別具心得的作家波亞倫・桑薩爾（Boualem Sansaal）和薩林・巴奇（Salim Bachi），還有巴爾札赫出版社（Éditions Barzakh）的編輯索菲安・哈德雅（Sofiane Hadjaj）和瑟爾瑪・哈萊（Selma Hallal），在他們這家出版社的努力下，阿爾利亞文學作品的出版面目一新。

我十分幸運有很多機會在本書撰稿期間發表研究的成果，包括在耶魯大學惠特尼人文科學中心（Whitney Humanities Center）、卡馬戈基金會、北卡羅來納大學研討會、國家人文科學中心（National Humanities Center；特別感謝唐・瑞德〔Don Reid〕和羅伊德・克拉瑪〔Lloyd Kramer〕兩位朋友）、凱斯西儲大學（Case Western Reserve University；很榮幸在該校紀念華特・史特勞斯〔Walter Strauss〕的活動上發表演說）、佛羅里達州立大學（Florida State University）的溫斯洛普・金恩法國研究中心（Winthrop King Institute for French Studies）、史丹佛大學（Stanford University）文學文化暨語言學院、新墨西哥大學（University of New Mexico）為紀念菲利普・華茲（Philip Watts）由拉傑施華里・瓦盧利（Rajeshwari Vallury）籌辦的「百年血緣」（Centennial Filiations）學術會議，以及在阿爾及爾葛利桑研究中心與愛麗絲・康克林（Alice Conklin）和雷納德・史密斯（Leonard Smith）

共同主持的研究進程學術報告會。

我十分感謝二〇一四年春季學期修讀我在耶魯大學講授的「卡繆和阿爾及利亞問題」研討班的大學部學生和研究生，包括：珍妮佛・卡爾（Jennifer Carr）、凱瑟琳・奇亞包特（Catherine Chiabaut）、潔西嘉・卡斯傑（Jessica Kasje）、凱瑟琳・金奈德（Katherine Kinnaird）、印德拉尼・柯里施南盧康斯基（Indrani Krishnan-Lukomski）、本傑明・馬品卡西爾、傑克・尼爾森（Jake Nelson）、羅賓・普隆特（Robyn Pront）、尚恩・史特拉德（Sean Strader）和約翰・蘇努努（John Sununu），還有二〇一〇年春季學期和二〇一二年春季學期修讀我的「卡繆與戰後時期」大學部課程的學生，他們人數眾多，不能盡錄。我在指導安德魯・基安布朗（Andrew Giambrone）、亨利・葛拉巴（Henry Grabar）和克里斯・梅利曼（Chris Merriman）幾位學生期間自己也獲益不少，他們所寫的出色的四年級論文探討了阿爾及利亞歷史和卡繆早年的教育。我還要感謝茱莉・艾爾斯基（Julie Elsky）讓我分享了她對特奧萊和卡繆通信的研究，也要向二〇一二年我的卡繆大學部課程教學助理瑪麗・安妮・劉易斯（Mary Anne Lewis）致謝。歷史學家布魯諾・卡巴尼斯（Bruno Cabanes）、亨利・盧索（Henry Rousso）和派崔克・威爾（Patrick Weil）分享了他們所鑽研的戰時法國歷史的知識。

我在法國和阿爾及利亞的研究獲得多方支持，包括法國卡西斯的卡馬戈基金會、惠特尼人文科學中心的葛里斯沃德基金（Griswold Fund），耶魯大學麥克米倫國際暨地區研究中心（MacMillan

Center for International and Area Studies）提供了教職員研究補助金，並慷慨提供額外研究經費。伽利瑪出版社編製中的本書法文版，蒙佛羅倫斯．古德基金會（Florence Gould Foundation）慷慨提供翻譯資助金。我還要感謝耶魯大學教務長暨學院院長辦公室容許我在教學職務上休假一個學期，讓我能完成本書的研究。一如既往，我尤其要感謝副教務長暨教職員事務主任艾蜜莉．貝克邁爾（Emily Bakemeier）的支持。

在盧索夫著作代理公司（Rusoff Agency），瑪爾利．盧索夫（Marly Rusoff）和麥可．拉杜勒斯庫（Michael Radulescu）自本書最初提出出版提案以來一直多所協助。

在羅瑞爾．哥德曼（Laurel Goldman）主持的周二晚間寫作坊上，我先後唸出了本書自最初以至最後的各章節，參與討論的包括克里斯．布拉德（Chrys Bullard）、肯．卡爾漢（Ken Calhoun）、艾勒克斯．查恩斯（Alex Charns）、琳達．菲尼根（Linda Finigan）、丹尼．約翰森（Danny Johnson）、大衛．哈爾沛琳（David Halperin）、凱斯琳．歐基夫（Kathleen O'Keeffe）和瑪莎．潘特柯斯特（Martha Pentecost）等，每次的反應都讓我領會到我所寫的是否可以接受又或有待改進。艾芙琳．布洛克達洛（Evelyne Bloch-Dano）對傳記和敘事結構的深刻理解讓我受益良多。在巴黎，《對立線》（Contreligne）雜誌的編輯史提芬．阿拉莫維奇（Stéphan Alamowitch）為我的整份書稿做了評註。我感謝他提出的很多洞見和明智的建議，他對歷史的敏銳感覺也讓我別有一番領悟。詩人暨翻譯家羅拉・馬瑞斯（Laura Marris）擔任我的研究助理，憑著她敏銳的語感給本書每一頁帶來改進。她把全書的註釋和書目以恰當形式整理妥當，並在本書各編輯階段全程協助。四位讀者為芝加哥大學出版社（University of Chicago Press）審閱了本書的完整初稿，他們分別是：卡繆全集的編輯雷蒙・蓋柯洛西爾（Raymond Gay-Crosier），他是當今世上最重要的卡繆研究者之一；備受推崇的文學評論家麥可・戈拉，他是詹姆斯《仕女圖》一書的「傳記」作者；大衛・卡羅（David Carroll），他所寫的《阿爾及利亞人卡繆》（*Camus the Algerian*）對卡繆研究有重大影響；還有另一位提出建議的匿名讀者，我希望他或她能在這裡看到我表達的謝意。里亞・布洛斯格爾和莫里斯・薩繆爾斯對本書最後定稿前的手稿提供了很有價值的評語。

在伽利瑪出版社，本身是《異鄉人》出版歷史專家的艾爾本・瑟瑞西艾（Alban Cerisier）和檔案管理員艾力・雷贊德（Eric Legendre）、弗朗索瓦斯・達沃（Françoise d'Avout）、布蘭丹・昭梅（Blandine Chaumeil），還有傑拉丹・布朗（Géraldine Blanc）和布蘭奇・瑟奇格里尼（Blanche Cerquiglini）等諸位給我提供可靠資訊。本書法文版編輯艾力・維涅（Eric Vigne）給法文譯本帶來了他的洞察力和機智。我也很幸運能再次跟卓越的翻譯者派崔克・赫爾桑（Patrick Hersant）合作。

在芝加哥大學出版社，宣傳主任李維・史達爾（Levi Stahl）對初期的一份書稿提出了關鍵的建議；我要感謝他文學上的精闢見解。再次跟審稿編輯安妮塔・薩門（Anita Samen）合作也是愉快的事，她和藹可親的態度和高水準的要求帶來了可喜成果。藍迪・佩提洛斯（Randy Petilos）是我在著作權和插圖授權所有問題上的指導者。我再一次要向艾倫・湯瑪斯（Alan Thomas）致以最深謝意，他自一九九三年以來為我的著作擔任編輯，一頁一頁的向我提出嚴格而慷慨的批評，促使我對自己有更高期待。

我要感謝多位親密的朋友和家人，他們的支持讓我能堅持不懈：他們分別在明尼蘇達州、紐約的曼哈頓和布魯克林、北卡羅來納州德罕市（Durham）、康乃狄克州吉爾福德市（Guilford）以及法國的特雷吉耶（Tréguier）和巴黎。

最後我要感謝羅傑・柯尼葉，過去二十年來他是我文學上的顧問和導師。他讀過本書每一章，回答了數以百計的問題，他還打開他的檔案資料，分享他對卡繆思想的領悟和對卡繆為人的認知。他給我帶來一種魔幻似的感覺，就像與他一起在卡繆的世界裡漫遊。

我有幸獲准參閱和引用未出版的材料，這方面我要感謝尚克洛德・巴拉（Jean-Claude Barat）、凱瑟琳・卡繆、米歇爾・多爾傑（Michel Dorget）、弗朗索瓦斯・穆坦・德・弗赫敏維爾（Françoise Mutin de Fréminville）、愛麗絲・克諾夫（Alice L. Knopf）、佛羅倫斯・馬爾侯（Florence Malraux）、德州大學哈利・藍森中心和伽利瑪出版社。

對於在我之前研究卡繆的學者，以及很多向我提出具挑戰性問題、令我喜有所獲的深具洞見的學生和同事，我顯然從他們受益匪淺。書中如有任何錯誤完全是我自己的責任。

《異鄉人》相關書目

這不是《異鄉人》文學研究的完整書目，那樣的一個書目條目數以千計，除了最熱切的學者誰都會吃不消。因此我決定編製一個精選而附加評註的書目，所包含的個別著作和論文集代表了多元的評論觀點。

■手稿、紀錄、資料彙編

- 德州大學奧斯汀分校哈利・藍森中心「威廉・布拉德利館藏」（William Bradley Collection）。
- 〈人類的危機〉打字稿（含卡繆手寫的修正）：與萊納爾・阿貝爾（Lionel Abel）的英譯和相關通信一併收藏於耶魯大學拜尼克珍本書暨手稿圖書館的多洛斯・諾曼文件檔案（Dorothy Norman Papers）。
- 法國抵抗運動成員檔案：收藏於文森市國防歷史資訊部門，檔案子目錄 GR16P。
- 德州大學奧斯汀分校哈利・藍森中心「阿爾弗雷德・克諾夫館藏」（Alfred A. Knopf Collection）。
- 《異鄉人》手稿及卡繆的筆記本：收藏於普羅旺斯地區艾克斯市市立圖書館阿爾貝・卡繆文獻中心。
- 《薛西弗斯的神話》手稿：收藏於耶魯大學拜尼克珍本書暨手稿圖書館。
- 眾神殿圖書公司紀錄：收藏於紐約哥倫比亞大學珍本書暨手稿圖書館。
- 阿爾及爾省和奧蘭省本地人活動紀錄（一九四〇至一九四一年）、奧蘭省社團檔案（一八九九至一九五七年）、本地人領袖（Caid）紀錄（一九三二至一九四九年）、修道院院長藍貝檔案（一九三六至一九五三年）、警方有關阿爾及爾共產黨的報告（一九三五至一九三七年）：均藏於普羅旺斯地區艾克斯市法國海外省檔案館。

· 文化關係（Relations Culturelles）檔案（一九四五至一九五九年）：收藏於拉庫爾訥夫市法國外交暨國際發展部檔案室；包含有關卡繆美國和加拿大巡迴演說行程的通信，以及該行程各法國演說者預訂計畫的報告。

■報紙

· 《阿爾及爾共和報》：收藏於巴黎法國國家圖書館（BNF）。這份大型日報創辦於一九三八年，至一九三九年縮減為規模較小的晚報《共和晚報》，原日報關閉。卡繆自一九三八至一九四〇年為這兩份報紙擔任社論撰稿人、文學評論家和調查報導記者。BNF 兩報皆有收藏。

· 《戰鬥報》（地下報紙，一九四一年十二月至一九四四年四月）：收藏於 BNF；可網上閱覽：gallica.bnf.fr。

· 《戰鬥報》（公開刊行，一九四四年八月二十一日至一九四七年）：收藏於 BNF。

· 《阿爾及爾回聲報》：收藏於 BNF；可網上閱覽：gallica.bnf.fr。

· 《奧蘭回聲報》：收藏於奧蘭阿拉伯文報紙《共和報》的辦公室。

· 《巴黎晚報》（一九四〇至一九四一年，全省性報紙）：收藏於 BNF。這是卡繆所效力的《巴黎晚報》，該報隨著德國入侵而從巴黎出走，先後在克萊蒙費朗和里昂設立辦事處。BNF 數位圖書館（Gallica）所收藏的是另一版本的《巴黎晚報》，不要與此混淆，那是留在巴黎而由德國占領者控制的報紙。

■《異鄉人》法文版及英譯本選錄

· *L'Étranger*. Paris: Gallimard, 1942.

· *L'Étranger*. New York: Pantheon Books, French Pantheon Books Series 9, 1946.

· *The Stranger*. Trans. Stuart Gilbert. New York: Knopf, 1946.（卡繆質疑為什麼這個英譯本裡的引號比原文多了很多。）
· *The Outsider*. Trans. Stuart Gilbert. London: Hamish Hamilton, 1946.（與上述克諾夫英譯本相同，附加了西里爾．康諾利的導言，最初讓這家英國出版社注意到《異鄉人》的就是康諾利。）
· *L'Étranger*. Ed. Germaine Brée & Carlos Lynes, Jr. New York: Appleton-Century-Crofts, Inc., 1955.（這是學校用的法文版，包含導言和英文詞彙，是一個刪節——出版社把認為不宜學生閱讀的內容刪除。）
· *The Stranger*. Trans. Kate Griffith. Washington, D.C.: University Press of America, 1982.
· *The Outsider*. Trans. Joseph Loredo. London: Hamish Hamilton, 1982.（這是英國版原出版社首次嘗試刊行另一個較吉伯特譯文為佳的英譯本。）
· *The Stranger*. Trans. Matthew Ward. New York: Knopf, 1988.（這是目前美國最廣為閱讀的英譯本，它改正了吉伯特譯文一些風格上的瑕疵。）
· *The Outsider*. Trans. Sandra Smith. London: Viking/Penguin, 2013.（也是值得推薦的英譯本，但在本書撰寫之際仍未在美國出版。）

■與《異鄉人》相關的其他卡繆著作

· *American Journals*. Trans. Hugh Levick. New York: Paragon House, 1987.
· *A Happy Death*. Trans. Richard Howard. New York: Knopf, 1972.
· *Cahiers Albert Camus 3: Fragments d'un combat 1938–1940, Alger-Républican, Le Soir Républicain*. Ed. Jacqueline Lévi-Valensi & André Abbou. Paris: Gallimard, 1978.
· *Caligula: version de 1941 suivi de La poétique du premier Caligula par A. James Arnold, The Poetics of the First Caligula. In Cahiers Albert Camus 4*. Ed. A. James Arnold. Paris: Gallimard, 1984.（一九四一年版的《卡里古拉》，含詹姆斯．阿諾德〔A. James Arnold〕所寫的後記。）

· *Caligula and Three Other Plays*. Trans. Stuart Gilbert & Justin O'Brien. New York: Knopf, 1958.
· *Camus à* Combat: *éditoriaux et articles*. Ed. Jacqueline Lévi-Valensi. Paris: Gallimard/Folio, 2013；英譯本：*Camus at Combat: Writing 1944–1947*. Trans. Arthur Goldhammer. Princeton, NJ: Princeton University Press, 2006.
· *The First Man*. Trans. David Hapgood. New York: Knopf, 1995.
· *Lyrical and Critical Essays*. Ed. Philip Thody, trans. Ellen Conroy Kennedy. New York: Vintage, 1970——這本文集包含以下文章："The Wrong Side and the Right Side" (1937); "Nuptials" (1939); "The Minotaur, or Stopping in Oran" (1954); "On Jean-Paul Sartre's La Nausée" (1938); "Intelligence and the Scaffold" (1943); "No, I am not an existentialist" (1945).
· "Misery of Kabylia." In *Algerian Chronicles*. Ed. Alice Kaplan, trans. Arthur Goldhammer. Cambridge, MA: Harvard University Press, 2013.
· *The Myth of Sisyphus and Other Essays*. Trans. Justin O'Brien, New York: Vintage, 1991.
· *Notebooks, 1935–1942*. Trans. Philip Thody. New York: Knopf, 1963, rpt. New York: Rowman & Littlefield, 2010.（卡繆筆記的英譯本。）
· *Notebooks, 1942–1951*. Trans. Justin O'Brien. New York: Knopf, 1965.（筆記英譯。）
· *Notebooks, 1951–1959*. Trans. Ryan Bloom. Chicago: Ivan Dee, 2010.（筆記英譯。）
· *Œuvres complètes*. Ed. Jacqueline Lévi-Valensi (vols. 1 and 2) & Raymond Gay-Crosier (vols. 3 and 4). Paris: Gallimard, Bibliothèque de la Pléiade, 2006–2008.（共計四冊的這部卡繆作品全集是學術界認定的版本，稱為「七星文庫」版，由主要的卡繆研究學者從原來的手稿整理而成。較早有另一個兩冊的七星文庫版，由羅傑・奎約〔Roger Quilliot〕在卡繆逝世後不久編集而成，首冊是一九六二年的 *Théâtre, récits,*

nouvelles〔劇作、故事和小說〕，第二冊是一九六五年的*Essais*〔散文〕；編者的註釋仍具參考價值。奎約的七星文庫版按體裁編排，新的七星文庫版則按時序排列，包含了在一九六〇年代尚未出版的著作，例如卡繆的筆記和身後才出版的小說《快樂的死》和《第一人》。）
· *The Plague*. Trans. Stuart Gilbert. New York: Vintage, 1991.
· *The Plague*. Trans. Robin Buss. New York: Penguin, 2013.（這是把吉伯特譯本加以現代化。）
· "Reflections on the Guillotine." In *Resistance, Rebellion, and Death*. Trans. Justin O'Brien. New York: Knopf, 1960.
· *Youthful Writings*. Trans. Ellen Conroy Kennedy. New York: Paragon, 1990.（含保羅・維亞彥奈克斯〔Paul Viallaneix〕的導言。）

■書信

· *Albert Camus–Jean Grenier, Correspondance 1932–1960*. Ed. Marguerite Dobrenn. Paris: Gallimard, 1981. 英譯本：*Albert Camus and Jean Grenier Correspondence, 1932–1960*. Trans. Jan F. Rigaud. Lincoln: University of Nebraska Press, 2003.
· Camus, Albert, and Pascal Pia. *Correspondance, 1939–1947*. Ed. Yves-Marc Ajchenbaum. Paris: Fayard/Gallimard, 2000.
· Camus, Albert. Letters to André Malraux. Fonds Malraux 9.（收藏於巴黎雅克・杜塞圖書館〔Bibliothèque Jacques Doucet〕馬爾侯資料檔案。）
· Ducailar, Yvonne. Correspondence with Albert Camus.（收藏於佛羅里達大學蓋恩斯維爾校區〔University of Florida at Gainesville〕斯瑪瑟斯圖書館〔Smathers Library〕的雷蒙・蓋克羅謝－阿爾貝・卡繆館藏。）
· de Fréminville, Claude. Correspondence with Albert Camus.（收藏於普羅旺斯地區艾克斯市市立圖書館的卡繆文獻中心；大部分卡繆未出版的通信都收藏於此，可在徵得卡繆遺產管理人同意下參閱。）

· "La publication de L'Étranger," *Camus: Cahiers de l'Herne*. Ed. Raymond Gay-Crosier & Agnès Spiquel-Courdille. Paris: Éditions de l'Herne, 2013.（卡繆、伽利瑪、馬爾侯和皮亞之間有關《異鄉人》的手稿和出版安排的通信摘錄。）

· Malraux, André. Letters to Albert Camus.（卡繆和馬爾侯的通信收藏於普羅旺斯地區艾克斯市市立圖書館的卡繆文獻中心；這些書信正由索菲・多德整理編集，準備由伽利瑪出版社在巴黎出版。）

■傳記、紀錄片、回憶錄選錄

· Calmettes, Joël, director. *Albert Camus, le journalisme engagé*. Paris: Chiloé Productions, 2010 (DVD).（探討卡繆在《阿爾及爾共和報》和《戰鬥報》工作情況的紀錄片。）

· Camus, Catherine, Alexandre Alajbegovic & Béatric Vaillant. *Le monde en partage: Itinéraires d'Albert Camus*. Paris: Gallimard, 2013.（卡繆眾多遊歷的文字和圖像紀錄。）

· Camus, Catherine, & Marcelle Mahasela. *Albert Camus: Solitaire et Solidaire*. Paris: Lafon, 2010； 英 譯 本：*Albert Camus: Solitude and Solidarity*. Ed. Catherine Camus. Zurich: Edition Olms, 2012.（卡繆私人和公眾生活的豐富圖像紀錄。）

· Garfitt, Toby. *Jean Grenier: un écrivain et un maître*. Rennes: Part Commune 2010.

· Grenier, Jean. *Albert Camus: Souvenirs*. Paris: Gallimard, 1968.

· Grenier, Roger. *Albert Camus: Soleil et ombre*. Paris: Gallimard, 1987.（有關卡繆的必讀入門書，按作品編排，強調卡繆的影響和創作進程，作者是卡繆的朋友也是他作品的編輯。）

· Hawes, Elizabeth. *Camus, a Romance*. New York: Knopf, 2009.（從一個美國作家閱讀卡繆作品的回憶錄寫成的文化史；對卡繆的健康情況和他在美國的遊歷尤其有精到的描述。）
· Knopf, Blanche. "Albert Camus in the Sun." *Atlantic*, February 1961, 77–84.
· Lottman, Herbert. *Albert Camus*. Corte Madera, California: Gingko Press, 1997.（這部以事實為基礎的美國風格傳記最初在一九七九年出版，作者是《出版人周刊》的駐外記者；在記事方面以及對卡繆眾多親密朋友和同事的訪談方面，同類著作仍然無出其右。）
· Musso, Frédéric. *Albert Camus ou la fatalité des natures*. Paris : Gallimard NRF Essais, 2009.（對卡繆和大自然的詩情體會。）
· Oxenhandler, Neil. *Looking for Heroes in Postwar France: Albert Camus, Max Jacob, Simone Weil*. Hanover, NH: University Press of New England, 1995.（一位第二次世界大戰退役軍人兼文學教授閱讀《異鄉人》的感人體會。）
· Radish, Iris. *Camus: Das Ideal der Einfachheit. Eine Biographie*. Berlin: Rowohlt, 2013.
· Roblès, Emmanuel. *Camus, Frère de soleil*. Paris: Le Seuil, 1995.（出生於奧蘭、與卡繆是記者同事而本身又是作家的賀布勒，記述了這個有關畢生友誼與複雜精神世界的故事。）
· Séry, Macha. *Camus à 20 ans: premiers combats*. Lalaune: Au Diable Vauvert, 2011.（法國最出色的文學記者之一，精準而有力地捕捉了卡繆成年人生早期的政治和文化取向。）
· Todd, Olivier. *Albert Camus: Une vie*. Paris: Gallimard, 1999.（對卡繆書信的處理特別強，引錄了一些在別處無法得睹的信件，並以圈內人身分表達了對巴黎文學世界的深刻了解；這是法國風格的傳記，帶有文學筆觸和詮釋性觀點。注意以下英譯本經大幅刪節：Benjamin Ivry, *Albert Camus: A Life*; New York: Knopf, 1997。）
· Tanase, Virgil. *Camus*. Paris: Gallimard/Folio Biographie, 2010.（這是一部精簡而漂亮的傳記，作者是法國籍羅馬尼亞裔作家兼劇作家，對卡繆的政治取向和戲劇創作提供別具洞見的指南。）

・Vircondelet, Alain. *Camus, fils d'Alger*. Paris: Fayard.（聚焦於卡繆與阿爾及利亞的聯繫，有關一九三〇年代的描述尤為豐富。）

・Zaretsky, Robert. *Albert Camus: Elements of a Life*. Ithaca, NY: Cornell University Press, 2010.（動人而具說服力的思想性傳記。）

・———. *A Life Worth Living: Albert Camus and the Quest for Meaning*. Cambridge, MA: Harvard University Press, 2013.（內容按主要概念編排，包括荒謬、沉默、反抗等，都是對卡繆的人生和著作具中心意義的。）

■《異鄉人》評論選錄

法文版初版的評論（一九四二至一九四三年）

・Arland, Marcel. "Un écrivain qui vient." *Comœdia*, July 11, 1942.（在巴黎占領區發表。）

・Blanchot, Maurice. "Chronique de la vie intellectuelle: le roman de L'Étranger." *Journal des débats politiques et littéraires*, August 19, 1942.（在巴黎占領區發表。）

・Fieschi. "Chronique des romans," *Nouvelle Revue Française*, September, 1942, 364–70.（在巴黎占領區發表。）

・Grenier, Jean. "Une œuvre, un homme." *Cahiers du Sud* 30 (February, 1943): 224–28.

・Hell, Henri. *Fontaine*. July–September, 1942.（在阿爾及利亞未被占領區發表。）

・Henriot, Émile. *Le Temps*. November 3, 1942.（在里昂未被占領區發表。）

・Rousseaux, André. *Le Figaro*, July 18–19, 1942.（在里昂未被占領區發表。）

・Sartre, Jean Paul. "Explication de l'Étranger." *Cahiers du Sud* 30 (February 1943): 189–206. 英譯本："The Stranger Explained, " trans. Chris Turner,

We Have Only This Life to Live: The Selected Essays of Jean-Paul Sartre 1939–1975, ed. Ronald Aronson & Adrian Van Den Hoen. New York: New York Review Books, 2013.

美國英譯本初版的評論（一九四六年）

· Arendt, Hannah. “French Existentialism.” *Nation*, February 23, 1946.（聯邦調查局對卡繆的調查參閱了這篇文章。）

· Bentley, Eric. “Not in the Reviews: A Note on French Existentialism.” *Books Abroad* 20:3, (Summer 1946): 263–66.（文中提到：「你可以安心地忽略卡繆指稱他自己並非存在主義者這種說法。畢竟，馬克思〔Karl Marx〕也說他不是馬克思主義者」;「法國存在主義者是『最靈活善變、難以捉摸而步伐急速的一群人』」。）

· Brown, John L. “Albert Camus, Apostle of Post-Liberation France.” *New York Times Sunday Book Review*, April 7, 1946.

· Calas, Nicolas. “Books by Camus and Blanchot reviewed by Nicolas Calas.” *View: Paris*, March–April, 1946.

· Chiaromonte, Nicola. *New Republic*, April 26, 1946.（認為《異鄉人》是「真誠人格的悲劇」。）

· Clark, Eleanor. “Existentialist Fiction: *The Stranger*.” *Kenyon Review* 84 (Autumn 1946): 674–78.（本文指稱：「完全有欠準確的譯文把這部作品的瑕疵和優點都一律掩蓋了。這部小說跟法國一樣令人厭倦，最終來說是失敗之作。」）

· Gannett, Lewis. “Books and Things.” *New York Herald Tribune*, April 12, 1946.（指稱存在主義是「對一個浮誇傳統的浮誇逃避」；認為卡繆在抵抗運動中的人生經驗否定了他的哲學思想那種「不負責任而自尋失敗的邏輯」。）

· George, Albert J. “L’Étranger” *Symposium* 1.1 (November 1, 1946): 170.（這

是對《異鄉人》的英文評論，但引錄的是眾神殿圖書公司一九四六年在紐約出版的法文版。）

· Guérard, Albert J. "Albert Camus," *Foreground: A Creative and Critical Quarterly* 1:1 (1946).（認為卡繆的早期著作合起來就是一部精神上的傳記，跟惠特曼（Walt Whitman）的早期著作類似；十分欣賞卡繆的法文寫作風格，預言那是極難翻譯的。）

· Hansen, Harry. "Apostles Arrive to Introduce Existentialist Ideas in US." *Chicago Daily Tribune Magazine of Books*, March 3, 1946.（認為存在主義者「可能正可以填補美國知識分子論辯的一個真空，因為大家都對戰爭問題感到厭倦，對政治意識形態不再有什麼興趣」。）

· Hoskins, Katherine. "A Novelist of the Absurd." *Partisan Review* 13:1 (Winter 1946): 121–23.（認為小說的書名可翻譯為「異類」〔The Alien〕，有感於被殺者是阿拉伯人此一事實未被賦予任何社會學內涵。）

· Jackson, Katherine Gauss. "Books in Brief." *Harper's* 192, no. 1153 (June 1, 1946): 16, 19–20.

· *Kirkus* (March 1, 1946): 109.（未署名的評論，認為《異鄉人》帶有「某種怪異的吸引力，不過它的市場將是有限的」。）

· "Man in a Vacuum." *Time*, May 20, 1946.（未署名的評論，指稱《異鄉人》是「存在主義的一番喧鬧」。）

· O'Brien, Justin. "Boldest Writer in France Today: Albert Camus, Novelist, Dramatist, Philosopher of the Absurd." *New York Herald Tribune*, March 24, 1946, F2.（認為卡繆特立獨行而不同於那些盲目追隨存在主義的人。）

· ———. "Presenting a New French Writer: In His First Novel, Albert Camus Sets Forth a Parable of Man's Fate." *New York Herald Tribune Weekly Book Review*, April 14, 1946, 10.（強調「要介紹一位新的外國作家總是需要勇氣的」。）

· Plant, Richard. "Benign Indifference." *Saturday Review of Literature*, May 18, 1946, 10.（讚許卡繆是「技藝超群的巧匠」。）
· Poore, Charles. "Books of The Times." *New York Times*, April 11, 1946. https://www.nytimes.com/books/97/12/14/home/camus-stranger.html（本書作者二〇一六年一月九日參閱網上版。）
· Rogers, B. W. "Ignoring Fate Won't Make It Pass You By." *Washington Post*, April 14, 1946, 56.
· Sullivan, Richard. "So, Nothing Matters in Life, At All!" *Chicago Daily Tribune*, April 14, 1946, G4.（讚許《異鄉人》「靈巧地表現出一種具備立場的絕望」。）
· Wilson, Edmund. *New Yorker*, April 13, 1946.（本文作者的反應頗為冷淡，認為凱恩的《郵差總按兩次鈴》讀來更令人滿意。）

卡繆著作在美國期刊的刊載（一九四六至一九四七年）

· "The Crisis of Man: Inertia is the Strongest Temptation." *Vogue*, July 1, 1946.
· "The Human Crisis." Lecture at Columbia University, trans. Lionel Abel. *Twice A Year* 1, no. 16–17, (1946–1947).
· "The Myth of Sisyphus"（該書摘錄） and "Hope and the Absurd in the Work of Franz Kafka," from *The Myth of Sisyphus, Partisan Review*, 13:2, (Winter 1946): 188–200.
· "*The Stranger*: An Excerpt." *View: Paris*, vol. VI, no. 2–3 (March/April, 1946): 21–23.

英國英譯本初版的評論（一九四六年）

· Ayer, A. J. "Novelist-Philosophers XIII: Albert Camus." *Horizon* 13, vol. 75

(March 1946): 155–59.（把卡繆描述為前哲學教師，並評估了他哲學上的能力。認定《薛西弗斯的神話》提出的自殺問題是關乎形而上學而不是道德；認為《異鄉人》裡的描述值得讚賞，但一個對自己不感興趣的人很難令人對他產生興趣，而跟《薛西弗斯的神話》裡對荒謬的論述相比，這部小說也沒有增加任何內容。）

- Bowen, Elizabeth. "Elizabeth Bowen's Book Reviews." *Tattler and Bystander*, July 24, 1946.（提到這是「這個夏天其中一部最多人談論的小說」，認為它「怪異，令人不安，給人無動於衷的感覺」。）
- Charques, R. D. "A Victim." *Times Literary Supplement* (London), June 22, 1946, 293.（「蹣跚行進而結構上很人工化」）。
- Fane, Vernon. "The World of Books." *The Sphere*, (July 13, 1946): 60.（半開玩笑地說：「主題是某種男性朦朧入睡狀態」；「太過難以捉摸，令人無法欣賞也無法表示異議」。）
- Fausset, Hugh I. H. "New Novels." *Manchester Guardian*, June 28, 1946.
- Hale, Lionel. "From Algiers." *Observer*, June 23, 1946, 3.（強調《異鄉人》的非洲和創新元素。）
- Lehmann, Rosamond. "New Novels." *Listener* 913, (July 11, 1946): 558.（「出色而令人不安」；質疑如果基督教的道德觀被掃除掉，我們是否就會「拿起我們的左輪手槍」？）
- "New Novels." *Scotsman*, June 27, 1946.（認為這部小說稟承了法國傳統的毫不懈怠不偏不倚態度和表達清晰度。）
- Straus, Ralph. "New Novels." *Sunday Times* (London), June 16, 1946, 3.（「刺激，令人不安，顯然予人深刻印象 」。）

■有關《異鄉人》寫作過程的專著、論文和評論集

- Abbou, André, Brian Fitch, René Girard, et al. *Autour de L'Étranger*. Les Lettres Modernes: Albert Camus Vol. 1. Paris: Lettres Modernes: 1968.

· Bloom, Harold, ed. *Albert Camus's The Stranger*. Philadelphia: Chelsea House, 2001.（包含很多有關這部小說的經典論文，例如：René Girard, "Camus's Stranger Retried" 以及 Germaine Brée, "Heroes of our time: the Stranger"。）
· Bloom, Ryan. "Lost in Translation: What the First Line of *The Stranger* Should Be." *New Yorker*, May 11, 2012. http://www.newyorker.com/books/page-turner/lost-in-translation-what-the-first-line-of-the-stranger-should-be（本書作者二〇一五年九月二十四日閱覽網上版。）
· Britton, Celia. "How Does Meursault Get Arrested?" *French Studies Bulletin* 31 (2010): 1–3.
· Castex, Pierre-Georges. *Albert Camus et L'Étranger*. Paris: Corti, 1965.
· Cerisier, Alban. *Brève histoire illustrée de la publication de L'Étranger d'Albert Camus*. Paris: Gallimard, 2013.
· Fitch, Brian T. *L'Étranger d'Albert Camus: un texte, ses lecteurs, leurs lectures (étude méthodologique)*. Paris: Librairie Larousse, 1972.
· Francev, Peter , ed. *Albert Camus's The Stranger: Critical Essays*. Newcastle: Cambridge Scholars Publishing, 2004.
· Gay-Crosier, Raymond. *The Stranger*. Gale Study Guides to Great Literature: Literary Masterpieces Vol. 8. Detroit, MI: Gale Group, 2002.（值得推薦的是對小說的分析和評論的歷史，還有來自卡繆檔案資料的豐富插圖。）
· ———, ed. *L'Étranger, cinquante ans après*. Les Lettres Modernes: Albert Camus Vol. 16. Paris: Lettres Modernes: 1995.
· ———, ed. *Toujours autour de l'Étranger*. Les Lettres Modernes: Albert Camus Vol. 17. Paris: Lettres Modernes Minard, 1996.
· Hughes, Edward J., ed. *The Cambridge Companion to Camus*. Cambridge: Cambridge University Press, 2007.（全面包含有關卡繆的論述，以下文章尤其值得注意： Toby Garfitt, "Situating Camus: The Formative

Influences," 39–52〔有關卡繆和尚・柯尼葉〕; David Carroll, "Rethinking the Absurd: le Mythe de Sisyphe, 53–66; Colin Davis, "Violence and ethics in Camus," 106–17; Peter Dunwoodie, "From Noces to L'Étranger," 147–64.）

- King, Adele, ed. *Camus's L'Étranger: Fifty Years On*. London: Macmillan, 1992.（是截至一九九〇年代為止對這部小說的研究的有用概括，突顯了種族和身分的問題。）
- Lévi-Valensi, Jacqueline, ed. *Les Critiques de notre temps et Camus*. Paris: Garnier, 1970.（包含羅蘭・巴特、娜塔莉・薩羅特〔Nathalie Sarraute〕和沙特等具影響力的文章。）
- Matsumoto, Yosei. "Le Processus d'élaboration de *L'Étranger.*" *Études camusiennes: société japonaise des Études camusiennes* 12 (May 2015): 72–86.
- McCarthy, Patrick. *Camus; The Stranger (Student Guide)*. Cambridge: Cambridge University Press, 1988, 2004.
- Pingaud, Bernard. *L'Étranger d'Albert Camus*. Paris: Gallimard/Foliothèque, 1992.（一位法國主要作家和評論家的出色閱讀心得和詮釋。）
- Prouteau, Anne, & Agnès Spiquel-Courdille, ed. *Lire les* Carnets *d'Albert Camus*. Lille: Presses Universitaires du Septentrion, 2012.
- Rey, Jean-Louis. *L'Étranger d'Albert Camus: Profil d'une œuvre*. Paris: Hatier, 2003.（供法國學生準備中學畢業文憑考試之用。）

■德國占領期間的出版狀況和文學生活

- Assouline, Pierre. *Gaston Gallimard: A Half-Century of French Publishing*. New York: Harcourt Brace Jovanovich, 1988.
- Atack, Margaret. *Literature and the French Resistance: Cultural Politics*

and Narrative Forms, 1940–1950. Manchester: Manchester University Press, 1989.

· Burrin, *Philippe. France under the Germans: Collaboration and Compromise*. Trans. Janet Lloyd. New York: New Press, 1997.

· Corpet, Olivier, & Claire Paulhan. *Collaboration and Resistance: French Literary Life under the Nazi Occupation*. Trans. by Jeffrey Mehlman. New York: Five Ties Publishing, 2009.（含羅勃・帕克斯頓〔Robert O. Paxton〕所寫的序言。）

· Fouché, Pascal. *L'Édition française sous l'occupation: 1940–1944*. 2 volumes. Paris: Bibliothèque de littérature française contemporaine de l'université de Paris VII, 1987.（收錄了占領者在出版審查以及對出版者和書籍監控方面的原始文件。）

· Kaplan, Alice. *The Collaborator: The Trial and Execution of Robert Brasillach*. Chicago: University of Chicago Press, 2000.

· Poulain, Martine. *Livres pillés, lectures surveillées: les bibliothèques françaises sous l'occupation*. Paris: Gallimard, 2008.（有關占領者在圖書館和書店裡的掠奪和審查。）

· Riding, Alan. *And the Show Went On: Cultural Life in Nazi-Occupied Paris*. New York: Vintage, 2010.

· Sapiro, Gisèle. *La guerre des écrivains 1940–1953*. Paris: Fayard, 1999. In English, *The French Writers' War 1940–1953*. Trans. Vanessa Doriott. Durham, NC: Duke University Press, 2014.（對占領期間出版機構和文學組織的詳盡分析；有關《新法蘭西評論》的一章尤其值得注意。）

■一九三〇及一九四〇年代的阿爾及利亞

· Abbou, André, & Jacqueline Lévi-Valensi, eds. *Albert Camus: journalisme et politique, l'entrée dans l'Histoire 1938–1940. La Revue des Lettres*

Modernes: Albert Camus 5. Paris: Éditions Lettres Modernes, 1972.

· Abitbol, Michel. *Les Juifs d'Afrique du Nord sous Vichy*. Paris: Riveneuve, 2008.

· Abbas, Ferhat. *Le Jeune Algérien: de la colonie versa la province; (suivi de) Rapport au maréchal Pétain: avril 1941*. Paris: Garnier Frères, 1981.

· Ageron, Charles-Robert. *Histoire de l'Algérie contemporaine, T. II., 1871–1954*. Paris: PUF, 1979.

· Azza-Bekat, Amina, A. Bererhi, C. Chaulet-Achour, & B. Mohammed-Tabti, eds. *Quand les Algériens Lisent Camus*. Alger: Casbah Editions, 2014.（包含卡繆著作的讀者和評論家的論述，從卡繆同時代人以至目前的一代人均包羅在內，以一系列詞典條目的方式編寫而成。）

· Blanchard, Pascal. "La vocation fasciste de l'Algérie coloniale dans les années 30."

· *De l'Indochine à l'Algérie: la jeunesse en mouvements des deux côtés du miroir colonial*, 1940–1962, ed. Nicolas Bancel et al. Paris: La Decouverte, 2003.

· Carroll, David. *Camus the Algerian: Colonialism, Terrorism, Justice*. New York: Columbia University Press, 2007.

· Djemaï, Abdelkader. *Camus à Oran*. Paris: Éditions Michalon, 1995.

· Graebner, Seth. *History's Place: Nostalgia and the City in French Algerian Literature*. Lahnam, MD: Lexington Books, 2007.

· Hubbell, Amy. *Remembering French Algeria: Pieds-Noirs, Identity, and Exile*. Lincoln: University of Nebraska Press, 2016.

· Kateb, Kamel. *Européens, "indigènes," et juifs en Algérie, 1830–1962*. Paris: Presses Universitaires de France, 2001.

· Le Foll-Luciani, Pierre-Jean. *Les juifs algériens dans la luttle anticoloniale: Trajectoires dissidentes, 1934–1965*. Rennes: Presses universitaires de Rennes, 2015.

· LeSueur, James. "The Unbearable Solitude of Being: The Question of Albert Camus." In *Uncivil War: Intellectuals and Identity Politics During the Decolonization of Algeria*. Lincoln: University of Nebraska Press, 2005.

· Sebbar, Leïla, ed. *Une enfance algérienne*. Paris: Gallimard, 1997. *An Algerian Childhood: A Collection of Autobiographical Narratives*. trans. Marjolijn de Jager. (St. Paul, MN: Ruminator Books, 2001).（阿爾及利亞獨立前出生的、來自不同背景的作家和知識分子，講述他們的童年故事。）

· Schreier, Joshua. *Arabs of the Jewish Faith: The Civilizing Mission in Colonial Algeria*. New Brunswick, N.J.: Rutgers University Press, 2010.

· Stora, Benjamin. *Nationalistes algériens et révolutionnaires français au temps du Front Populaire*. Paris: l'Harmattan, 1987.

· Viollette, Maurice. *L'Algérie vivra-t-elle? Notes d'un ancien gouverneur général*. Paris: F. Alcan, 1931.

· Vrillon, Pierre. Plans d'Alger (9 plans). Alger: Éditions Pierre Vrillon.（未註明日期，估計為一九四〇年或一九四九年，收藏於伊利諾大學厄巴納－香檳分校地圖室。製圖者維希永自一九三〇年代開始製作一系列漂亮的裝飾風藝術阿爾及爾地圖，涵蓋各個社區。伊利諾大學的藏品包含一張早期的地圖，其中可見卡繆和海赫在海德拉公園區的小別墅以及「世界之上的房子」周圍那些彎彎曲曲的街道。）

■研究方法

· Audiat, Pierre. *La biographie de l'œuvre littéraire : esquisse d'une méthode critique*. Paris: Champion, 1924.

· Bly, Robert. *A Little Book on the Human Shadow*. New York: Harper & Row, 1988.

· Gorra, Michael. *Portrait of a Novel: Henry James and the Making of an*

American Masterpiece. New York: Liveright, 2013.

Marcus, Greil. *Like a Rolling Stone: Bob Dylan at the Crossroads*. New York: Public Affairs, 2005.（討論一首歌曲的生命歷程。）

■改編之作和後續

- Bachi, Salim. *Le Dernier été d'un jeune homme*. Paris: Flammarion, 2013.（以卡繆的口吻寫作，喚起了作者在一九三〇年代的生活和見聞，包括啟發《異鄉人》的那個海灘鬥毆故事。）
- Daoud, Kamel. *Meursault, contre-enquête*. Algiers: Éditions Barzakh, 2013; Arles: Actes Sud, 2014. 英譯本：*The Meursault Investigation*. Trans. John Cullen. New York: Other Press, 2015.
- *L'Étranger*. Drawings by Jacques Ferrandez. Paris: Gallimard, 2013.（《異鄉人》的漫畫版，處處表現出漫畫繪製者對殖民地時代阿爾及利亞的認知。）
- *L'Étranger.* Ink drawings by José Munoz.（漂亮的黑白鋼筆畫《異鄉人》插圖，參見：Alice Kaplan, "L'Étranger, 1942–2012, avec des dessins de José Munoz." *Contreligne*, Printemps, 2015. http://www.contreligne.eu/2012/06/l-etranger-dessins-de-jose-munoz/）
- Smith, Robert. "Killing an Arab." *Standing on a Beach*. Recorded by The Cure. Elektra Records: 1986.

索引

國家圖書館出版品預行編目（CIP）資料

尋找異鄉人 : 卡繆與一部文學經典的誕生 /
艾莉絲 . 卡普蘭 (Alice Kaplan) 著 ; 江先聲譯 . -- 初版 .
-- 臺北市 : 大塊文化 , 2020.05
面 ;　公分 . -- (mark ; 156)
譯自 : Looking for The Stranger : Albert Camus and the life of
a literary classic
ISBN 978-986-5406-73-8(平裝)
1. 卡繆 (Camus, Albert, 1913-1960)　2. 傳記　3. 哲學家

784.28　　109004539

LOCUS

LOCUS

LOCUS

LOCUS